KB271562

백제 지배세력 연구

백제 지배세력 연구

문 동 석

혜안

이 책은 2000년 8월 제출한 박사학위논문 「4~6세기 백제 지배세력 연구」를 수정·보완해서 펴낸 것입니다. 책의 출간을 늘 분에 넘치는 일이라고 생각하면서도 선뜻 용기를 내게 된 것은 그간의 공부를 정리하고, 앞으로 나아갈 방향을 새롭게 고민해 보자는 소박한 바람 때문입니다.

백제사를 공부하면서 끊임없이 고민해 온 문제 중 하나는 사람들의 관계와 그들의 계급적 위치에 대한 것이었습니다. 각 사회집단의 이해관계와 그들의 지향이 무엇이냐에 따라 역사의 방향과 흐름이 크게 좌우된다고 믿었기 때문입니다. 한 시대를 풍미한 정치세력과 지배적 권력구조 속에는 그 시대의 사회적 성격이 깃들기 마련입니다. 사회집단들은 당대의 사회적 과제 또는 모순에 대처하면서 그에 걸맞는 새로운 권력구조를 쟁취하기 위해 끊임없이 경쟁합니다. 각 정치세력은 각자의 처지와 입장을 새로운 정치현실에 반영하기 위하여 끊임없이 쟁투하는 것입니다. 그러므로 한 시대의 권력구조가 어떠했으며 이후 어떻게 변화해 갔는지, 또 그 변화를 이끈 주도세력의 실체가 무엇인지 살펴보는 일은 그 시대의 전모를 파악하는 데 매우 중요한 요소가 됩니다.

4세기 중엽에서 6세기 중엽에 이르는 백제 정치세력에 대한 기존의 연구는 왕족과 왕비족으로 한정되어, 그 밖의 세력들은 간과하는 경향이 있었습니다. 그러나 백제라는 고대국가가 성장·발전하는 과정에서 특히 4세기 중반 이후 여러 정치세력들이 출현한 것과, 이들 세력들이 부침을 거듭하면서 다양한 양태로 성장해 갔음은 자명한 사실입니다. 더욱이 기존 연구들은 왕을 중심으로 하는 세력과 그 밖의 권력집단을 지나치게 대립적으로 파악하고, 양자의 관계를 단면적으로 이해하여, 백제사의 3분의 2 이상을 차지하는 한성시대 지배세력과 웅진·사비시대의 지배세력을 단절적으로 파악하는 결과를 낳았습니다. 이 책에서는 백제 정치발전의 각 단계에 출몰한 다양한 정치세력들과 이들 상호간의 역학관계를 다면적으로 고찰함으로써, 각 시기 국가권력의 성격을 새롭게 조명해 보고자 노력했습니다.

그러나 이제와 돌이켜보니 아직도 논지를 다듬어야 할 부분이 여기저기 엿보이고 사료의 뒷받침이 좀더 필요한 부분도 많은 것이 사실입니다. 이 모든 미비점들은 차후의 연구를 통해 계속 보완해 나가고자 합니다.

여러모로 부족한 저자가 자그마한 성과라도 낼 수 있었던 것은 많은 분들의 가르침과 도움이 없었다면 불가능했을 것입니다. 지도교수인 조인성 선생님께서는 평소 치밀한 논증을 강조하셨는데, 이 연구가 선생님의 가르침에 비해 너무나 부족하여 부끄러울 따름입니다. 저자의 박사학위논문 심사를 맡아 따끔한 비판과 충고를 아끼지 않으신 김태영 선생님과 박기서 선생님, 노중국 선생님과 양기석 선생님께도 감사의 말씀을 올립니다. 특히 선생님들께서는, 논문 심사 막바지에 갑작스레 병환으로 쓰러지신 어머님 때문에 저자가 범한 크나큰 결례를 용서하고 이해해 주셨습니다. 이 자리를 빌려 다시 한 번 머리 숙여 감사드립니다.

훌륭한 스승님들의 학은과 더불어, 한국역사연구회 고대사분과의 선후배들과 함께 공부했던 것도 더없는 자극과 도움이 되었습니다. 특히 고고학에 문외한이었던 저자를 1999년 풍납토성 경당지구 발굴조사에 참여하게 하여 고고학 자료의 활용과 그 방법론을 일깨워주셨을 뿐만 아니라 기타 많은 도움을 아끼지 않으신 한신대학교의 이남규, 권오영 선생님께 감사드립니다. 그리고 백제와 중국 육조와의 관계를 함께 연구하기 위해 2001년 결성된 육조문물연구회의 박순발, 강종훈, 강현숙, 권오영, 김무중, 성정용, 이한상 선생님들은 중국 남쪽 지방을 함께 답사하면서 저자가 한 단계 더 성장하는 데 큰 자극을 주셨습니다. 이 자리를 빌려 역시 감사의 인사를 전합니다.

마지막으로 평생토록 오직 자식만을 위해 살아오셨으며, 다른 걱정 없이 공부에 전념할 수 있도록 건강을 회복해주신 어머님과, 지난해 사람에 대한 신뢰를 잃고 정신적·육체적 공황 상태에 있던 저자를 보듬어 한 가정의 가장으로 이끌어준 아내 박희성, 새로운 후원자로서 격려해 주시는 장인·장모님, 그리고 물심양면으로 힘이 되어주신 친지 형제들에게 깊은 감사의 마음을 전합니다.

2007년

옥수동 서재에서 문동석

목 차

■ 책을 펴내며 5
■ 목 차 9

서 론 13

제1장 근초고왕대의 새로운 세력의 진출 23

1. 부체제의 해체 25
2. 진·해씨 세력의 동향 42
3. 새로운 세력의 진출 47
  1) 목·사씨 세력 47
  2) 낙랑·대방계 세력 68

제2장 전지왕·개로왕대 왕족의 대두 79

1. 전지왕 즉위까지의 정치적 상황 81
2. 전지왕대 상좌평의 설치와 왕권의 강화 101
3. 개로왕대 왕족 중심의 왕후제 107

제3장 동성왕·무령왕대 신지배세력의 등장   131

1. 웅진 천도와 정치적 혼란   133
2. 동성왕·무령왕대 가야 관련 세력의 대두   148
  1) 남방영역의 확대   148
  2) 가야 관련 세력의 대두   162
3. 동성왕·무령왕대 지배세력의 재편성   175
  1) 왕후제의 변화   175
  2) 좌평제의 변화   180

제4장 성왕·위덕왕대 대성팔족의 성립   189

1. 사비 천도의 배경   191
2. 귀족세력의 존재양태   215
3. 대성팔족의 성격   226

결론   243

■ 참고문헌   251
■ 찾아보기   269

백제 지배세력 연구

아무리 준비없는 천도였고, 백제 왕실이 새로운 세력을
필요로 하여 예기치 못한 지방세력이 왕과 연결되었다
고 하더라도, 과연 지방세력이 그렇게 갑작스럽게 정권
의 전면에 나서서 강력한 힘을 발휘할 수 있었을까?
즉 왕권과 연결을 가지고 있지 않던 세력들이 정치적
중심지가 옮겨져 온다고 해서 갑자기 부상한다는 것은
쉽게 납득하기 어렵다. 어떠한 형태로든지 이전에 왕권
과 연결을 가지고 있다가 정치상황의 변화에 따라 새롭
게 등장할 수 있었을 것이라고 여겨지기 때문이다.

서 론

백제사에 있어서 4세기 중엽에서 6세기 중엽까지는 지배체제의
전환이 이루어진 시기로 주목되고 있다. 즉 국왕의 지위격상, 활발한
군사 활동을 통한 대대적인 영역의 확장, 관등의 분화, 그리고 475년
한성 함락 이후 웅진으로 천도, 538년 사비 천도 등을 통해 당시
백제 사회가 중대한 변화기에 처해 있었음을 보여준 현상들이 나타나
고 있기 때문이다.

그리고 4세기 중엽 이후는 백제의 집권적 지배체제가 확립되는
과정에서 다양한 지배세력이 등장하고 있었다. 이들 지배세력은 백제
사의 전개과정 속에서 왕권을 뒷받침하면서 실제로 정치운영을 담당
하였을 것이다. 따라서 각 시기 지배세력의 성격 변화를 살펴보는
것은 그 당시 정치운영 방식을 이해하기 위해서 대단히 중요하다고
하겠다. 그러나 그동안의 연구는 백제 왕계(王系)의 문제, 왕권과 귀족
세력의 역학관계, 정복활동만을 중요시한 외형적인 측면 등에 초점을
맞추고 있었다. 이러한 정치사 연구의 한계는 한성, 웅진, 사비시대의

지배세력의 성격을 단절적으로 파악하게 하는 원인으로 작용하였다. 그러면 본서에서 설정한 주제에 접근을 위해 기존의 연구 성과를 검토해 보도록 하겠다.

먼저 왕계의 변화에 대한 문제이다. 『삼국사기』에 의하면 백제의 왕위는 고이왕(古爾王) 이전까지는 전왕(前王)의 원자(元子) 또는 차자(次子)가 계승해 나간 것으로 되어 있어 왕계에 변화가 없었던 것으로 나타나고 있으나, 고이왕이 사반왕(沙伴王)을 폐위시키고 즉위하면서 계보 상에 변동이 있었을 가능성이 제기되고 있다. 이러한 왕위계승(王位繼承)의 변화에 주목한 선행 연구는 이기백에 의해 이루어졌다. 그에 의하면 4세기 전반 근초고왕 즉위 시까지는 형제상속, 근초고왕(近肖古王) 이후부터 전지왕(腆支王)까지는 형제상속(兄弟相續)에서 부자상속(父子相續)으로 넘어가는 과도기로 파악하고 있다.[1] 그러나 왕위계승상에 있어서 왕실(王室)의 교체에 대한 구체적인 언급은 천관우에 의해 이루어졌다. 그는 백제 왕계를 크게 온조(溫祚)계와 비류(沸流)계의 문제로 이해하며, 온조(溫祚)－초고(肖古)계와 비류(沸流)－고이(古爾)계의 경쟁관계 속에서 왕위계승이 이루어졌다고 보았다.[2] 노중국은 고이왕＝우(優)씨 설을 부정하고, 다루(多婁)・기루(己婁)・개루(蓋婁)와 같이 끝 글자가 루(婁)로 끝난 왕명은 고구려의 예로 볼 때 해(解)씨라 할 수 있다고 보았다. 따라서 비류(沸流)계의 해(解)씨 집단과 온조계의 부여(扶餘)씨 집단은 지역연맹체를 형성한 가운데

---

1) 李基白, 1959, 「百濟王位繼承考」『歷史學報』 11.
2) 千寬宇, 1976, 「三韓의 國家形成」『韓國學報』 3(1991, 『古朝鮮史・三韓史』, 일조각에 재수록).

14

처음에는 해씨가, 초고왕(肖古王)대부터는 부여씨가 주도권을 잡았다고 보고 있다.[3]

한편『삼국사기』의 왕위계승 기록을 부정적인 측면에서 이해하고 정복 왕조설의 입장에서 이 문제를 다루고 있기도 하다. 기원 전후한 시기에 부여를 족원(族源)으로 하여 만주에 존재하였던 백제의 일부 세력이 3세기 후반 이전에 일부가 한강유역으로 남하하여 백제국(伯濟國)을 세웠으며, 4세기 전반 경에 요동지역에 남아 있던 나머지 백제(百濟) 본족(本族)이 본격적으로 남하하여 백제국(伯濟國)을 정복하고 백제(百濟)를 세웠다는 견해이다.[4]

백제 정치세력의 양상을 살펴볼 수 있는 연구도 이기백의 논고를 먼저 들 수 있다. 이기백은 백제 왕위계승 문제를 다루는 과정에서 왕족(王族)과 왕비족(王妃族)의 존재를 검토하고 있다.[5] 이러한 이기백의 왕비족의 개념은 이후 백제 정치사를 연구하는 데에 많은 영향을 끼쳐 대다수의 연구자들이 받아들이고 있다.[6] 한편 노중국은 지배귀

---

3) 盧重國, 1988,『百濟政治史研究』, 일조각.

4) 백제의 기마민족 정복국가론은 이기동에 의해 처음 제시되었다. 즉 부여족의 남하과정 속에서 4세기 중엽 근초고왕대에 백제 왕실이 교대되어 정복왕조가 창시되고, 이를 계기로 백제는 획기적으로 국가체제를 확립하였다(李基東, 1982,「百濟 王室交代論에 대하여」『百濟研究』특집호 ; 1990,「百濟 建國史 二, 三의 問題」『百濟研究』21). 이와 같은 정복국가론은 이도학 등에 의해 구체화 작업이 이루어졌다(李道學, 1990,「百濟의 起源과 國家形成에 관한 再檢討」『한국 고대국가의 형성』, 민음사 ; 1995,『백제 고대국가 연구』, 일지사).

5) 李基白, 1959,「百濟王位繼承考」『歷史學報』11.

6) 백제의 왕비족에 대하여 부분적으로 언급하고 있는 연구는 다음과 같다. 盧重國, 1988,『百濟政治史研究』; 梁起錫, 1990,「百濟專制王權成

족으로서의 왕족과 왕비족의 동향뿐만 아니라, 목(木)씨 세력에 대한 연구를 통해 특정 귀족가문의 세력기반과 정치활동을 검토하였다.[7] 그리고 근초고왕의 즉위 과정에서 나타나는 배후세력에 대한 검토 과정을 통하여 진(眞)씨 외에 새로운 정치세력의 존재를 상정하고, 이들의 등장과 권력구조의 변화 및 그 성격을 구조적으로 분석하여, 백제 초기부터 성왕(聖王)대에 이르는 백제 고대국가 발전 단계를 4단계로 나누어 설명하고 있는 견해도 있다.[8] 또한 귀족층의 변천을 통해 백제사의 일면을 살펴보려는 시도도 있었다.[9]

그러나 백제 정치세력의 존재양태를 살피는데 있어 왕비족의 개념은 적절한 방법은 아니다. 왜냐하면 왕비족이란 개념은 부(部)체제적 설명 방법이기 때문이다. 즉 왕권이 확립되지 못한 연맹왕국단계의 정치체제에서 왕족 다음가는 정치세력을 형성하고 있었을 왕비족과의 연합을 통하여 왕을 중심으로 하는 강력한 통치체제를 형성시킬 수 있었다고 보는 견해이다.[10] 이 같은 부체제적 설명 방식은 왕권을 중심으로 하는 일원적인 지배체제가 확립된 이후의 백제 정치사를 설명하기에는 부적절하다고 하겠다.

立過程研究」, 檀國大學校 博士學位論文 ; 盧重國, 1994, 「4～5세기 百濟의 政局運營」『韓國古代史論叢』6 ; 姜鍾元, 1998, 「4世紀 百濟 政治史 硏究」, 忠南大學校 博士學位論文.

7) 盧重國, 1994, 「百濟 貴族家門 硏究－木劦(木)氏 세력을 중심으로－」『大丘史學』48.

8) 梁起錫, 1990, 「百濟專制王權成立過程硏究」檀國大學校 博士學位論文.

9) 井上秀雄, 1982, 「百濟貴族에 대하여」『百濟硏究』13.

10) 李基白, 1959, 「高句麗王妃族考」『震檀學報』20.

　한편 개로왕이 추진했던 왕족 중심의 강력한 왕권 강화책은 일부 지배세력의 이탈을 가져오고, 북위에 대한 적극적인 외교는 고구려 장수왕의 침략을 초래하였다. 그 결과 백제는 개로왕 21년(475)에 한성이 함락되어 웅진으로 천도하게 되었다. 이 웅진으로의 천도는 백제 스스로의 요구에 의한 것이 아니라 외부의 강요에 의해 추진되었으므로 왕권의 위상 약화와 더불어 중앙 정치세력의 재편은 불가피한 것이었다. 그리고 천도 초기의 중앙 정치세력의 재편 과정에서의 혼란은 어쩔 수 없었을 것이다.

　따라서 웅진 초기에는 그 기반이 다소 약화되었다고는 하나 본래 한성에 근거지를 가지고 있었던 해(解)씨, 진(眞)씨, 목(木)씨 등이 지배세력을 형성하고 권력을 독점하고자 서로 치열한 대립을 거듭하였거니와 왕권조차도 이들의 정치운영 방향에 따라 좌우됨으로써 정치·사회적 혼란이 계속되었고, 이러한 혼란을 수습하고 왕권을 재확립하기 위해 백제 왕실에서는 사비(泗沘) 지방을 근거지로 하고 있던 사(沙)씨, 탕정성(湯井城)을 근거지로 하고 있던 연(燕)씨, 웅진(熊津) 지방을 근거지로 하고 있던 백(苩)씨 등 금강 유역을 중심으로 토착적 기반을 가지고 있던 유력 세력들의 동태에 주목하지 않을 수 없었다고 이해해 왔던 것이다. 특히 오랫동안 왜(倭)에서의 체류로 본국에서의 정치적 기반이 미약하였던 동성왕(東城王)으로서는 자기 세력기반의 강화를 위해 금강 유역권 유력세력들의 존재에 보다 주목하였던 것으로 파악하였다.

　그 결과 동성왕은 자신의 기반구축을 위해서는 무엇보다도 새로운 인재를 중앙정계에 등용하여 남천 귀족 중심의 정국운영을 견제해야 할 필요성이 있었고, 또한 금강 유역의 지방세력 역시 수도가 웅진으로 내려왔으므로, 일개 지방세력으로 머물기보다는 중앙정계에 진출하여 정치적 영향력을 발휘하고자 하는 현실적 욕구가 팽배하여, 결국 동성왕대 신흥세력의 대두는 왕권의 안정이라는 측면과 지방세력의 정치참여라는 현실적 욕구가 서로 부합되어 나타난 결과로 이해하는 것이 지금까지의 주된 연구경향이었다.[11]

그러나 아무리 준비없는 천도였고, 백제 왕실이 새로운 세력을 필요로 하여 예기치 못한 지방세력이 왕과 연결되었다고 하더라도, 과연 지방세력이 그렇게 갑작스럽게 정권의 전면에 나서서 강력한 힘을 발휘할 수 있었을까? 즉 왕권과 연결을 가지고 있지 않던 세력들이 정치적 중심지가 옮겨져 온다고 해서 갑자기 부상한다는 것은 쉽게 납득하기 어렵다. 어떠한 형태로든지 이전에 왕권과 연결을 가지고 있다가 정치상황의 변화에 따라 새롭게 등장할 수 있었을 것이라고 여겨지기 때문이다.

이상에서 살펴본 바와 같이 4세기 중엽에서 6세기 중엽까지 정치세력의 존재양태에 대한 연구가 왕족과 왕비족에 한정되고 있다. 그런데 4세기 중반 이후 백제라는 고대국가가 성장·발전하는 과정에서 다양한 정치세력들이 출현하였을 것은 자명한 사실이며,[12] 이들 각 정치세

---

11) 梁起錫, 1980,「熊津時代의 百濟 支配層 硏究」『史學志』14 ; 李基白, 1982,「熊津時代 百濟의 貴族勢力」『百濟硏究』특집호 ; 李道學, 1985,「漢城末 熊津時代 百濟王位繼承과 王權의 性格」『韓國史硏究』50·51 ; 盧重國, 1988,『百濟政治史硏究』; 南亨宗, 1993,「百濟 東城王代 支配勢力의 動向과 王權의 安定」『北岳史論』3 ; 鄭載潤, 1999,「熊津時代 百濟 政治史의 展開와 그 特性」西江大學校 博士學位論文.

력들은 정치적 상황의 변동에 따라 부침을 거듭하면서 성장하고 있었다고 하겠다. 그런데 이전의 정치세력의 존재양태에 대한 연구는 이러한 부분을 너무 간과하고 있었다. 더욱이 기존의 연구에서는 왕권과 권력 집단간의 관계를 지나치게 대립적으로 파악하고, 양자의 관계를 중심으로 권력구조상의 대립관계를 설정하여 이해하므로, 백제사의 3분의 2 이상을 차지하고 있는 한성시대 지배세력의 동향과 웅진·사비시대의 지배세력을 단절적으로 파악하는 결과를 야기하였다. 그 결과 백제 정치발전의 각 단계에 있어서 다양한 정치세력의 존재양태 및 성격과 이들 상호간의 역학관계의 변화를 추적하는 데에는 미흡한 실정이며, 이 시기 국가권력의 성격에 대한 논의는 더더욱 어려운 상태이다.

백제사의 전개과정을 주로 지배세력의 변화에 초점을 맞추어 개관해 보려는 본서에서는 이상과 같은 선행 연구의 문제점들을 유념하면서, 다음의 순서로 연구를 진행시키고자 한다.

제1장에서는 근초고왕대의 새로운 세력의 진출이라는 측면에서 살펴보려고 한다. 고이왕대에 부(部)체제 해체 이후 기존의 정치세력들이 어떻게 세력을 유지하였는지, 그리고 근초고왕의 가야지역 정복활동과 낙랑·대방군의 소멸로 인해 백제 중앙정계에 새로운 세력이 진출하고 있었음을 검토해보려고 한다.

제2장에서는 전지왕(腆支王)·개로왕(蓋鹵王)대의 왕족(王族) 중심

---

12) 4세기 중반 이후 백제 정치체제의 변동 과정을 살펴보는 가운데 새로운 정치세력의 등장과 기존 정치세력의 재편이라는 측면도 중시되었다(文東錫, 1996, 「4~5世紀 百濟 政治體制의 變動」『韓國古代史硏究』9).

의 정치가 실시되었음을 살펴보려고 한다. 5세기 초엽의 정국은 고구려의 남하라는 대외적 요인에 의해 혼미를 거듭하면서 왕권의 위상이 떨어지고 있었다. 그러나 이러한 혼돈 속에서 즉위한 전지왕, 그리고 개로왕은 이를 수습하기 위해 어떠한 정책을 실시하였고, 그것을 어떻게 운영하였는지 살펴보려고 한다.

제3장에서는 한성 함락이라는 국가적 위기 상황 속에 웅진으로 천도한 이후 백제 왕실에서는 새로운 지배세력을 등장시켜 정치적 혼란을 수습하고 있었음을 살펴보려고 한다. 특히 이들이 동성왕·무령왕대의 대외관계와 가야와 관련하여 대두하고 있었음을, 그리고 동성왕·무령왕대의 지배세력이 어떻게 재편성되었는지를 검토하려고 한다.

제4장의 내용은 다음과 같다. 백제는 웅진 천도 후 64년이 경과한 성왕 16년(538)에 도읍지를 사비로 옮기고 있으나, 『삼국사기』는 사비로 천도했다는 사실과 국호를 남부여로 바꾸었다는 것 이외에는 전해주고 있지 않다. 그러나 웅진에서 사비로의 천도는 타율적인 외부의 힘에 밀려서 이루어진 것이 아니라, 백제가 자발적으로 천도하였다는 사실이다. 따라서 사비 천도는 상당한 정치적 변화를 동반할 수밖에 없으며, 귀족들의 존재양태에도 큰 변화를 가져오게 하였다. 기존의 연구에서는 사비 천도를 계기로 성왕은 실권귀족에 의한 권력 독점을 막고, 왕족의 직계를 제외한 여타 왕족의 정치적 비중을 감소시키고, 사(沙)씨와 목(木)씨 세력을 지지기반으로 삼아 전제화 정책을 추진해 나갔던 것으로 파악하였다. 이러한 견해는 성왕대의 정치체제를 왕권 중심으로만 파악함에 따라 왕권을 뒷받침하면서 실제로 정치

20

운영을 담당하였을 지배세력의 움직임을 놓치게 되었다. 이에 따라 정치운영의 역동적인 측면을 간과하게 되었다. 따라서 사비시대 정치 운영 방식을 이해하기 위해서는 귀족세력의 존재양태 및 대성팔족의 성격에 대한 이해가 필수적이라 하겠다. 이를 위해서 사비 천도의 배경과 귀족세력의 존재양태, 대성팔족의 성격 등을 알아보려고 한다.

제1장

근초고왕대의 새로운 세력의 진출

1. 부체제의 해체

백제 정치사의 전개에서 고이왕(古爾王)대는 하나의 전환기를 이루고 있는 것으로 이해되어 왔다.[1] 다음 몇 가지 점이 그 근거로 들어지고 있다.

첫째 왕계(王系)의 변화이다. 『삼국사기』에 의하면 백제의 왕위는 고이왕 이전까지는 전왕(前王)의 원자(元子) 또는 차자(次子)가 계승해 나간 것으로 되어 있어 왕계에 변화가 없었던 것으로 나타나고 있으나, 고이왕이 사반왕(沙伴王)을 폐위시키고 즉위하면서 계보 상에 변동이 있었을 가능성이 제기되고 있다. 이러한 왕위계승의 변화에 주목하여 고위왕의 즉위 배경을 부자상속에서 형제상속으로 상속원칙의 변화에서 찾으려는 견해가 있다.[2] 이와는 달리 백제 왕계를 크게 온조(溫祚)계와 비류(沸流)계의 문제로 이해하며, 온조(溫祚)－초고(肖古)계와 비류(沸流)－고이(古爾)계의 경쟁관계 속에서 왕위계승이 이루어졌다.[3] 그리고 고이왕(古爾王)＝우(優)씨 설을 부정하고, 다루(多婁)·기루(己婁)·개루(蓋婁)와 같이 끝 글자가 루(婁)로 끝난 왕명은 고구려의 예로 볼 때 해(解)씨라 할 수 있다. 따라서 비류계의 해씨 집단과 온조계의 부여(扶餘)씨 집단은 지역연맹체를 형성한 가운

---

1) 이병도가 日本人 학자들의 『三國史記』 百濟本紀 초기기록 불신론 극복의 일환으로 古爾王을 百濟의 실질적인 건국의 시조로 평가한 이후, 百濟史 研究의 출발점이 되고 있다(李丙燾, 1976, 「百濟의 建國問題와 馬韓中心勢力의 變動」 『韓國古代史研究』, pp.467~481).

2) 李基白, 1959, 「百濟王位繼承考」 『歷史學報』 11, pp.467~481.

3) 千寬宇, 1976, 「三韓의 國家形成」 『韓國學報』 3, pp.134~136(1991, 『古朝鮮史·三韓史』, pp.325~329에 재수록).

데 처음에는 해씨가, 초고왕대부터는 부여씨가 주도권을 잡았다고 보고 있는 견해도 있다.[4]

둘째 고이왕대에 중앙집권적인 전제왕권이 확립되었을 것이라는 견해이다. 고이왕은 관제(官制)정비, 백관(百官)의 공복(公服)제정, 관리(官吏)의 계서(階序)설정, 정청(政廳)의 설치, 법령(法令)의 반포 등 일련의 정치적 개혁을 단행하고, 이러한 개혁을 통하여 귀족세력의 권력 분산과 왕권의 집중화를 실현하였다고 보는 것이다.[5] 이 같은 견해는 『삼국사기』 고이왕 27년조의 6좌평·16관등제, 공복제 등 일련의 율령(律令)체제의 정비와 같은 내용을 담은 기사를 중시한 데에서 나온 것이다.

그러나 『삼국사기』의 기년(紀年)의 복잡성을 고려하면 고이왕대의 기사를 쉽게 신뢰하기는 어렵다. 더욱이 동왕 27년 조의 6좌평·16관등명 기사와 거의 같은 내용이 6세기 후반과 945년에 편찬된 중국 사서인 『주서』·『구당서』에 나타나고 있음을 보면, 이는 후대의 사실이 소급부회(遡及附會)된 것임을 인정해야 할 것이다.[6] 즉 16관등의 관품과 관등명이 『주서』와 일치하고 있고,[7] 좌평의 분설과 원수 및 그 소임에 관한 내용은 『구당서』의 그것과 일치하고 있다.[8] 물론

---

4) 盧重國, 1988, 『百濟政治史研究』, pp.78~82.

5) 李鍾旭, 1977, 「百濟王國의 成長」 『大丘史學』 12·13, pp.55~86.

6) 盧重國, 1988, 앞의 책, pp.214~217.

7) "官有十六品 左平五人 一品 達率三十人 二品 恩率三品 德率四品 扞率五品 奈率六品 六品已上 冠飾銀華 將德七品 紫帶 施德八品 皂帶 固德九品 赤帶 季德十品 靑帶 對德十一品 文督十二品 皆黃帶 武督十三品 佐軍十四品 振武十五品 克虞十六品 皆白帶"(『周書』 百濟傳).

『주서』에 기록된 사실들도 전대(前代)의 사서에서 전록한 것이 있기는 하나, 그것은 대체로 웅진 이후의 사실을 기록한 것으로 보인다.9) 또한 동왕 29년조의 "무릇 관리로서 재물을 받거나 도둑질한 자는 장물의 세 배를 징수하고 종신토록 금고하게 하였다(凡官人受財及盜者 三倍徵贓 禁錮終身)"라는 기사 역시 『구당서』 백제전의 "관리로서 재물을 받거나 도둑질한 자는 장물의 세 배를 추징하고 이어서 종신토록 금고에 처한다(官人受財及盜者 三倍追贓 仍終身禁錮)"라는 문구와 거의 일치하고 있다. 따라서 27년조 기사와 같이 고이왕대로 기록되어 있는 16관등제 등의 정치체제 정비의 내용은 고이왕대의 사실로 인정하기는 힘들다.

그렇지만 고이왕 이후에는 인명(人名) 앞에 부명(部名)을 관칭하고 있는 기사가 나타나지 않는 점을 볼 때 백제사에서 중요한 시기임에는 틀림없다.

백제의 부에 관하여 최초로 언급한 이마니시 류(今西龍)는 백제에는 부족이라는 것이 없다는 점에서 고구려, 신라와는 큰 차이가 있으며, 따라서 초기의 사부(四部)에 관한 기록은 후대의 조작이며 후기의 오부(五部)만을 인정하고 있다.10) 이와는 달리 삼국의 부 문제를 본격적으로 다룬 노태돈은 백제 초기의 부도 고구려나 신라와 마찬가지로

---

8) "所置內官曰內臣佐平 掌宣納事 內頭佐平 掌庫藏事 內法佐平 掌禮儀事 衛士佐平 掌宿衛兵事 朝廷佐平 掌刑獄事 兵官佐平 掌在外兵馬事"(『舊唐書』 百濟傳).

9) 金英心, 1991, 「5~6세기 百濟의 地方統治體制」 『韓國史論』 22, pp.64 ~73.

10) 今西龍, 1934, 「百濟五方五部」 『百濟史硏究』.

연맹체의 하나인 단위정치체(單位政治體)로 파악하였다.[11] 노중국은
『삼국사기』 초기 기사에 보이는 백제의 부명(部名)은 모두 방위부(方
位部)로 표시된 것으로, 부명이 방위명으로 기록된 것은 웅진 천도
이후 지배세력 재편과정에서 행정구역으로서의 성격을 갖는 방위부
가 이전의 단위정치체로서의 부명에까지 소급되어 나타난 현상이라
고 보기도 한다.[12] 박현숙은 "백제 초기는 낙랑·말갈·마한과의 역
관계 과정에서 대두된 동북지역에 대한 방어의 필요성과 새로이 편입
된 지역에 대한 통제 등 지방통치체제의 마련을 위하여 성립된 것이
'부'이다. 그리고 '부'는 실제 운영과정에 있어서도 군사력 동원 및
순무(巡撫)·역역(力役)의 행정단위로서 기능하고 있다. 따라서 부는
독자적 세력기반을 지닌 지방세력에 의해 군사적 기능뿐만 아니라
행정단위로서도 기능하였음을 알 수 있다"고 하고 있다.[13]

한편 신라의 부체제에 대한 이해의 틀을 백제사에 적용한 주보돈은
3세기 후반 한(漢)군현의 압박과 그에 대한 저항을 계기로 백제국(伯濟
國) 중심의 연맹체가 결성되면서 부가 성립되었으며, 이는 백제국의
발전과 더불어 중앙부·북부·동부의 3부체제로 운영되다가 고이왕
대에 5좌평의 설치에서 보이는 것처럼 5부체제로, 다시 근초고왕대에
는 중앙부와 북부의 2부 중심체제로 변화되면서 사실상 부체제가
소멸한 것으로 보고 있다.[14]

---

11) 盧泰敦, 1975, 「三國時代의 '部'에 關한 研究」『韓國史論』2, pp.14~
16.

12) 盧重國, 1988, 앞의 책, p.96.

13) 朴賢淑, 1990, 「百濟 初期의 地方統治體制 研究 - '部'의 成立과 變化過
程을 중심으로 - 」『百濟文化』20, pp.27~33.

이와 같이 백제 초기 부의 성격과 개념에 대해서는 논자마다 다르게 개진되고 있다. '부'는 삼국 초기에 정치세력의 편제 및 정치운영체제의 기본 단위로 이해되고 있다. 그러므로 백제 초기의 정치 사회적 구조는 부체제(部體制)라는 범주에서 설명될 수 있겠다.[15] 백제에 있어서 부의 구체적인 모습은 사료상의 한계로 인하여 잘 알 수 없으나, 고구려와 신라의 부(部)와 마찬가지로 백제의 부(部)도 독자적인 단위정치체로서 기능하였을 것으로 추정된다.

① 온조왕 31년 봄 정월에 나라 안의 민가들을 나누어서 남부와 북부로 삼았다.[16]

---

14) 朱甫暾, 1998, 「百濟初期史에서의 戰爭과 貴族의 出現-部體制를 중심으로-」『百濟史上의 戰爭』, 충남대학교 백제연구소, pp.69~86.

15) 인근의 정치집단을 통합 복속하면서 형성된 삼국은 복속된 정치집단의 지배층을 온존시켜 部의 통치력을 일임하였다. 部는 독자적인 관원조직을 보유한 단위정치체로서 대외운동력은 통제되었지만 자치권은 유지하였다. 이들 가운데 가장 유력한 部인 왕실은 官階를 통하여 족장층을 편제하고 전문행정 요원을 두어 각 부를 통제하였다. 部體制는 部를 중심으로 운영되는 정치체제로서, 공동체적 관계와 부족의 정치적 기능에 바탕을 두고 성립하였던 것이다(盧泰敦, 1975, 앞의 논문, pp.15-16). 이와는 달리『三國史記』의 초기 기사에 대하여 긍정하는 입장에서 部體制를 비판하는 견해도 있다. 즉 부체제론이 초기 고대국가를 구조적 관점에서 파악하는 데 비하여 반대론은 형성의 과정에서 파악하고 있는 것이다. 따라서 반대론은 국가형성 이전의 정치체인 촌락(추장)사회에 이어 초기국가는 소국 - 소국연맹 - 소국병합 단계로 발전하였고, 이어 중앙집권적인 왕국으로 성장하였다고 보고 있다(李鍾旭, 1998, 「新羅 '部體制說'에 대한 批判 - 하나의 새로운 新羅史體系를 위하여-」『韓國史研究』101, pp.1~23).

16) "春正月 分國內戶爲南北部"(『三國史記』百濟本紀 溫祚王 31년).

② 온조왕 33년 가을 8월에 동부와 서부의 두 부(部)를 더 설치하였다.[17]

③ 온조왕 41년 봄 정월에 우보 을음(乙音)이 죽자 북부의 해루(解婁)를 우보로 삼았다. 해루는 본래 부여 사람이다.[18]

④ 다루왕 3년 겨울 10월에 동부의 흘우(屹于)가 말갈과 마수산(馬首山) 서쪽에서 싸워 이겼는데 죽이고 사로잡은 것이 매우 많았다.[19]

⑤ 다루왕 7년 봄 2월에 우보 해루가 죽으니 나이가 90세였다. 동부의 흘우를 우보로 삼았다.[20]

⑥ 다루왕 10년 겨울 10월에 우보 흘우를 좌보로 삼고, 북부의 진회(眞會)를 우보로 삼았다.[21]

⑦ 다루왕 11년 겨울 10월에 동부·서부의 두 부를 순행하며 위무하였다.[22]

⑧ 초고왕 48년 가을 7월에 서부인 회회(茴會)가 흰 사슴을 포획하여 바쳤다. 왕이 상서롭다 하여 곡식 100섬을 주었다.[23]

---

17) "秋八月 加置東西二部"(『三國史記』百濟本紀 溫祚王 33년).

18) "春正月 右輔乙音卒 拜北部解婁爲右輔 解婁夫餘人也"(『三國史記』百濟本紀 溫祚王 41년).

19) "東部屹于與靺鞨 戰於馬首山西 克之 殺獲甚衆"(『三國史記』百濟本紀 多婁王 3년).

20) "春二月 右輔解婁卒 年九十歲 以東部屹于爲右輔"(『三國史記』百濟本紀 多婁王 7년).

21) "冬十月 右輔屹于爲左輔 北部眞會爲右輔"(『三國史記』百濟本紀 多婁王 10년).

22) "冬十月 巡撫東西兩部"(『三國史記』百濟本紀 多婁王 11년).

23) "秋七月 西部人茴會獲白鹿獻之 王以爲瑞 賜穀一百石"(『三國史記』百濟

⑨ 초고왕 49년 가을 9월에 북부의 진과(眞果)에게 명하여 군사 1천 명을 거느리고 말갈의 석문성(石門城)을 습격하여 빼앗았다.[24]

　　그런데『삼국사기』초기 기사에 보이는 백제의 부명은 모두 방위부로 표시된 것이다. 이는 고이왕 이후 부의 독자성이 약화되면서 방위명의 부가 등장한 것을 온조왕 초까지 소급한 것에 불과하다. 사료에 보이는 백제 초기 부의 형성과정에 대해 살펴보면, ①·② 남북의 2개 부(部)가 먼저 나타나고 뒤에 동서의 2개 부(部)가 더 설치되고 있다. 이것은 남북의 2개 부(部)가 주축이 되어 연맹체를 형성하였고, 그 뒤에 동서 2개의 부 세력이 더하여진 것으로 보인다. 이것이 사료에 보이는 곧 동·서·남·북의 부이다.

　　이러한 사료 해석상의 문제점에도 불구하고, 사료에 보이는 부 기사는 하나의 지역 단위정치체로서의 부를 의미한다고 보인다. 이것은 좌보(左輔)·우보(右輔)의 기사를 통해서도 살펴볼 수 있다. 왜냐하면 좌보·우보의 성격은 인명(人名) 앞에 관칭된 부의 성격과 밀접한 관련이 있기 때문이다. 고이왕 이전 부로 표현되는 세력은, 한강 유역이 금강이나 경주지역에 비해 세형동검문화가 결여되어 강력한 세력집단의 형성을 상정할 수 없기 때문에 토착세력으로 보기는 곤란하다. 이들은 온조 집단과 같은 유이민 집단이지만 남하 시기와 경로, 정착지역 등이 약간씩 다른 집단이었다.[25] 각 부족 단위로 이동한 유이민

本紀 肖古王 48년).

24) "秋九月 命北部眞果領兵一千 襲取靺鞨石門城"(『三國史記』百濟本紀 肖古王 49년).

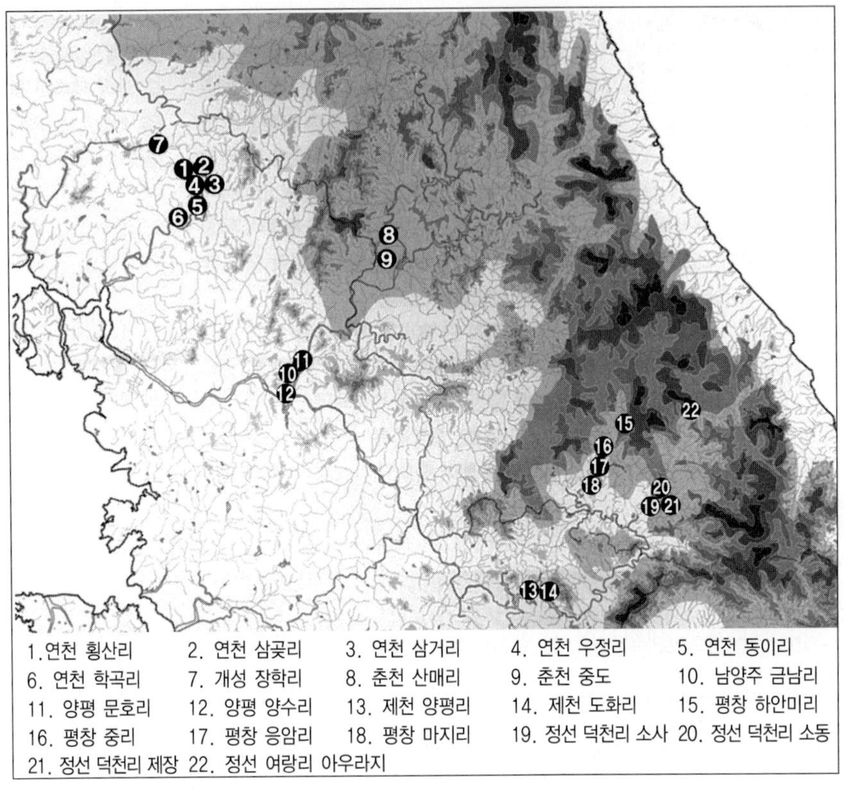

즙석식적석묘(葺石式積石墓) 분포도 | 즙석식적석묘는 임진강 및 한강 중상류 유역에 분포하는 무덤으로 강안 대지의 독립적인 사구에 들어서 있는 것이 특징이다. 이 무덤의 분포 범위는 임진강유역의 파주·연천 지역, 북한강과 남한강이 합류하는 양평지역, 북한강 상류의 춘천지역, 남한강 상류의 정선·영월·제천 지역에 국한되는 데, 무덤군을 형성하지 않고 단독으로 축조된 경우가 많다.

이 한강 유역에 정착해서 북부, 동부 등을 형성하였는데, 『삼국사기』에는 이들이 처음부터 백제국(伯濟國)[26] 내의 하나의 세력집단인 것

---

25) 盧泰敦, 1977, 「三國의 成立과 發展」 『한국사』 2, p.169 ; 金哲俊, 1982, 「百濟建國考」 『百濟研究』 특집호, p.10.

26) 필자는 『삼국지』 동이전 한조의 伯濟國과 『삼국사기』 백제본기에 보이는 百濟의 연속성을 인정하는 입장에 있다.

연천 학곡리 즙석식적석묘 유적 전경

으로 기록되어 있었던 것이다.

　따라서 앞의 사료 ③·⑤·⑥에서 보듯이 백제에서는 북부, 동부 출신을 좌보나 우보에 임명하여 병마지사(兵馬之事)를 위임하고 있다. 이는 각기 다른 지역에 정착하여 선주민(先住民) 세력을 흡수, 통합해서 부를 이루며 독립적인 지위를 누리던 유력한 세력을 하나의 연맹세력으로 규합한 것이라 할 수 있다.[27] 하지만 좌보·우보는 ③·⑤의

───────────────

27) 東部의 屹于가 靺鞨의 침략을 물리치고 있는데, 이는 溫祚王代의 對靺鞨戰鬪에서 왕이 직접 군사를 이끌고 나가던 이전의 방식과는 큰 차이를 보이고 있다. 이는 동부세력이 백제의 세력권에 편입되는 사실을 반영하고 있는 것으로 이해되고 있다.

① "秋九月 靺鞨侵北境 王帥勁兵 急擊大敗之 賊生還者十一二"(『三國史記』 百濟本紀 溫祚王 3년).

② "春二月 靺鞨賊三千來圍慰禮城 王閉城門不出 經旬 賊糧盡而歸 王簡

연천 학곡리 즙석식적석묘 | 학곡리 즙석식적석묘는 홍수시 급류로부터 무덤 보호를 위하여 남사면과 동사면에 시설한 즙석시설과 매장주체부를 이루는 적석부로 구성되어 있다.

기사에 나타나듯이 임기가 정해져 있지 않고 대체로 사망에 의해서 교체되고 있다. 이를 통해서 볼 때 국가의 통제력은 제한적이었으며 각 '부'의 독자성을 인정해 준 것으로 생각된다.

그런데 고이왕 이후에는 인명 앞에 부를 관칭(冠稱)하는 기사가 보이지 않는 점이 주목된다. 앞의 사료에 보이는 인명 위에 부명을 관(冠)하는 것은 부에 대한 귀속이 갖는 비중이 크다는 것을 의미하는

銳卒 追及大斧峴一戰 克之 殺虜五百餘人"(『三國史記』百濟本紀 溫祚王 8년).

③ "冬十月 靺鞨寇北境 王遣兵二百 拒戰於昆彌川上 我軍敗積 依靑木山 自保 王親帥精騎一百 出烽峴 救之 賊見之卽退"(『三國史記』百濟本紀 溫祚王 10년).

④ "冬十月 靺鞨掩至 王帥兵 逆戰於七重河 虜獲酋長素牟送馬韓 其餘賊 盡坑之"(『三國史記』百濟本紀 溫祚王 18년).

34

것으로 생각되는데, 고이왕 이후에 부명이 나타나지 않는 것은 부의 실제적인 정치단위로서의 기능이 약화되고 있음을 의미한다고 하겠다.[28]

부의 기능 약화와 더불어 고이왕대에는 백제국(伯濟國) 형성의 중심 세력이었던 진(眞)씨·해(解)씨·왕족(王族) 등과 같이 큰 세력을 가지고 있던 수장층은 좌평(佐平)에 임명하고, 그보다 세력이 떨어지는 수장층에게는 솔(率)·덕(德) 등을 사여하였을 것이다. 그러므로 각기 독자적인 세력을 지니면서 중앙 귀족화한 수장을 지칭한 것이 바로 '좌평(佐平)'이라 할 수 있다.[29] 따라서 백제가 성장 발전하여 가는데 있어서 여러 지역의 수장층이 중앙 귀족화되고 있었을 것임으로, 좌평은 다수가 존재하였을 것이다.[30] 한편 좌장(左將)의 존재도 주목된다.

① 고이왕 7년 4월에 진충(眞忠)을 좌장(左將)으로 삼고 중앙과 지방의 군사 업무를 맡겼다.[31]

② 고이왕 14년 2월에 진충을 우보(右輔)로 삼고, 진물(眞勿)을 좌장으로 삼아 군사 업무를 맡겼다.[32]

---

28) 盧泰敦, 1975, 앞의 논문, p.15.

29) 좌평이 읍락국의 수장급층에 해당되는 호칭이라면 達率 이하의 率系는 그보다 하위 단위로서 읍락의 거수층들에 해당된다고 하겠다(朱甫暾, 1998, 앞의 논문, p.76).

30) 문동석, 2001, 「4세기 백제의 지배체제와 좌평」『역사와 현실』 42, pp.97~98. 좌평의 정원이 처음에는 1명이었다고 보는 입장도 있다(盧重國, 1995, 「중앙통치조직」『한국사－백제』 6, p.168).

31) "夏四月 拜眞忠爲左將 委以內外兵馬事"(『三國史記』 百濟本紀 古爾王 7년).

위 사료에 보이고 있는 좌장은 "군사 업무를 맡겼다(委以兵馬事)"라 되어 있어 군사적인 면을 담당하고 있는 관직이다. ①에서는 진충을 좌장에 임명하고 있고, ②에서는 진충을 우보로, 진물(眞勿)을 좌장에 임명하고 있다. 이들은 앞의 사료 ⑥의 진회(眞會)와 관련시켜 볼 때, 북부에 속하는 인물들로 판단된다. 그런데 이 시기 좌장에 큰 세력을 가지고 있던 수장층 출신이 임명되고 있다. 따라서 좌장의 실시로 나타나고 있는 체제정비가 부세력을 흡수, 편제하는 기능을 담당하고 있었음을 보여주고 있는 것이라 할 수 있다.33)

이와 같이 고이왕대에 좌평과 좌장 등으로 대표되는 일련의 체제정비가 이루어질 수 있었던 것은 3세기 중반 중국 군현세력과 삼한 사회 사이에 벌어진 대규모 전쟁, 즉 정시 7년(246)의 기리영(崎離營) 전투와 밀접한 관련이 있다.

① 정시(正始) 7년(246)에 유주자사 관구검(毌丘儉)이 고구려를 토벌하였다. 여름 5월에 예맥(穢貊)을 토벌하여 모두 격파하였다. 한나해(韓那奚) 등 수십 국이 각기 무리를 이끌고 항복하였다.34)

② 부종사(部從事) 오림(吳林)이 낙랑군이 본래 한(韓)의 나라를 통솔하였다는 이유로 진한(辰韓)의 8국을 나누어 낙랑군에 주었다.

---

32) "春二月 拜眞忠爲右輔 眞勿爲左將 委以兵馬事"(『三國史記』百濟本紀 古爾王 14년).

33) 左將의 설치를 고이왕이 자신의 왕위계승에 불만을 가진 세력에 대한 회유로 신설하였다고 본 견해도 있다(姜鍾元, 1998,「4世紀 百濟 政治 史 硏究」, 충남대학교 박사학위논문, p.47).

34) "正始七年 春二月 魏幽州刺史毌丘儉討高句麗 夏五月 討濊貊 皆破之 韓 那奚等數十國 各率種落降"(『三國志』魏書 齊王芳紀).

통역하는 관리가 말을 옮기면서 잘못이 있어서 신분고한(臣濆沽韓)이 분노하여[신지가 한을 격분시켜(臣智激韓忿)], 대방군 기리영(岐離營)을 공격하였다. 이때 태수 궁준(弓遵)과 낙랑태수 유무(劉茂)가 군대를 일으켜 이를 정벌하였는데, 궁준은 전사하였으나 2군은 마침내 한(韓)을 멸하였다.35)

③ (고이왕) 13년(정시 7) 8월에 위(魏)의 유주자사(幽州刺史) 관구검(毌丘儉)이 낙랑태수(樂浪太守) 유무(劉茂)와 삭방태수(朔方太守) 왕준(王遵)과 더불어 고구려를 정벌하였으므로, 왕이 그 틈을 타서 좌장(左將) 진충(眞忠)을 보내 낙랑의 변민을 빼앗았다. 유무가 듣고 노하므로 왕이 침략을 받을까 두려워 그 백성을 돌려주었다.36)

위의 사료 ①은 정시(正始) 연간 전투의 큰 줄거리를 정리한 것이며, ②는 기리영 전투의 본말에 대한 구체적인 기록이다. ③은 중국측 기록에는 전혀 보이지 않는 백제측의 전승에 기초하였던 기록으로 고이왕 13년은 공교롭게도 정시 7년(246)에 해당되기 때문에 기리영 전투와 관련될 것으로 여겨진다. 이 기리영 전투의 주체가 백제국(伯濟國),37) 목지국(目支國),38) 신분고국(臣濆沽國) 등으로 나뉘어진 상

---

35) "部從事吳林 以樂浪本統韓國 分割辰韓八國以與樂浪 吏譯轉有異同 臣智激韓忿 攻帶方郡崎離營 時太守弓遵樂浪太守劉茂 興兵伐之 遵戰死 二郡遂滅韓"(『三國志』魏書 烏丸鮮卑東夷傳 韓條).

36) "魏幽州刺史毌丘儉與樂浪太守劉茂・朔方太守王遵 伐高句麗 王乘虛遣左將眞忠 襲取樂浪邊民 茂聞之怒 王恐見侵討 還其民口"(『三國史記』百濟本紀 古爾王 13년).

37) 이현혜, 1997, 「3세기 馬韓과 伯濟國」『百濟의 中央과 地方』, 충남대학

포천 자작리 유적 전경 | 포천천 서쪽 해발 102m의 충적대지 위에 위치한 자작리 유적에서는 길이 23m를 넘는 초대형 주거지와 기대(器臺), 중국 청자, 기와가 출토되었다. 따라서 이곳에 위치하고 있었던 정치세력의 위상이 만만치 않았음을 짐작할 수 있다.

태이나, 최근에는 이 전투의 주체를 신분고국으로 보는 것이 다수이다.[39] 신분고국으로 보는 이유에 대하여 권오영은 다음과 같이 정리하고 있다.

첫째, "신지격한분(臣智激韓忿)"에 대한 해석을 "신지가 한의 분노

교, pp.21~22 ; 김수태, 1998, 「3세기 중·후반 백제의 발전과 馬韓」 『馬韓史硏究』, 충남대학교, p.198.

38) 노중국, 1990, 「目支國에 대한 一考察」 『百濟論叢』 2, pp.65~90.

39) 윤용구, 1998, 「"三國志" 한전 대외관계기사에 대한 일검토」 『馬韓史硏究』, 충남대학교, pp.98~99 ; 임기환, 2000, 「3세기~4세기초 위·진의 동방정책」 『역사와 현실』 36, p.21 ; 권오영, 2001, 「백제국에서 백제로의 전환」 『역사와 현실』 40, pp.32~37.

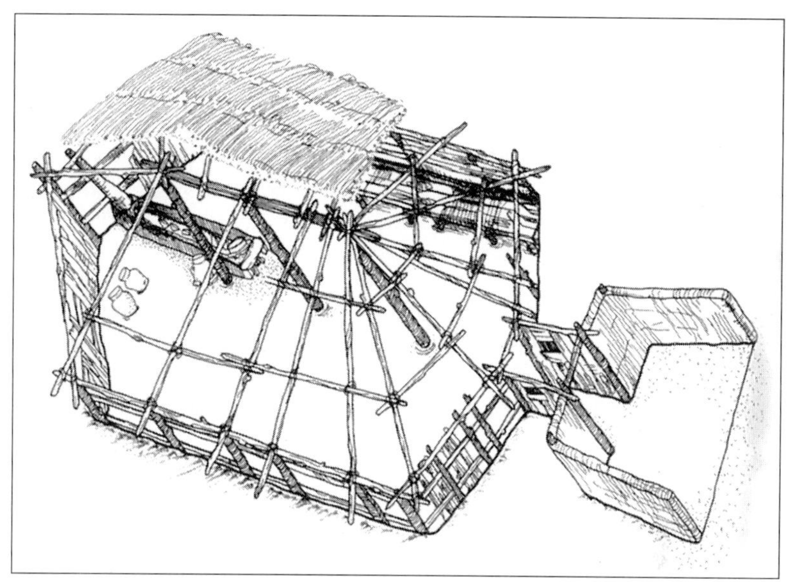

포천 자작리 유적 집자리 복원도

를 격발시켜"로 보건 "신지가 격하고 한이 분하여"로 보건 모두 부자연스럽다. 중대한 사건의 주체를 설명함에 신지라는 불특정 대상보다는 특정한 인물이나 세력을 지칭한 것으로 보는 것이 자연스럽다.

둘째, 『삼국지』의 판본 중 백납본(百衲本)에는 "신지첨한분(臣智沾韓忿)"으로 되어 있는데, "신지격한분(臣智激韓忿)"은 명(明)대 이후의 간본에서만 보인다.

셋째, 『삼국지』 한조의 "신지혹가우호(臣智或加優呼) 신운견지보(臣雲遣支報) 안야축지(安邪踧支) 분신리아불례(濆臣離兒不例) 구야진지렴지호(拘邪秦支廉之號)"는 삼한 제국의 신지 중 가우호(加優呼)하였던 우세한 세력들을 나열한 것이다. 안야(함안)와 구야(김해)는 삼한 제국 중 대국에 해당되며, 신운(臣雲)은 신운신국(臣雲新國), 분신

포천 자작리 유적 여자형 집자리

(濆臣)은 신분고국(臣濆[幘]沽[沾·活]國)에 대응된다. 따라서 삼한 사회에서 신분고국의 위상이 만만치 않았을 것이다.

넷째, 『삼국지』 마한제국의 국명은 중국 군현에 가까운 곳에서부터 기록되고 있는데, 신분고국은 백제국의 바로 앞에 위치하기 때문에 경기도 북부에 해당된다.[40] 이럴 경우 군현세력과의 충돌 가능성은 높아진다.

다섯째, 사료 ②와 ③은 동일 시기에 일어난 것으로 보이지만 사건

---

40) 최근 경기도 북부지역에 대한 고고학적 조사가 진행되면서 삼한 내지 백제와 관련된 유적이 파주 주월리(육계토성), 포천 영송리·성동리·자작리 등지에서 확인되고 있다(경기도박물관, 2004, 『포천 자작리유적 I』).

40

1970년대 강남개발 이전의 한강유역지도 | 한강은 몽촌토성, 석촌동 고분군 바로 옆으로 흘렀다.

1970년대 강남개발 이후 한강유역지도 | 강남개발 이후 원래 섬이었던 잠실이 육지로 변했고, 잠실을 남북으로 갈랐던 한강 남쪽 지류는 석촌호수로만 남아 있다.

자체가 동일하지 않다. "멸한(滅韓)"의 내용이 "습취(襲取) 한 변민을 돌려주는" 정도라고 보기 어렵기 때문이다.[41]

　이와 같은 연구 성과를 고려할 때, 3세기 중반까지도 마한 사회에서 백제국(伯濟國)의 위상은 여타의 소국들을 제압할 정도로 돌출적이지 못하였다고 하겠다. 그러나 이 전투에서 신분고국은 대방태수 궁준을 전사시키는 선전에도 불구하고 결국 패배하였다. 신분고국의 패배 소멸은 오히려 마한 북부지역(경기도 북부)에서 백제국(伯濟國)이 대외적으로 성장하는 계기가 되었을 것이다. 『삼국지』 마한전에 신분고국과 백제국(伯濟國)이 나란히 기록되어 있어, 양국의 지리적 위치가 근접해 있음을 알 수 있다. 신분고국이 대방군에 대한 군사적 공격을 감행할 정도이면 백제국에 견주어도 그 세력이 작지 않았을 것이다. 그러나 주변의 강력한 신분고국의 소멸은 백제국에게는 행운이었다.

---

41) 권오영, 2001, 앞의 논문, pp.34~35.

따라서 신분고국이 멸망된 고이왕대 이후에 기존의 부체제가 해체되고, 체제정비를 통해서 백제국(伯濟國)에서 백제(百濟)로의 전환이 이루어질 수 있게 되었다.

2. 진·해씨 세력의 동향

고이왕대를 전후한 시기에 나타난 부체제의 동요 및 해체는 근초고왕(近肖古王)·근구수왕(近仇首王)대 집권체제의 정비에 따라 더욱 가속화되었을 것으로 보인다. 그런데 근초고왕·근구수왕대 집권적 지배체제 정비의 배경으로 정치세력의 재편을 주목할 필요가 있겠다. 왜냐하면 부체제 해체를 전후하여 부의 독립성이 어느 정도 상실되어가고 있는 가운데 북부의 진씨와 해씨 가문으로 대표되는 일부의 세력들이 새로운 편제원리에 따라 편제될 수밖에 없었기 때문이다.

근초고왕 2년 정월에 진정(眞淨)을 조정좌평(朝廷佐平)으로 삼았다. 정(淨)은 왕후의 친척으로서 성품이 사납고 어질지 못하였으며 일에 대해서 가혹하고 까다로웠다. 권세를 믿고 제 마음대로 하니 나라 사람들이 미워하였다.[42]

위 사료에서 보듯이 진씨 가문은 근초고왕 2년조에 진정(眞淨)이 왕후(王后)의 친척으로 나타나고 있는 것으로 볼 때, 이 시기 정치세력

---

42) "春正月 拜眞淨爲朝廷佐平 淨王后親戚 性狼戾不仁 臨事苛細 恃勢自用 國人疾之"(『三國史記』 百濟本紀 近肖古王 2년).

42

2002년도 풍납토성 전경 | 풍납토성은 성벽의 전체 길이가 3.5㎞에 이르고 높이가 10m, 성벽 아래쪽의 너비가 40m에 달한다. 성벽에 가로로 난 지층으로 이 토성이 판축기법으로 축조되었음을 알 수 있다. 3세기 중반을 전후하여 이처럼 거대한 성을 쌓을 수 있었던 것은 백제국(伯濟國)에서 백제(百濟)로 전환되었기에 가능하였다.

재편성의 핵심부에 위치하고 있다고 여겨진다. 그리고 근초고왕대부터 아신왕대까지는 왕실과의 통혼을 통하여 성세를 나타내고 있다.[43]

---

43) 이기백은 이 시기를 眞氏王妃族 시대로 표현하고 있다(李基白, 1959, 「百濟王位繼承考」『歷史學報』 11, pp.31~36). 그러나 百濟 政治勢力의 存在樣態를 살피는데 있어 王妃族의 개념은 적절한 방법은 아니다. 왜냐하면 왕비족이란 개념은 部體制的 설명 방법이기 때문이다. 즉 왕권이 확립되지 못한 연맹왕국단계의 정치체제에서 왕족 다음가는 정치세력을 형성하고 있었을 왕비족과의 연합을 통하여 왕을 중심으로 하는 강력한 통치제를 형성시킬 수 있었다고 보는 견해이다(李基白, 1959, 「高句麗王妃族考」『震檀學報』 20, pp.269~276). 따라서 이와 같은 부체제적 설명 방식은 왕권을 중심으로 하는 일원적인 지배체제

진씨 가문이 왕실과 통혼을 하게 된 구체적 배경은 알 수 없으나,[44) 왕권 하에서 군사적 업무를 장악한 것이 그 배경이 되었던 것이 아닌가 추측된다. 근초고왕대는 군사권의 확립, 공복제정, 율령의 반포 등 제도적 정비를 통해 일원적인 정치체제로 나가고 있었다. 이 중에서 매우 중요한 것이 군사권 확립이었을 것이다.[45) 왜냐하면 각 부의 군사력은 일원적인 지배체제로 나가는데 있어 장애 요소가 되기 때문이다.[46) 따라서 근초고왕은 고이왕 이후 좌장을 매개로 세력을 확대해 온 진씨 가문과 연결 속에서 각 부의 군사력을 제압하고 군사권을

가 확립된 이후의 백제 정치사를 설명하기에는 부적절하다고 하겠다.

44) 眞氏王妃族 출현 배경은 古爾系와 빈번히 왕위교체를 경험한 肖古系가 왕실을 지탱해 줄 수 있는 세력으로 진씨세력을 선택한 것이라는 견해도 있다(盧重國, 1988, 앞의 책, pp.127~131).

45) 부체제하의 군사력을 공적인 군사 조직내로 흡수 개편하고 있는 사항을 반영하는 기사로 근초고왕 24년의 "大閱於漢水南 旗幟皆用黃"이 주목된다. 黃色은 오행사상에서 중앙을 뜻한다. 따라서 왕을 뜻하는 황색으로 旗幟色統一은 공적인 군사조직이 확립되었음을 나타낸다고 하겠다(成周鐸・車勇杰, 1981, 「百濟儀式考」『百濟硏究』12, p.82 ; 金瑛河, 1988, 「三國時代 王의 統治形態 硏究」, 고려대학교 박사학위논문, p.56).

46)『三國史記』百濟本紀에서는 부체제하의 각 部에 독자적인 군사력이 존재했음을 보여주고 있는 기사는 없다. 그러나『三國史記』新羅本紀 南解次次雄 11년의 기사를 통해서 그 일단을 추론해 볼 수 있다. "倭人遣兵船百餘艘 掠海邊民戶 發六部勁兵以禦之 樂浪謂內虛 來攻金城甚急 夜有流星 墮於賊營 衆懼而退 屯於閼川之上 造石堆二十而去 六部兵一千人追之 自吐含山東 至閼川見石堆 知賊衆 乃止"의 기사는 당시 일원적인 왕권의 통제 아래 部人을 군사로 징발한 것이 아니라 각 部가 部人을 군사로 징발한 상황에서 6部 兵의 명칭이 유래하였음을 보여주고 있다. 따라서 군사권의 확립은 가장 중요한 문제였음을 알 수 있겠다.

확립하였을 것으로 추정된다. 이는 진사왕·아신왕 때 대고구려전에서 진씨 가문이 주도적 역할을 수행하고 있음을 통해서도 증명된다 하겠다.

다음은 진씨 가문과 함께 백제 지배세력의 중심 세력으로 나타나고 있는 해씨 가문이다. 해씨 가문은 진씨와 더불어 북부에서 출발[47]하였으면서도 근초고왕 이후 5세기 후반에 이르기까지 정치일선에서 끊임없이 서로 대립하고 투쟁하였다. 그런데 해씨가 근초고왕대에 어떻게 존재하고 있었는지는 사료상에 보이지 않아 알 수가 없다. 그러나 해씨 가문은 근초고왕 직전인 비류왕(比流王) 9년에는 해구(解仇)가 등장하고 있음이 주목할 필요가 있다. 왜냐하면 비류(比流)의 즉위에 대해서는 초고왕과 고이왕으로 대표되는 온조왕의 직계·방계사이의 왕위계승을 둘러싼 갈등 속에서 직계의 재등장으로 파악되기 때문이다.[48]

성품이 너그럽고 인자하여 남을 사랑하였고 또 힘이 세어 활을 잘 쏘았다. 오랫동안 백성들 사이에 있었지만 명성은 널리 퍼졌다. 분서왕이 죽자 비록 아들이 있으나 모두 어려서 왕위에 오를 수 없었다. 이로써 신하와 백성들의 추대를 받아 왕위에 올랐다.[49]

위에서 보듯이 분서왕(汾西王)이 죽은 뒤에 그 뒤를 이을 자식들이

---

47) "拜北部解婁爲右輔 解婁夫餘人也"(『三國史記』百濟本紀 溫祚王 41년).

48) 盧重國, 1988, 앞의 책, pp.123~126.

49) "性寬慈愛人 又强力善射 久在民間 令譽流聞 及汾西之終 雖有子 皆幼不得立 是以 爲臣民推戴卽位"(『三國史記』百濟本紀 比流王 즉위년).

있었지만 모두 어리기 때문에 왕으로 세울 수가 없었던 결과, 신민(臣民)이 비류왕을 추대하여 즉위케 한 것으로 되어 있다. 그러나 비류왕의 즉위 과정이 순탄치 않았음은 "오랫동안 백성들 사이에 있었지만(久在民間)"과 "신하와 백성들의 추대를 받아 왕위에 올랐다(爲臣民推戴卽位)"라는 데서 추측할 수 있다.

그런데 비류왕의 즉위 과정에서 결정적인 역할을 하고 있는 신민의 핵심을 이루는 세력은 어떤 세력일까? 우선 고이왕대를 전후한 시기에 상대적으로 진씨 가문에 비해 소외되고 있었던 해씨 가문을 들 수 있다.50) 그것은 온조왕 41년 이후 해씨계 인물이 보이지 않다가, 비류왕 즉위 후에 처음으로 해구가 나오고 있기 때문이다. 따라서 이 때 왕권과의 연계를 가지게 된 해씨 가문은 초고계로 왕계가 확립된 이후 유력한 지배세력으로 남게 되었을 것이다.

이와 같이 진씨 가문과 해씨 가문의 예에서 보듯이, 초기 지배세력들 가운데 군사적 능력을 바탕으로 하고 있던 세력들만 왕권과의 결합을 통해서만 지배세력으로 기능할 수 있게 되었다. 그리고 이 시기에 들어서는 북방으로부터 고구려의 강한 압력이 지속적으로 미치고 있었다.51) 따라서 그 방면에 세력기반을 갖고 있었으며, 전통적으로

---

50) 노중국은 解氏를 彌鄒忽과 연결되는 세력으로 파악하고 있다. 그리고 이 세력은 고이왕의 즉위를 둘러싼 직계·방계의 대립에서 직계인 沙伴을 지지한 중심세력의 역할을 하였다. 따라서 방계의 재위시 세력이 부진하다가 비류왕 때에 정치일선에 다시 등장하고 있는 것으로 보고 있다(盧重國, 1988, 앞의 책, pp.78~82).

51) ① "近肖古王 24年 秋九月 高句麗王斯由帥步騎二萬 來屯雉壤 分兵侵奪民戶 王遣太子以兵徑至雉壤急擊破之 獲五千餘級 其虜獲分賜壯士"(『三國史記』百濟本紀).

46

강한 군사력을 소유하고 있었던 유력한 정치세력이었던 이들 진씨·해씨 세력은 여전히 우세한 입장이었던 것이다. 결국 진(眞)·해(解)·흘(屹)·회(茴)씨 등으로 대표되던 초기의 지배세력 중에서도 특정 가문만이 왕권과 연결되고 있고, 나머지는 상대적으로 소외되고 있었다.

3. 새로운 세력의 진출

1) 목·사씨 세력

백제의 국력을 비약적으로 증대시켜 가장 역동적인 모습을 보여주는 시기는 근초고왕대이다. 마한의 잔여세력을 통합하여 남방한계선을 전북지역까지 확대하였고,[52] 가야지역으로 진출하였으며, 고구려

---

② "近肖古王 26年 高句麗擧兵來 王聞之伏兵於浿河上 俟其至急擊之 高句麗兵敗北 帥精兵三萬 侵高句麗攻平壤城 麗王斯由力戰拒之 中流矢死 王引軍退"(同書).
③ "近肖古王 30年 秋七月 高句麗來攻北鄙水谷城陷之"(同書).
④ "近仇首王 卽位條 先是 高句麗國岡王斯由親來侵 近肖古王遣太者拒之 至半乞壤將戰"(同書).
⑤ "近仇首王 2年 冬十一月 高句麗來侵北鄙"(同書).
⑥ "近仇首王 3年 冬十月 王將兵三萬 侵高句麗平壤城 十一月 高句麗來侵"(同書).

52) 백제 근초고왕대 남방지역 진출의 한계선은 이병도 이래로 전라남도 지역을 포함하는 것으로 알려져 왔다. 즉 이병도는 가야정복 및 四邑 평정의 주체가 倭가 아니라 近肖古王으로 볼 수 있으며, 이 때에 近肖古王 父子가 전라도 지역까지 출정하여 馬韓의 나머지 小國들을 경략하였다고 보고 있는 것이다(李丙燾, 1976, 「近肖古王拓境考」『韓國古代史硏究』, pp.511~515). 이러한 견해는 천관우와 이기동 등에 의해 적극적으로 받아들여져, 근초고왕이 이끄는 백제군은 369년에 낙동강 일

대를 공략하고, 다시 서쪽으로 진출하여 전남 해안지방까지 진격하였다고 보고 있다(千寬宇, 1991,『加耶史硏究』, pp.23~26). 이기동은 溫祚王代에 나타나는 馬韓服屬에 관한 기사의 紀年이 神功紀의 加耶諸國 및 比利, 辟中, 布彌支, 半古의 四邑 평정을 전후한 기사의 기년과 일치하고 있으며, 따라서 馬韓이 실제로 백제에 복속하게 되는 것은 근초고왕대일 가능성이 있다고 하였다(李基東, 1990,「百濟의 勃興과 對倭國關係의 成立－近肖古王代에 있어서 百濟의 倭國과의 交涉－」『古代韓日文化交流硏究』, pp.267~268). 그러나 최근 금강 유역과 영산강 유역의 고고학적 발굴을 토대로 근초고왕 남정의 한계선이 전라남도를 포함하지 못하였다고 부정하는 견해가 제기되고 있다. 즉 공주·부여 일대를 중심으로 한 금강 유역권과 전북지역의 옹관묘 분포 양상을 통해서도 추론하고 있다. 금강 유역의 옹관묘는 전체 길이 1m 미만의 小形의 單甕 合口式으로 주로 공주나 부여의 석실분 피장자들과 관련된 女子나 從子신분에 해당하는 성인의 陪葬인 점이 특징이다(鄭桂玉, 1985, 「韓國의 甕棺墓－百濟地域을 中心으로－」『百濟文化』 16, pp.36~37). 이에 비해 전북지역의 옹관묘는 비교적 대형의 合口式으로 主葬의 성격을 띠고 있다(鄭桂玉, 1985, 위의 논문, pp.37~38). 하지만 扶安의 堂下里(尹德香, 1984, 「甕棺墓 數例」『尹武炳博士回甲紀念論叢』)의 소형 합구식 옹관묘와 高敞 松龍里·新月里(全榮來, 1973, 「全北地方出土甕棺二例」『全北遺蹟調査報告』I, pp.1~21) 등의 옹관이 壺形을 보이면서 점차 대형화하고 있다. 그러나 영산강 유역에 비해 전용옹관묘가 많지 않고 대형분으로 발전하지 않고 있다. 이것은『日本書紀』神功紀 49년(369)조의 古四邑과 관련시켜 볼 때 부안·고창 등 전북 남부지역이 전남지역과 구분하는 경계선으로 근초고왕 정복의 남방한계선으로 볼 수 있겠다(金英心, 1997,「百濟 地方統治體制 硏究－5~7세기를 중심으로」, 서울대학교 박사학위논문, pp.14~39). 또한 영산강 유역에서 발견되고 있는 백제계의 묘제인 石室墳의 상한이 5세기 말~6세기 초를 넘지 못하고 있다(林永珍, 1992,「榮山江流域 百濟時代 墓制의 變遷 背景」『古文化』40·41, pp.47~55). 따라서 전라남도 지역에 대한 백제의 직접적인 지배력은 웅진 천도 이후로 보는 것이 타당하다고 생각된다.

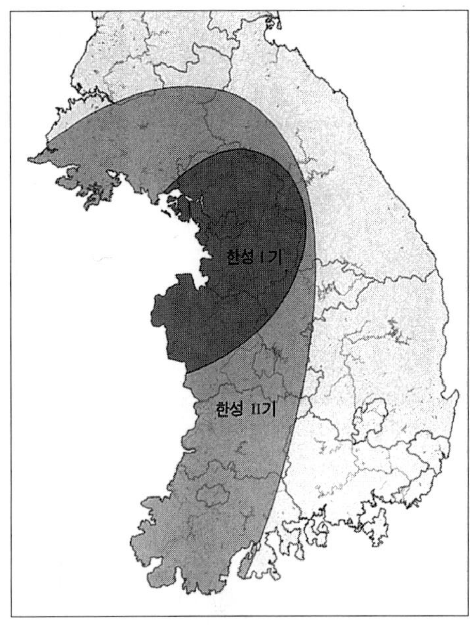

한성백제 영역 변천도 | 삼국시대의 경우 물질문화 양식상의 통일성 확인과 그 공간적 분포범위 파악을 통해 정치체의 영역 추정이 가능하다. 따라서 한성양식 백제토기의 공간적인 분포를 근거로 한성기 백제의 시기를 나누면, 한성 I기(3세기 후반~4세기 중엽)와 한성 II기(4세기 후반~5세기 후반)로 구분되며, 두 시기 간에는 분포 영역의 변화가 있다.

의 평양성까지 진격해 들어가 고국원왕을 전사시키기까지 할 정도로 대외적인 정복전쟁을 성공적으로 이끈 것으로 되어 있다. 이로 말미암아 흔히 이 시기를 백제사에서 최고 전성기로 주목하여 전제 왕권이 확립된 때로 이해하려는 견해가 제기되었다.53) 물론 근초고왕이 백제의 국력을 내외에 과시한 매우 인상적인 왕임에는 틀림없다. 그러나 이와 같은 외형적인 측면만을 중요시한 이해 방식은 근초고왕대의 구체적인 실상과, 이후 백제사를 이해하는 데 많은 제약이 되어 왔다고 하겠다.

근초고왕대를 이해하기 위해서는 정복활동만을 중요시한 피상적인 접근보다는 지배세력의 성격 변화에 초점을 맞추는 것이 타당한 방법이 아닐까 한다. 왜냐하면 근초고왕대에는 활발한 대외정복을 추구하는 과정에서 기존의 지배세력과 구별되는 새로운 정치세력의 등장

---

53) 李鍾旭, 1977, 「百濟王國의 成長」『大丘史學』 12·13, pp.55~86.

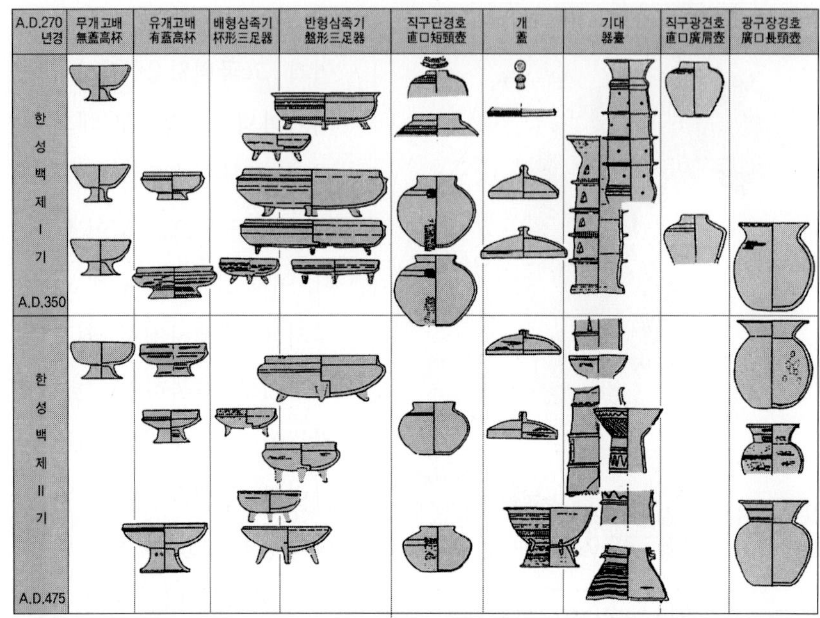

한성기 백제 토기 편년표 | 한성양식 백제토기의 기종 가운데 직구단경호와 삼족기는 백제 전시기에 걸쳐 지속되면서 일정한 시기적 변화를 보이고 있어 편년 설정에 유용한 자료이다. 또한 특징적인 기종의 등장은 백제 중앙세력의 영향이 해당 지역에 미쳤음을 보여주는 지표가 된다. 따라서 한성양식 토기의 등장은 간접지배 성립 이후 나타나는 현상으로 이해할 수 있다.

가능성을 엿볼 수가 있기 때문이다. 이러한 새로운 정치세력의 등장이 당시 정치체제에 어떠한 변화를 일으켰는지를 살펴보도록 하겠다.

근초고왕대에 등장하는 새로운 정치세력의 일면은 가야와 마한지역의 진출을 기록하고 있는 『일본서기』 진구기(神功紀)의 인명(人名) 분석을 통해서 살펴볼 수 있다. 이 진구기 기사에는 백제계와 왜(倭)계 인물이 혼재되어 있으며, 백제계 인물은 대왜(對倭) 관계를 전담한 부류와 가야 7국 공격 때 주도적 역할을 담당한 인물로 나뉘어진다. 먼저 가야 7국 공격의 발단 기사로 진구기 46년(366), 47년(367)조에 나타나고 있는 인물들을 검토하기로 한다.

　시마노 스쿠네(斯摩宿禰)를 탁순(卓淳)국에 보내었다[시마노 스쿠네는 어떤 성씨의 사람인지 모른다]. 이 때 탁순왕 말금한기(末錦旱岐)는 시마노 스쿠네에게, "갑자년의 7월에 백제인 구저(久氐)·미주류(彌州流)·막고(莫古) 세 사람이 우리나라에 와서, '백제왕이 동방에 일본이라는 귀한 나라가 있음을 듣고 우리들을 보내어 그 나라에 조공하게 했습니다. 만약 신들에게 길을 통하도록 가르쳐 준다면 우리 왕이 반드시 군왕(君王)에게 덕이 있다고 할 것입니다'라 하였다. 이 때 구저 등에게 '전부터 동쪽에 귀한 나라가 있다고 들었지만 아직 왕래한 적이 없어 그 길을 알지 못한다. 바다가 멀고 파도가 험하여 큰 배를 타야 겨우 통할 수 있을 것이니 비록 길을 안다 하더라도 어떻게 도달할 수 있겠는가'라 하였다. 그러자 구저 등이 '그렇다면 지금은 갈 수 없겠습니다. 그렇지 않고 가려면 다시 돌아가서 배를 갖춘 뒤에 가야 하겠습니다'라 하고 '만약 귀한 나라의 사신이 오면 반드시 우리나라에도 알려 주십시오'라고 하고 돌아갔다"고 하였다. 이에 시마노 스쿠네는 종자 니하야(爾波移)와 탁순인 과고(過古) 두 사람을 백제국에 보내어 그 왕을 위로하였다. 이 때 백제 초고왕은 매우 기뻐하며 후하게 대접하고, 다섯가지 빛깔의 채견(綵絹) 각 1필과 각궁전(角弓箭) 및 철정(鐵鋌) 40매를 니하야에게 주었다. 또 보물창고를 열어 여러 가지 진기한 것들을 보여주며 "우리나라에는 이 같은 진기한 보물들이 많이 있다. 귀한 나라에 바치고자 하나, 길을 알지 못하여 마음만 있을 뿐 따르지 못하고 있다. 그러나 지금 사자에게 부쳐서 바친다"고 하였다. 이에 니하야가 일을 받들고 돌아와서 시마노 스쿠네(志[斯]摩宿禰)에게 보고했다. 바로 탁순으

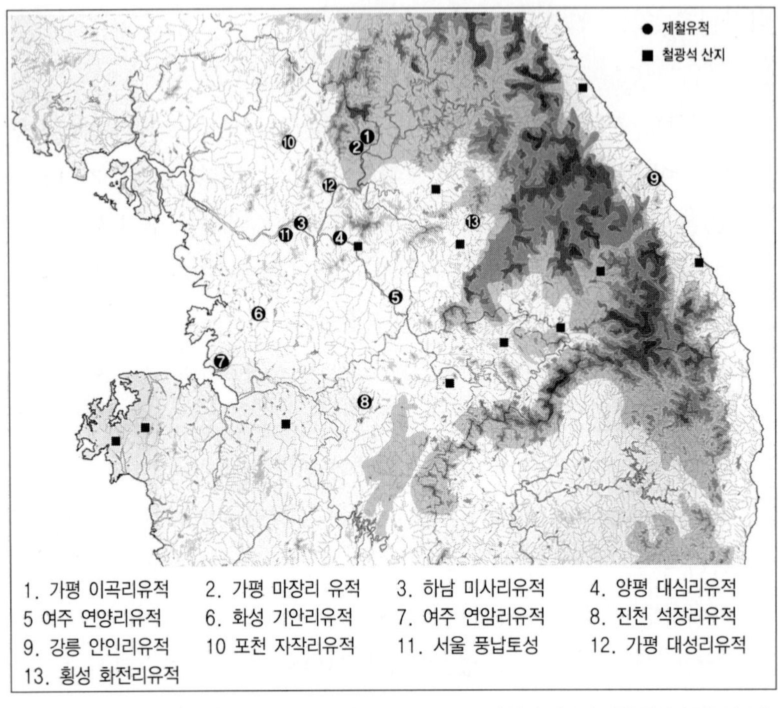

1. 가평 이곡리유적   2. 가평 마장리 유적   3. 하남 미사리유적   4. 양평 대심리유적
5. 여주 연양리유적   6. 화성 기안리유적   7. 여주 연암리유적   8. 진천 석장리유적
9. 강릉 안인리유적   10. 포천 자작리유적   11. 서울 풍납토성   12. 가평 대성리유적
13. 횡성 화전리유적

중부지방 원삼국~한성백제기 제철유적 및 철광석 산지 분포도 | 한성 백제의 선철 생산기술은 낙랑을 통해 한(漢)대에 발달한 초강(炒鋼) 기술을 받아들여서, 높은 수준의 제선(製銑), 제강(製鋼) 기술을 보유하고 있었다.

로부터 돌아왔다.[54]

---

54) "四十六年春三月乙亥朔 遣斯摩宿禰于卓淳國(斯麻宿禰者 不知何姓人也) 於是 卓淳王末錦旱岐 告斯摩宿禰曰 甲子年七月中 百濟人久氐, 彌州流, 莫古三人 到於我土曰 百濟王 聞東方有日本貴國 而遣臣等 令朝其貴國 故求道路 以至于斯土 若能敎臣等 令通道路 則我王必深德君王 時謂久氐等曰 本聞東有貴國 然未曾有通 不知其道 唯海遠浪嶮 則乘大船僅可得通 若雖有路津 何以得達耶 於是 久氐等曰 然即當今不得通也 不若 更還之備船舶 而後通矣 仍曰 若有貴國使人來 必應告吾國 如此乃還 爰斯摩宿禰即以傔人爾波移與卓淳人過古二人 遣于百濟國 慰勞其王 時百濟

칠지도가 발견된 일본의 이소노카미 신궁 | 이소노카미 신궁은 고대 일본 건국 때 사용했다는 전설적인 칼을 모시는 큰 신사이다.

위 기록은 백제의 구저(久氐)·미주류(彌州流)·막고(莫古) 등 3인이 탁순에 가서 그 말금한기(末錦旱岐)와 만나는 백제와 탁순과의 접촉, 왜의 시마노 스쿠네(斯摩宿禰)가 탁순에 가서 말금한기와 만나는 야마토(大和) 정권과 탁순과의 접촉, 시마노 스쿠네가 종자 니하야(爾波移)를 백제에 파견해서 근초고왕과 만나는 야마토 정권과 백제와의 접촉 등의 세 부분으로 구성되어 있다.

탁순왕이 백제 사신인 구저 등에게 한 말을 보면 탁순은 왜에 대해 들어 알고는 있으나 아직 통교가 없었기에 가는 길을 잘 모른다고

肖古王 深之歡喜 而厚遇焉 仍以五色綵絹各一匹 及角弓箭 幷鐵鋌冊枚
弊爾波移 便復開寶藏 以示諸珍異曰 吾國多有是珍寶 欲貢貴國 不知道路
有志無從 然猶今付使者 尋貢獻耳 於是 爾波移奉事而還 告志摩宿禰 便
自卓淳還之也"(『日本書紀』 神功紀 46년).

한다. 이에 따른다면 시마노 스쿠네의 탁순 방문은 왜와 탁순의 최초의 공식 통교가 되는 셈이다. 하지만 이 기사에는 시마노 스쿠네의 탁순 방문 목적에 대해선 언급이 없고 탁순왕의 이야기를 들은 후 백제로 종자를 파견한 사실만 언급되고 있다. 이것은 백제 사신의 탁순 방문 목적이 왜에 대한 조공이란 사실을 전제로 할 때에만 가능한 이야기임은 말할 필요가 없다. 그런데 백제의 왜 조공 목적 운운이 사실이 아니라면 시마노 스쿠네의 탁순 파견 이야기도 백제 사신의 왜 조공에 맞춰서 설정된 것임을 의미하게 된다. 시마노 스쿠네 종자의 백제 파견도 액면 그대로 인정할 수는 없을 것이다.[55]

그러나 백제는 고구려에 대항하기 위해서 가야를 매개로 신라·왜와의 관계를 추구하고 있었고, 왜도 철의 수요가 급증함에 따라서 가야에서 내륙 지역으로 진출하려 하고 있었다. 따라서 백제의 왜 조공 때문이 아니라 양국의 이해관계 때문에 탁순을 매개로 접촉했을 가능성은 크다. 특히 시마노 스쿠네의 종자를 파견했을 때 백제가 철정(鐵鋌)을 주었다는 사실은 이를 입증하고 있다고 하겠다.[56]

이 시기 백제와 왜의 통교에 관해서는 대체적으로 사실로 인정되고 있다. 예를 들어 시마(斯摩[麻])는 백제의 차음자법(借音字法)에 의한 표기로 보이므로 이 인명은 백제계 사료에서 온 것으로 추정되고,[57] 그의 종자 니하야(爾波移)란 이름도 매우 구체적이어서 단순히 조작의

---

55) 김현구·우재병·박현숙·이재석, 2002, 『일본서기 한국관계기사 연구(Ⅰ)』, pp.89~90.

56) 문동석, 1997, 「4세기 백제의 가야 원정에 대하여－철산지 확보 문제를 중심으로－」『국사관논총』74, 국사편찬위원회, pp.231~251.

57) 三品彰英, 1962, 『日本書紀朝鮮關係記事考證』上, 吉川弘文館.

54

산물이라고는 할 수 없다. 또 백제가 니하야에게 준 물품이 구체적으로 거론되어 있는 점과 특히 그 중의 철정은 그 당시 왜가 가장 필요로 하던 물품이었다는 점에서 사실적으로 받아들여지고 있다.

　　백제왕이 구저(久氐)·미주류(彌州流)·막고(莫古)를 보내어 조공하게 했다. 이 때 신라국의 조사(調使)가 구저(久氐)와 함께 왔다. 이에 황태후와 태자 호무타와케노 미코토(譽田別尊)는 매우 기뻐하며 "선왕이 바라던 나라 사람들이 지금 와서 조공하니, 천황에게까지 미치지 못하는 것이 슬프도다."라 하니, 여러 신하들이 모두 눈물을 흘렸다. 그리고 두 나라의 공물을 조사하였더니 신라의 공물은 진기한 것이 매우 많았는데, 백제의 공물은 적고 천하여 좋지 않았다. 이에 구저 등에게 "백제의 공물이 신라에 미치지 못하니 어찌된 것이냐"고 물었다. "우리들이 길을 잃어서 사비신라(沙比新羅)에 이르렀는데 신라인들이 우리들을 붙잡아 감옥에 가두었습니다. 세 달이 지난 후 죽이고자 하였는데 이 때 구저 등이 하늘을 향하여 저주하였더니 신라인들이 그 저주를 두려워하여 죽이지 않았습니다. 그리고 우리 공물을 빼앗아 자기 나라의 공물로 하고 신라의 천한 물건을 우리나라의 공물로 바꾸었습니다. 또 우리들에게 '만약 이 일을 말하면 돌아가는 날 너희들을 죽이겠다'고 하였습니다. 그래서 구저 등은 두려워서 그대로 따랐습니다. 이리하여 겨우 천조(天朝)에 도착할 수 있었습니다."고 대답하였다. 이 때 황태후와 호무타와케노 미코토는 신라 사신을 책망하고 천신에 기도하여 "누구를 백제에 파견하여 일의 사실 여부를 조사시키며, 누구를 신라에 파견하여 그 죄를 물으면 좋겠습니까"라 하였다. 천신이 "다케시우치노 스쿠네(武內宿禰)로 하여금 의논하도록 하고 지쿠마 나가히코(千熊長彦)를 사자로 삼으면 소원대로 될 것"이라고 가르쳐 주었다. 이에 지쿠마 나가히코를 신라에 보내어 백제가 바치는 물건을 훔친 것을 질책하였다.[58]

위 사료에 따르면 백제왕은 사신 구저(久氏) 등 3인으로 하여금 신라 사신과 함께 조공하기 위해서 도일(渡日)케 하였고, 야마토(大和)정권이 양국의 공물 내용을 검토해 보니 백제의 공물이 신라의 그것에 비해 떨어지므로 백제의 사신을 문책하였다고 한다. 백제 사신이 대답하기를 도일할 때 길을 잃어버려 신라에 이르렀더니, 신라인이 백제의 공물과 신라의 공물과 바꾸었기 때문이라고 대답하였다고 한다. 이에 야마토(大和)정권이 지쿠마 나가히코(千熊長彦)를 신라에 파견한 것으로 되어 있다. 따라서 진구기 46년과 47년의 기사로 볼 때 이 무렵에 백제가 탁순국과 처음으로 통교하였고, 탁순국을 매개로 왜(倭)와 통교하였음을 유추할 수 있다. 그리고 진구기 46년과 47년 기사에서 주목되는 것은 백제의 대왜(對倭)·대가야(對加耶) 접촉의 주도적 인물들이 보이고 있다는 것이다. 따라서 이들 3인은 근초고왕대에 대왜

---

58) "百濟王使久氏·彌州流·莫古 令朝貢 時新羅國調使 與久氏共詣 於是 皇太后·太子譽田別尊 大歡喜之曰 先王所望國人 今來朝之 痛哉 不逮于 天皇矣 群臣皆莫不流涕 仍檢校二國之貢物 於是 新羅貢物者 珍異甚多 百濟貢物者 少賤不良 便問久氏等曰 百濟貢物 不及新羅 奈之何 對曰 臣 等失道 至沙比新羅 則新羅人捕臣等禁囹圄 經三月而欲殺 時久氏等 向天 而呪詛之 新羅人怖其呪詛而不殺 則奪我貢物 因以 爲己國之貢物 以新羅 賤物 相易爲臣國之貢物 謂臣等曰 若誤此辭者 及于還日 當殺汝等 故久 氏等恐怖而從耳 是以 僅得達于天朝 時皇太后·譽田別尊 責新羅使者 因 以 祈天神曰 當遣誰人於百濟 將檢事之虛實 當遣誰人於新羅 將推問其罪 便天神誨之曰 令武內宿禰行議 因以千熊長彦爲使者 當如所願 於是 遣千 熊長彦于新羅 責以濫百濟之獻物"(『日本書紀』神功紀 47년).

관계에서 중요한 역할을 담당한 인물로 추정된다. 구저 등 3인, 그 중에서도 구저는 이후의 진구기 기사에서도 대왜관계를 주도하고 있는 것으로 나타나고 있다.59)

다음으로 가야 7국 공격 등 군사관계 작전을 통해 등장하고 있는 세력을 들 수 있다. 이들은 진구기 49년(369)과 62년(382) 기사를 통해 살펴볼 수 있다.

아라타와케(荒田別)와 가가와케(鹿我別)를 장군으로 삼아 구저 등과 함께 군대를 거느리고 건너가 탁순국에 이르러 신라를 치려고 하였다. 이 때 어떤 사람이 "군대가 적어서 신라를 깨뜨릴 수 없으니, 다시 사하쿠(沙白)·가후로(蓋盧)를 보내어 군사를 늘려 주도록 요청하십시오"라고 하였다. 곧 목라근자와 사사노궤에게 정병을 이끌고 사하쿠·개로와 함께 가도록 명하였다. 함께 탁순국에 모여 신라를 격파하였다. 그리고 비자발(比自烌)·남가라(南加羅)·녹국(喙國)·안라(安羅)·다라(多羅)·탁순(卓淳)·가라(加羅)의 7국을 평정하였다. 또 군대를 옮겨 서쪽을 돌아 고해진(古奚津)에 이르러 남쪽의 오랑캐 침미다례(忱彌多禮)를 무찔렀다. 백제에게 주었다. 이에 백제왕인 초고(肖古)와 왕자 귀수(貴須)가 또한 군대를 이끌고 와서 만났다. 이 때 비리(比利), 벽중(辟中), 포미(布彌), 지반(支半),

59) 『日本書紀』神功紀 49년 이후 기사에 보이는 久氏 등 對倭관계 기사를 정리하면 다음과 같다.
　　50년 "夏五月 千熊長彦·久氏等 至自百濟"
　　51년 "春三月 百濟王亦遣久氏朝貢"
　　52년 "秋九月 久氏等從千熊長彦詣之 則獻七枝刀一口·七子鏡一面 及種種重寶".

고사(古四)의 읍(邑)이 스스로 항복하였다. 그래서 백제왕 부자와
아라타와케·목라근자 등이 의류촌(意流村)에서 서로 만나 기뻐하
고 후하게 대접하여 보냈다. 오직 지쿠마 나가히코와 백제왕은 백제
국에 이르러 벽지산에 올라가 맹세하였다.[60]

진구기 49년 기사는 신라공격, 가야 7국 공격을 중심으로 한 한반도
남부 공격, 백제왕과 원정군과의 회동이라는 세 부분으로 구성되어
있다. 이 정복에 있어서는 왜(倭)계 인물과 백제(百濟)계의 인물이
함께 나타나고 있다. 첫 번째 부분에서는 신라공격의 주체로 야마토
(大和)정권의 아라타와케(荒田別)·가가와케(鹿我別)가 등장하고 있
다. 그리고 아라타와케와 가가와케는 탁순(卓淳)에 이르러 신라를 공
격하려고 하였으나 군사가 적어서 곤란하게 되자, 사하쿠(沙白)·가
후로(蓋盧)를 보내어 증원군을 요청하였다. 이 요청에 응해서 등장하
게 되는 것이 첫 번째 부분 후반의 목라근자(木羅斤資)와 사사노궤(沙
沙奴跪)가 이끄는 군대이다. 아라타와케·가가와케의 군대와 목라근
자와 사사노궤가 이끄는 증원군은 신라를 격파한 다음 비자발(比自

---

60) "四十九年春三月 以荒田別 鹿我別爲將軍 則與久氐等 共勒兵而度之 至
　　卓淳國 將襲新羅 時或曰 兵衆少之 不可破新羅 更復奉上沙白蓋盧 請增
　　軍士 卽命木羅斤資 沙沙奴跪(是二人 不知其姓人也 但木羅斤資者 百濟
　　將也) 領精兵 與沙白蓋盧共遣之 俱集于卓淳 擊新羅而破之 因以平定比
　　自㶱·南加羅·㖨國·安羅·多羅·卓淳·加羅七國 仍移兵 西廻至古
　　奚津 屠南蠻忱彌多禮 以賜百濟 於是 其王肖古及王子貴須 亦領軍來會
　　時比利辟中布彌支半古四邑 自然降服 是以 百濟王父子及荒田別·木羅
　　斤資等 共會意流村 相見欣感 厚禮送遣之 唯千熊長彦與百濟王 至于百濟
　　國 登辟支山盟之"(『日本書紀』神功紀 49년).

58

炑)·남가라(南加羅)·녹국(喙國)·안라(安羅)·다라(多羅)·탁순(卓淳)·가라(加羅) 등 가야 7국 공격에 들어가고 있다.[61] 이것은 백제와 신라가 왜와의 독점적인 교역권을 확보하기 위하여 치열하게 경쟁하였으나 마침내 백제측의 우세로 끝났음을 보여준다고 하겠다. 더욱이 가야 7국에 대한 공격은 교역로의 확보와 마한 잔여세력의 통합과 같은 두 가지 목적을 달성하기 위한 의도도 담고 있다.[62] 그리고 가야 7국을 평정하는데 있어 목라근자(木羅斤資)와 사사노궤(沙沙奴跪)가 보이고 있음이 주목된다.

성명왕(聖明王)이 "옛적에 우리 선조 속고왕(速古王)·귀수왕(貴首王)의 치세 때에 안라(安羅), 가라(加羅), 탁순(卓淳)의 한기(旱岐) 등이 처음 사신을 보내고 상통하여 친밀하게 친교를 맺었다. 자제의 나라가 되어 더불어 융성하기를 바랐다."[63]

---

61) 百濟는 『日本書紀』 神功紀 46년과 47년의 기사를 보면 卓淳國을 매개로 倭와 통교하고 있었음을 알 수 있다. 이는 백제와 탁순국이 이전부터 밀접한 관계에 있었음을 보여주는 것이다. 그런데 백제의 가야 7국 평정에 탁순국이 포함되고 있다는 점이 이상하다. 그러나 이것은 백제의 입장에서 볼 때 탁순국의 협력을 얻어 왜와 통교하는 것은 상당히 불편한 부분이었음을 고려할 필요가 있겠다. 따라서 백제는 이러한 문제점을 해결할 필요가 있었으므로 가야 원정을 통해 탁순국을 완전히 세력권에 둔 것이라 할 수 있겠다.

62) 백제의 가야에 대한 일련의 작전은 百濟와 倭 사이의 원활한 교통로를 확보하고 동시에 신라에 의한 교역방해를 방지할 목적을 담고 있다고 보기도 한다(권오영, 1997, 「고대의 나주」 『나주 마한문화의 형성과 발전』, 나주시·전남대학교 박물관, p.81).

63) "聖明王曰 昔我先祖速古王·貴首王 安羅·加羅·卓淳旱岐等 初遣使相通 厚結親好 以爲子弟 冀可恆隆"(『日本書紀』 欽明紀 2년 7월).

백제의 가야 7국 공격은『일본서기』긴메이기(欽明紀) 2년(541)에
도 나오고 있다. 즉 성왕의 회고에 의하면 근초고왕 때에 백제가 가야
여러 나라와 부자 관계를 맺은 것으로 되어 있다. 이는 바로 가야
7국 공격 사실을 가리키는 것이다.

『일본서기』진구기 49년의 첫 번째 부분 후반 기사에 의하면 당시
아라타와케·가가와케의 군대와 목라근자와 사사노궤가 이끄는 증원
군은 탁순[64]에 모여서 신라를 격파하고, 뒤이어 2단계에 가야 7국[65]

---

64) 탁순의 위치에 대하여는 대구설과 창원설로 크게 나누어지고 있다. 김
    태식은 繼體紀 24년 9월조의 久禮牟羅城, 欽明紀 5년 3월조의 久禮山
    成, 11월조의 久禮山五城이 낙동강 서남안의 함안·창원 사이에 위치
    하고 있다고 비정하였다. 따라서 탁순은 그 성의 동남쪽에 인접하고
    있었다 하고, 또한 구례모라성의 대체적인 입지조건은 지금의 함안군
    칠원면 일대에 해당한다. 결국 구례모라성의 동남쪽의 세력이란 창원
    지방을 가리키며, 탁순국은 久斯牟羅를 포함하는 창원으로 볼 수 있다
    고 하였다(金泰植, 1993,『加耶聯盟史』, pp.173~189). 그러나 卓淳이
    기록에 처음 나오고 있는 神功紀 49년 3월조 기사에 의하면 백제가 신
    라를 공격하기 위해 병력을 집결시킨 지역으로 나오고 있음을 볼 때
    창원으로 보기는 어렵다. 탁순의 위치를 비정하는데 있어『삼국사기』
    구수왕 5년 "王遣兵圍新羅獐山城 羅王親帥兵擊之 我軍敗績"의 기사가
    주목된다. 獐山城은 慶山으로 비정되고 있다. 구수왕대에 장산성을 공
    격하고 있다는 사실은 백제가 이 지역 일대를 대단히 중요시 하고 있음
    을 뜻하기 때문이다. 따라서 일단 종래의 견해대로 대구설을 따르고자
    한다(鮎貝房之進, 1937,「日本書紀朝鮮地名攷」『雜攷』7(下) ; 三品彰
    英, 1962,『日本書紀朝鮮關係記事考證』上 ; 주보돈, 1982,「加耶滅亡
    問題에 대한 一考察-新羅의 膨脹과 관련하여」『경북사학』4 ; 백승옥,
    1995,「'卓淳'의 位置와 性格」『釜大史學』19).

65) 비자발은『삼국사기』잡지 지리지에는 比自火郡(또는 比斯伐),「창녕
    진흥왕탁경비」에는 比子伐로 표기되어 있으므로 경남 창녕지역으로 보
    고 있다(韓國古代社會硏究所編, 1992,「昌寧 眞興王拓境碑」『譯註 韓

60

을 평정한 다음 고해진(古奚津)66)을 향하여 진군하면서 침미다례(枕彌多禮)를 정복하고 최종적으로 비리(比利), 벽중(辟中), 포미(布彌), 지반(支半), 고사(古四) 등을 차지하였다고 한다. 이 지명들은 『삼국지』한조에 보이는 '불미국(不彌國)＝포미(布彌), 벽비리국(辟卑離國)＝벽중(辟中), 지반국(支半國)＝지반(支半), 구소국(狗素國)＝고사(古四)' 등과 일치한다.67) 벽중(辟中)은 『삼국사기』지리지의 '벽성현 본벽골(辟城縣 本碧骨)'에 해당되는 것으로 전북 김제지역, 『삼국사기』지리지 당주현(唐州縣)조에 '고사주 본고사부리(古四州 本古沙夫里)'라 기록되

國古代金石文』Ⅱ). 南加羅는 『삼국사기』열전 김유신전에 "유신의 비에도 '軒轅의 후예요 소호의 자손이다.' 하였으니, 남가야의 시조 수로와 신라는 같은 성씨였다."라고 되어 있어 김해지역, 喙國은 경남의 영산·밀양 지역, 安羅는 『삼국사기』잡지 지리지에서 함안군을 阿尸良國(또는 阿那加耶)이라 하고 있고, 『삼국유사』오가야조에서도 阿羅伽倻 또는 阿耶伽倻로 되어 있다. 따라서 阿尸良國＝阿羅國＝安羅國은 경남 함안지역, 多羅는 『삼국사기』잡지 지리지의 大良州郡(또는 大耶州郡)으로 지금의 합천지역, 가라는 고령지역을 가리키고 있는 것으로 보고 있다(김태식, 1993, 위의 책, pp.161~163).

66) 이병도는 古奚는 『삼국지』마한조의 狗奚國으로서 전남 강진으로(李丙燾, 1976, 앞의 논문, p.512), 전영래는 古奚津을 해남으로 보고 있다(全榮來, 1985, 「百濟南方境域의 變遷」『千寬宇先生還曆紀念韓國史學論叢』, p.141).

67) 比利·辟中·布彌支·半古의 4읍으로 끊어 읽는 것은 內藤虎次郎에 의해 제기된 이래 이병도 등에 의해 적극 받아들여져 왔다(李丙燾, 1976, 위의 논문, pp.511~514). 한편 이러한 독법을 비판하고 이를 새롭게 끊어 읽어야 한다는 견해가 제기되었다(全榮來, 1976, 『周留城·白江位置比定에 關한 新硏究』, 부안군, p.16). 따라서 본서에서도 새로운 끊어 읽기가 타당하고, 이들 지명이 『삼국지』에 나오고 있으므로 이를 따르고자 한다.

어 있다. 고사(古四)는 고사부리(古沙夫里)·고사비(古沙比)·고사(古
泗)로 일컬어지던 고부지역이다. 그리고 비리(比利)는 부안의 보안,
포미(布彌)는 정읍으로, 지반(支半)은 '개화(皆火)·계발(戒發)'의 한
자 음으로 지금의 부안으로 비정되고 있다. 또한 이 지역들이 항복하
고 난 후 근초고왕 부자가 왜군과 회동한 의류촌(意流村, 州流須祇)이
부안의 주류성이다.[68] 따라서 김제, 고부, 정읍, 부안 등은 이 때에
이르러 백제의 영토에 편입되었음을 알 수 있겠다.

　진구기 49년 기사에 나타나고 있는 대표적 인물들로는 목라근자(木
羅斤資)·사사노궤(沙沙奴跪) 등을 들 수 있다. 가야 7국 공격군의 백
제군 장군으로 보이는 목라근자는 구이신왕 때 전권을 장악한 목만치
(木滿致)의 아버지로 나타나고 있다.[69] 또한 문주왕(文周王)에 의한
웅진 천도시 주도적 역할을 수행하고 있는 인물 가운데에는 조미걸취
(祖彌桀取)와 함께 목협만치(木劦滿致)가 있는데,[70] '목협(木劦)'은 백
제의 복성(復姓)인 '목리(木刕)'의 잘못으로 '목리(木刕)'가 목라(木
羅)·목(木)과 혼용되고 있다.[71] 이는 목만치 부자에 대한 성(姓)의
표시에서도 엿볼 수 있다. 한편 목라근자는『백제기』라는 백제측 기록
을 인용한 진구기 62년조, 오진기(應神紀) 25년조의 분주에 나오고
있다. 이는 목라근자가 백제계 장군, 혹은 백제에서 파견되었음을
시사한다고 하겠다.[72]

---

68) 全榮來, 1976, 위의 책, p.53.

69)『日本書紀』應神紀 25년.

70)『三國史記』百濟本紀 蓋鹵王 21년.

71) 千寬宇, 1991,『加耶史研究』, p.35.

72) 金鉉球, 1993,『任那日本府研究』, pp.30~33.

62

한편 사사노궤도 목라근자와 함께 활동하고 있는 것으로 보아 백제에서 파견된 장군으로 추정된다.[73] 이는 진구기 62년(382)조에 나타나고 있는 사건을 통해서 알 수 있다.

신라(新羅)가 조공하지 않았다. 이 해에 소쓰비코(襲津彦)를 보내어 신라를 쳤다.[『백제기(百濟記)』에 다음과 같이 말하였다. 임오년(壬午年)에 신라가 귀국(貴國)을 받들지 않았으므로 귀국이 사지비궤(沙至比跪)를 보내어 토벌하게 하였는데, 신라인은 미녀 두 사람을 단장시켜 나루에서 맞아 유혹하게 하였다. 사지비궤는 그 미녀를 받아들이고 오히려 가라국을 쳤다. 가라국왕 기본한기(己本旱岐) 및 아들 백구지(百久至)・아수지(阿首至)・국사리(國沙利)・이라마주(伊羅麻酒)・이문지(爾汶至) 등이 그 인민(人民)을 데리고 백제로 도망하여 오니 백제는 후대하였다. 가라국왕의 누이 기전지(旣殿至)가 대왜(大倭)로 가서 "천황이 사지비궤를 보내어 신라를 토벌하게 했는데 신라 미녀를 받아들이고 저버리고 토벌하지 않았으며, 오히려 우리나라를 멸망시켜 형제와 인민들이 모두 유리하게 되어 걱정하는 마음을 이길 수 없었으므로 와서 아룁니다"라 하였다. 천황이 크게 노하여 목라근자(木羅斤資)를 보내어 군대를 거느리고 가라에 모여 그 사직(社稷)을 복구시켰다고 한다. 일설은 다음과 같다. 사지비궤가 천황이 노한 것을 알고 몰래 돌아와 스스로 숨어 있었다. 그 누이가 황궁에서 총애를 받고 있었는데 비궤(比跪)가 몰래 사인(使人)을 보내어 천황의 노여움이 풀릴지 어떨지를 물어 보았다. 누이는 꿈에 가탁하여 "오늘 밤 꿈에 사지비궤(沙至比跪)를 보았습니다"라

---

73) 金鉉球, 1993, 위의 책, p.34 ; 盧重國, 1994, 「百濟의 貴族家門 硏究－木劦(木)氏 세력을 중심으로－」『大丘史學』48, p.4.

하였다. 천황이 크게 노하여 "비궤(比跪)가 어찌 감히 왔는가"라고
하였다. 누이가 천황의 말을 전하였더니 비궤(比跪)는 용서받지 못할
것을 알고 바위굴에 들어가서 죽었다.][74]

위 기사는 야마토 정권이 신라를 치기 위해서 파견한 사지비궤(沙至
比跪)가 신라로부터 미녀를 받고 도리어 가야를 공격하였다는 것과
이에 가야국의 왕과 그 일족이 백제로 달아났다는 것, 천황이 목라근
자를 파견해서 가야의 사직을 부활시켰다는 것, 그리고 일설(一說)을
인용하여 사지비궤가 마침내 바위굴(石穴)에 들어가 죽었음을 전하고
있다.

그런데 진구기 62년(382)조에 따르면 야마토(大和) 정권이 파견한
사지비궤가 가라국을 공격하였기 때문에 기본한기(己本旱岐)가 백제
에 피신해 있으면서, 백제가 아닌 야마토 정권에 구원을 청한 것으로
나타나 있다. 그러나 진구기 62년조에 나오는 가라국은 고령의 대가라
(大加羅)를 의미하며,[75] 대가라는 369년에 백제가 평정한 가야 7국

---

74) "六十二年 新羅不朝 卽年 遣襲津彦 擊新羅[百濟記云 壬午年 新羅不奉貴
國 貴國遣沙至比跪令討之 新羅人莊飾美女二人 迎銹於津 沙至比跪 受其
美女 反伐加羅國 加羅國王己本旱岐 及兒百久至・阿首至・國沙利・伊
羅麻酒・爾汶至等 將其人民 來奔百濟 百濟厚遇之加羅國王妹旣殿至 向
大倭啓云 天皇遣沙至比跪 以討新羅 而納新羅美女 捨而不討 反滅我國
兄弟人民 皆爲流沈 不任憂思 故以來啓 天皇大怒 卽遣木羅斤資 領兵衆
來集加羅 復其社稷 一云 沙至比跪 知天皇怒 不敢公還 乃自竄伏 其妹有
幸於皇宮者 比跪密遣使人 問天皇怒解不 妹乃託夢言 今夜夢見沙至比跪
天皇大怒云 比跪何敢來 妹以皇言報之 比跪知不免 入石穴而死也"](『日
本書紀』神功紀 62년).

75) 金泰植, 1993, 앞의 책, pp.18~19.

64

중의 하나로 당시 백제의 영향권 안에 있었다. 이로 볼 때 가라국왕 기본한기(己本旱岐)가 백제에 피신하였다는 것은 근초고왕대 백제가 가야 서부지역에 세력을 뻗치고 있던 상황을 말해주고 있는 것으로 이해할 수 있다. 그런데 기본한기가 백제에 도움을 청하지 않고, 아무 연관도 없는 야마토 정권에 구원을 청했다고 보기는 어렵다. 따라서 구원의 주체를 백제로 본다면 사지비궤도 백제에서 파견한 사람이어 야 한다.[76] 그리고 이후에도 '사(沙)'씨가 백제의 대성(大姓)으로 활약 하는 사람이 많음을 볼 때 백제계로 여겨진다.[77] 그러나 이같이 백제 의 가야 공격시 군사력이란 비슷한 기반을 가지고 등장하고 있는 목·사씨는 가야지역을 둘러싸고 갈등관계를 표출하게 된다.

가야지역에 대한 통제권을 둘러싼 양 세력간의 갈등에서 사지비궤 가 가라국을 멸망시켰다고 한 것은 사씨 세력이 일시적으로 성공한 것을 의미한다고 하겠다. 그러나 목라근자의 군대에 의해 가라국이 복국(復國)되고, 또 사지비궤도 바위굴(石穴)에 들어가 죽었다고 하는 것은 사씨 세력이 목라근자의 세력에 의해 밀려난 것을 보여준다고 할 수 있다.[78] 따라서 이 사건 이후 목씨 세력은 가야지역에 대한

---

76) 金鉉球, 1994, 「4세기 가야와 백제·야마토왜의 관계」『韓國古代史論 叢』 6, p.135.

77) 『三國史記』에서 沙氏가문의 중앙 정치세력에의 등장은 阿莘王 7年條에 沙豆가 兵馬職인 左將에 임명되고 있는 것이 최초이다. 이 때 沙氏가문 의 등용은 對高句麗戰을 담당하고 있던 眞氏가문의 잇따른 패배를 보 완하기 위한 조처로 보는 견해도 있다(梁起錫, 1990, 「百濟專制王權成 立過程研究」, 단국대학교 박사학위논문, p.70).

78) 盧重國, 1994, 「4~5世紀 百濟의 政治運營」『韓國古代史論叢』 6, p.157.

통제권을 보다 확실하게 장악하게 되었으며, 그리고 가야지역 경영을 기반으로 중앙정계에 상당한 영향력을 갖는 세력으로 등장할 수 있게 되었다.79) 이는 『일본서기』 오진기 25년 분주의 기사를 통해서 알 수 있다.

　　백제의 직지왕(直支王)이 죽었다. 곧 아들 구이신(久爾辛)이 왕위에 올랐다. 왕은 나이가 어렸으므로 목만치(木滿致)가 국정(國政)을 잡았는데, 왕의 어머니와 서로 정을 통하여 무례한 행동이 많았다. 천황이 이 말을 듣고 그를 불렀다. [『백제기』에는, "목만치(木滿致)는 목라근자(木羅斤資)가 신라를 칠 때에 그 나라의 여자를 아내로 맞아 낳은 사람이다. 아버지의 공으로 임나(任那)에서 전횡(專橫)하다가 우리나라로 들어왔다. 귀국(貴國)에 갔다가 돌아와 천조(天朝)의 명을 받들어 국정을 잡았는데, 권세의 높기가 세상을 덮을 정도였다. 그러나 천조(天朝)에서는 그의 횡포함을 듣고 그를 불렀다"라고 되어 있다]80)

---

79) '木'과 '目'은 음운상 비슷하기 때문에 木氏는 馬韓의 盟主國인 目支國에서 비롯되었다는 견해가 제기되었다(盧重國, 1994, 앞의 논문, pp.6~9). 그러나 『後漢書』에는 '目支國'으로 기록되어 있는데 반해 『三國志』에는 '月支國'으로 기록되어 있다. 따라서 '木氏'가 '目'에서 비롯되어다는 것을 입증하기 위해서는 『三國志』에 기록된 '月支國'에 대한 합리적인 설명이 필요하다고 하겠다. 한편 目支國은 3세기 중엽에 백제에 통합되고 있으며, 木氏는 4세기 중엽 가야와 관련하여 史書에 처음 등장하고 있으므로 이를 연결시킬 수는 없다고 하겠다.

80) "百濟直支王薨 卽子久爾辛立爲王 王年幼 木滿致執國政 王母相淫 多行無禮 天皇聞而召之[百濟記云 木滿致者 是木羅斤資 討新羅時 聚其國婦而所生也 以其父功 專於任那 來入我國 往還貴國 承制天朝 執我國政 權重當世 然天朝聞其暴召之]"(『日本書紀』 應神紀 25년).

66

오진기 25년 분주의 내용은 구이신왕(久爾辛王) 때 국정을 전횡한 목만치(木滿致)는 목라근자가 신라를 쳤을 때 그 신라의 부인을 취해서 태어났다는 것과 그가 아버지 목라근자의 공에 의해서 임나에서 그 일을 전담하게 되었고 야마토 정권의 부름에 의해서 도일했다는 세 부분으로 구성되어 있다.

분주에서 목만치가 백제의 국정을 장악할 수 있었던 이유는 야마토 정권을 배경으로 하고 있었기 때문인 것으로 기록하고 있는데, 그것은 진구기 49년조의 기사를 전제로 하여 설명되고 있기 때문이다. 그러나 이는 누차 지적된 바와 같이 조작·변개된 것이다.[81] 따라서 분주의 내용은 백제 특히 목씨 세력의 가야지역에 대한 영향력이 심화되어 가는 과정을 보여주는 것이라 할 수 있겠다. 목만치(木滿致)가 국정을 장악하게 된 참된 이유는 그의 아버지 목라근자(木羅斤資) 때부터 가야지역에 갖고 있던 군사적 기반과 공부수취(貢賦收取)를 관장하는 권한을 바탕으로 한 영향력 때문이었을 것으로 짐작된다.[82] 즉 앞에서 살펴본 바와 같이 목라근자는 369년의 가야 7국을 공격하는 데 장군으로 활약하였고, 382년에는 가라를 구원하였다. 이러한 점을 볼 때 목씨 세력은 가야지역과 깊은 관계를 맺을 수밖에 없었을 것이다.

---

81) 金鉉球, 1991, 「『神功紀』 加羅七國 平定記事에 관한 一考察」『史叢』 39, pp.105~132.

82) 백제의 가야지역에 대한 영향력 행사는 기왕의 지배조직을 온존시킨 가운데 유력 세력자로 하여금 貢賦收取를 관장하는 방식으로 이루어졌을 것으로 추측된다. 이는 고구려가 동옥저를 복속시킨 후 그 지역의 지배세력을 온존시킨 채 공납을 바치도록 한 것에서 방증된다고 하겠다.

그리고 이는 목만치가 가야지역에 대한 영향력을 기반으로 하여 중앙
정치세력으로 성장하였음을 보여준다고 하겠다.[83] 한편 백제의 가야
진출과 관련하여 목(木)씨와 사(沙)씨 이외에도 국(國)씨, 백(苩)씨
등이 보이고 있다. 그러나 이들은 근초고왕·근구수왕대 이후 사료에
서 지속적으로 나타나지 않고 있다. 따라서 이들이 본격적으로 사료에
보이고 있는 웅진 천도 이후에 가서 자세히 언급하도록 하겠다.

이와 같이 진구기 기사는 근초고왕 때 백제가 가야지역을 정복하는
과정에서 새롭게 등장하는 정치세력의 일면모를 보여주고 있다. 이들
은 목씨 등으로 대표되며, 가야지역에 대한 영향력과 공부수취권를
관장하는 권한을 가지고 있었다. 한편 백제가 성장 발전하여 가는데
있어서 여러 지역의 수장층은 중앙 귀족화되어 좌평에 임명되고 있었
다. 이러한 좌평의 성격과 목씨로 대변되는 새로운 정치세력들이 가야
지역에 가지고 있었던 정치적 영향력과 역할을 고려할 때, 목씨 등은
당시 백제 최고의 관등이었던 '좌평'에 임명되었을 것으로 추론할 수
있겠다. 그리고 좌평이라는 지위와 가야지역에 대한 영향력 등을 통해
중앙에서 왕의 측근으로 존재할 수 있었다.

2) 낙랑·대방계 세력

4세기 전반 낙랑·대방군의 한반도내 소멸이라는 정세의 변화와
그로 인한 백제의 이 지역 진출에 따른 새로운 정치세력의 등장도

---

83) 백제가 가야지역에 진출한 후 그곳을 직할영토로 하지 않고 정치적 독
   립을 유지시킨 채 백제에 대해 경제적·군사적 의무를 지도록 하는 관
   계를 맺은 것으로 이해하고 있다(盧重國, 1988, 앞의 책, p.121).

고려할 필요가 있다. 낙랑·대방군은 313년, 314년에 고구려에 의해 소멸되었다.[84] 이 때 낙랑·대방인들은 고구려의 세력권 내에서 삶을 이어가거나 아니면 한반도 중부 이남으로,[85] 심지어 일본열도에까지 새로운 삶의 활로를 찾아 이주했다.[86] 그 중 많은 부류가 인접한 백제로 남하했을 것은 자연스러운 대세라고 하겠다.[87]

이들 낙랑·대방계인들 가운데 지식인층은 백제에 흡수된 후 외교와 학문적 측면에서 중용되면서 왕의 측근세력으로 활약하였을 것으로 추정된다. 당시 중국문화에 대한 이해가 이들 낙랑·대방지역의 세력들에게 한정된 것은 아닐 터이지만, 낙랑군 이래의 중국문화에

---

84) "建興元年 遼東張統據樂浪·帶方二郡 與高句麗王乙弗利相攻 連年不解 樂浪王遵 說統帥其民千餘家歸廆 廆爲之置樂浪郡 以統爲太守 遵參軍事"(『資治通鑑』 권88 晋紀10 孝愍 上).

85) "三月 至牛頭州 望祭太白山 樂浪帶方兩國歸服"(『三國史記』 新羅本紀 基臨尼師今 3년).

86) "右衛士督從三位兼下總守坂上大忌寸刈田麻呂等上表言 臣等本是後漢靈帝之曾孫阿智王之後也 漢祚遷魏 阿智王因神牛敎 出行帶方 忽得寶帶瑞 其像似宮城 爰建國邑 育其人庶 後召父兄告曰 吾聞 東國有聖主 何不歸從乎 若久居此處 恐取覆滅卽携母弟遷興德 及七姓民 歸化來朝 是則譽田天皇治天下之御世也 於是阿智王奏請曰 臣舊居在於帶方 人民男女皆有才藝 近者寓於百濟高麗之間 心懷猶豫 未知去就 伏願天恩遣使追召之 乃勅遣臣八腹氏 分頭發遣 其人民男女 擧落隨使盡來 永爲公民 積年累代 以至于今 今在諸國漢人亦是其後也 臣刈田麻呂等 失先祖之王族 蒙下人之卑姓 望請改忌寸 蒙賜宿禰姓 伏願 天恩矜察 儻垂聖聽 所謂寒灰更煖 枯樹復榮也 臣刈田麻呂等 不勝至望之誠 輒奉表以聞 詔許之 坂上 內藏 平田 大藏 文 調 文部 谷 民 佐太 山口等忌寸十一姓十六人 賜姓宿禰"(『續日本紀』 권37 桓武天皇 4년 6월 癸酉).

87) 姜鍾薰, 1992, 「백제 대륙진출설의 제문제」 『韓國古代史論叢』 4, p.418.

대한 전통을 갖고 있는 이들이 상대적으로 당대 중국문화에 대한 이해의 수준이 높았을 것으로 짐작되기 때문이다. 이것은 낙랑·대방계와 같은 세력으로 여겨지는 부류들이 후대의 사서에 나타나고 있음에서도 추론할 수 있다. 따라서 이들을 검토함으로써 보다 구체적인 사실을 알 수 있지 않을까 한다.

① 소제(少帝) 경평(景平) 2년에 영(映)이 장사(長史) 장위(張威)를 파견하여 조정에 공물을 바쳤다.[88]

② 원가(元嘉) 27년 비(毗)가 국서(國書)를 올려 방물(方物)을 바치며 사사로이 일사(壹使) 풍야부(馮野夫)를 서하태수(西河太守)로 삼은 것을 추인해 줄 것을 요구하고, 표문으로 역림(易林)·식점(式占) 및 요노(腰弩)를 구하자 태조는 모두 들어 주었다.[89]

③ 연흥(延興)……삼가 사서(私書)한 관군

낙랑 명문벽돌 | 평안남도 및 황해도 일대의 전축분에서는 피장자의 신분을 파악할 수 있는 성씨나 관직, 출신지 등이 표기된 벽돌이 발견되고 있어 당시의 시대상을 파악할 수 있는 중요한 자료가 되고 있다.

---

88) "少帝景平二年(424) 映遣長史張威詣闕貢獻"(『宋書』 권97 列傳57 東夷 百濟國).

89) "元嘉二十七年(450) 毗上書獻方物 私假壹使馮野夫西河太守 表求易林 式占腰弩 太祖竝與之"(『宋書』 권97 列傳57 東夷 百濟國).

장군(冠軍將軍)·부마도위(駙馬都尉) 불사후(弗斯侯) 장사(長史)
여례(餘禮) 용양장군(龍驤將軍)·대방태수(帶方太守)·사마(司
馬) 장무(張茂) 등을 보내어 파도에 배를 던져 망망한 바닷길을
더듬게 하였습니다.[90]

④ 모대(牟大)가 또 표를 올려 말하였다. '신이 보낸 행건위장군(行建
威將軍) 광양태수(廣陽太守) 겸 장사(長史)인 고달(高達)과 행건
위장군(行建威將軍) 조선태수(朝鮮太守) 겸 사마(司馬)인 양무(楊
茂), 그리고 행의위장군(行宜威將軍) 겸 삼군(參軍)인 회매(會邁)
등 3인은 지행(志行)이 청량(淸亮)하고, 충성스러움이 일찍이 드
러나서 지난 태시(泰始)연간에 송조(宋朝)에 사신을 다녀온 바
있는데, 이번에도 신의 사신된 임무를 맡아 험난한 파도를 헤치고
바다를 건너갑니다. 그 지극한 정성을 생각한다면 마땅히 그들의
관작을 올려주어야 하옵기에, 선례에 따라 각자에게 행직(行職)
을 가수(假授)하였습니다.……고달은 변방에서의 충성이 일찍부
터 두드러졌고 공무에 힘썼으므로 이제 행용양장군(行龍驤將軍)
대방태수(帶方太守)로, 양무(楊茂)는 지행(志行)이 깨끗하고 공무
를 등한히 하지 않았으므로 이제 행건위장군(行建威將軍) 광릉태
수(廣陵太守)로, 회매(會邁)는 뜻을 세움이 주도면밀하여 누차
성과를 거두었으므로 이제 행광무장군(行廣武將軍) 청하태수(淸
河太守)로 각각 임시 제수하였습니다.'[91]

---

90) "延興二年(472)……謹遣私署冠軍將軍·駙馬都尉弗斯侯 長史餘禮 龍驤
  將軍·帶方太守·司馬張茂等投舫波阻"(『魏書』 권100 列傳88 百濟國).

91) "牟大又表曰 臣所遣行建威將軍 廣陽太守 兼長史高達 行建威將軍 朝鮮
  太守 兼司馬楊茂 行宜威將軍 兼參軍臣會邁等三人 志行淸亮 忠款夙著
  往泰始中 比使宋朝 今任臣使 冒涉波險 尋其至效 宜在進爵 謹依先例 各
  假行職……達邊效夙著 勤勞公務 今假行龍驤將軍 帶方太守 茂志行淸壹

⑤ 건무(建武) 2년 모대(牟大)가 사신을 보내어……또 표를 올려
말하였다. 신이 보낸 행용양장군(行龍驤將軍) 낙랑태수(樂浪太守)
겸 장사(長史) 모견(慕遣)과 행건무장군(行建武將軍) 성양태수(城
陽太守) 겸 사마(司馬) 왕무(王茂), 그리고 겸 삼군(參軍) 행진무장
군(行振武將軍) 조선태수(朝鮮太守) 신(臣) 장색(張塞), 행양무장
군(行揚武將軍) 진명(陳明) 등은 관직에 종사하면서 사사로움을
잊고 오로지 공무에만 힘써, 위급함을 보면 목숨을 던지고 어려움
에 처해서는 자신을 돌보지 않았습니다. 이제 신의 사신된 임무를
맡아 험한 파도를 헤치고 바다를 건너가 그 지극한 정성을 다하니
실로 그 관작을 올려주어야 마땅하옵니다. 각각 임시로 행직(行
職)을 서임하였으니, 엎드려 바라옵건대 성조(聖朝)께서는 특별
히 정식 관작으로 제수하여 주소서.[92]

　위 사료에서 보듯이 대중국 외교 활동과 관련이 있는 인물들이
장사(長史)·사마(司馬)·삼군(參軍) 등의 관직에 종사하고 있고,[93]

公務不廢 今假行建威將軍 廣陵太守 邁執志周密屢致勤效 今假行廣武將
軍 淸河太守"(『南齊書』권58 列傳39 東夷 百濟國).

92) "建武二年(495) 牟大又表曰……臣所遣行龍驤將軍 樂浪太守兼長史 臣
慕遣 行建武將軍 城陽太守兼司馬 臣王茂 兼參軍 行振武將軍 朝鮮太守
臣 張塞 行揚武將軍陳明 在官忘私 唯公是務 見危授命 蹈難弗顧 今任臣
使 冒涉波險 盡其至誠 實宜進爵 各假行署 伏願聖朝特賜除正"(『南齊書』
권58 列傳39 東夷 百濟國).

93) 中國 史書에 나타나고 있는 長史·司馬 등은 외교사절단을 구성하고
있는 官職으로서 그 장관이 長史이고 차관이 司馬였다는 견해가 있다
(坂元義種, 1978, 「倭の五王の外交」『古代東アジアの日本と朝鮮』,
pp.389~398).

그들의 성(姓)이 고(高)·양(楊)·회(會)·모(慕)·왕(王)·장(張)·진(陳) 등의 중국식 성으로 나오고 있다.[94) 이것은 4세기 전반 낙랑·대방인의 집단적 남하와 관련시켜 보는 것이 합리적이라 하겠다. 한편 이들이 중국식 성을 사용한다고 해서 반드시 낙랑·대방계인가에 대하여 의문을 상정할 수 있다. 그러나 후대의 대성팔족(大姓八族)에 이들 중국식 성은 나타나지 않으며, 또 중국어에 능숙해야 하는 사신의 임무를 주로 맡았다[95)는 것도 이들이 중국문화를 직접 접한 바 있는 낙랑·대방계의 후예들이었음을 추정케 한다.[96) 결국 이들은 대중국 외교업무의 효과적인 수행과 발달된 중국의 제도나 문물[97)의

---

94) 실제로 낙랑지역에서 출토된 漆器·銅器·封泥·瓦·塼·土器銘에서는 韓, 王, 張, 田, 會, 孫, 楊, 趙, 高 등의 5세기 후반 백제 사신이 가지고 있던 姓氏名이 확인되고 있다(韓國古代社會研究所編, 1992, 「낙랑 및 중국계 금석문」『譯註 韓國古代金石文』I, pp.206~453).

95) 낙랑·대방계의 후예들은 廣陽, 朝鮮, 帶方, 廣陵, 淸河, 樂浪, 城陽 등 요서·화북 지방과 산동반도 이남의 해안에 가까운 지역에 설치된 바 있는 中國 郡縣의 太守라는 직함을 가지고 있다. 이러한 太守職은 중국 과의 외교관계상 使臣들의 관직을 나타내주는 儀禮的인 것으로 볼 수 있다.

96) 姜鍾薰, 1992, 앞의 논문, p.418.

97) 原城郡 法泉里 출토 羊形器는 東晋 초기의 것이며, 傳 淸州 출토 天鷄壺, 天原郡 花城里의 盤口壺, 石村洞 古墳群 출토 靑磁類 등은 당시 晋과 백제와의 교역품으로 생각된다(權五榮, 1988, 「考古資料를 중심으로 본 百濟와 中國의 文物交流－江南지방과의 관계를 중심으로－」『震檀學報』66, pp.183~187). 또한 한신대학교 박물관에 의해 조사 발굴되었던 풍납동 경당지구에서 흑갈유계통의 중국의 도·자기류가 상당량 출토되고 있다. 이는 한성시기에 백제와 중국 사이의 활발한 문물교류를 보여주는 자료라 할 수 있겠다(한신대학교 박물관, 2004, 『風納土城 Ⅳ－경당지구9호 유구에 대한 발굴보고－』).

도입 등을 맡았고, 그리고 이를 통해 측근세력으로 기능하였을 것이다.

『삼국사기』 근초고왕조에 보이는 박사(博士) 고흥(高興)의 존재도 이들 낙랑·대방계와 연관되어 이해될 수 있다.[98] 고흥은『서기(書記)』의 편찬을 책임지고 있는데,[99] 역사를 서술한다는 것은 왕실의 정체성 확립을 의미하므로 왕의 신임을 바탕으로 하고 있었어야 했다.[100] 왜에 건너가 한학(漢學)과 유교(儒敎) 등을 전한 왕인(王仁)[101] 역시 중국계 인물일 가능성이 크다. 이들은 지역적 기반을 갖고 있지 않음으로써 왕권에 의탁할 수밖에 없는 등 기존의 정치세력과는 그 성격이 다르다고 할 수 있다. 그러나 이들에 관한 자료는 단편적인 것 밖에 없어 구체적인 사실은 알 수 없다.

근초고왕과 근구수왕대 왕의 측근세력으로 기능한 낙랑·대방계는 이후 아신왕·전지왕대 정치체제의 재편 과정에서 정치적 입지가 크게 위축되었을 것이고,[102] 고구려 침공에 의한 백제의 대방지역 상실

---

98) 高興을 文翰職에 전문적으로 종사해 온 漢人系 官人출신으로 보기도 한다(梁起錫, 1990, 앞의 논문, p.64).

99) "古記云 百濟開國已來 未有以文字記事 至是 得博士高興 始有書記 然高興未嘗顯於他書 不知其何許人也"(『三國史記』 百濟本紀 近肖古王).

100) 史書의 편찬을 왕족의 혈연의식과 유교적 정치이념의 표시로 이해하기도 한다(李基東, 1979, 「古代國家의 歷史認識」『韓國史論』 6, 國史編纂委員會, p.9).

101) "天皇問阿直岐曰 如勝汝博士亦有耶 對曰 有王仁者 是秀也 時遣上毛野君祖 荒田別巫別於百濟 仍徵王仁也"(『日本書紀』 應神天皇 15년).
"王仁來之 則太子菟道稚郎子師之 習諸典籍於王仁 莫不通達 所謂王仁者 是書首等之始祖也"(『日本書紀』 應神天皇 16년).

102) 낙랑·대방계 세력의 정치적 입지가 약해졌음은『日本書紀』 應神紀 14

왕인묘 | 왕인은 오랜 동안 잊혀져 있다가 1731년 교토의 한 유학자가 옛 기록에 의거하여, 무덤이 히라가타 (枚方)에 있다는 것을 근거로 이곳을 조사한 끝에 현재의 글이 새겨진 돌을 발견하고, 묘역을 정화하여 1938년 오사카의 사적으로 지정되었다.

년(403)의 "是歲 弓月君自百濟來 因以奏之曰 臣領己國之人夫百甘縣而 歸化 然因新羅人之拒 皆留加羅國 爰遣葛城襲津彦 而召弓月之人夫於加 羅 然經三年 而襲津彦不來焉"의 기사를 통해서도 알 수 있겠다. 즉 弓月 君이 백제로부터 倭로 귀화하고자 하였으나, 신라의 방해로 가야에 머 무르게 되었다는 것이다. 弓月君은『新撰姓氏錄』左京諸蕃上 漢條에는 "太秦公宿禰 秦始皇帝十三世孫 孝武王之後也 男功滿王足仲彦天皇八年 來朝 南融通王[一云 弓月王]譽田天皇 十四年來歸 率百二十七縣百姓歸 化 獻金銀玉帛等物……"이라 하여, 秦始皇의 13세손인 孝武王의 후예 인 大秦公宿禰의 아들이라고 한다. 이는 弓月君이 낙랑·대방계 출신 으로 백제의 지배층에 편입되었던 인물임을 보여주고 있다. 그리고 弓 月君은 고구려와의 전쟁에서 옛 낙랑·대방지역을 상실한 상황 속에서 낙랑·대방계로서의 정치적 입지가 위축되자 倭로 이주해간 것은 아닐 까 한다(盧重國, 1994, 앞의 논문, p.174).

등으로 인해 최고 지배층에는 흡수되지 못하고 있다. 이것은 낙랑·대방계의 성(姓)씨들이 앞의 사료 ④·⑤에 보이는 것처럼, 왕(王)·후(侯)에 임용되지 않고 있는 점에서 추론할 수 있지 않을까 한다. 왕·후에는 왕족 내지는 백제 전래의 지배세력들이 임용되어 최고 지배층을 구성하고 있는 존재이다.[103]

이와 같이 근초고왕·근구수왕대에 처음 보이고 있는 정치세력 중 목씨 등은 가야지역에 대한 영향력과 공부수취권을 관장하는 권한을 바탕으로 좌평에 임용되었으며, 또한 고흥과 왕인으로 대표되는 낙랑·대방계는 외교와 학문적 측면에서 중용되었다. 따라서 이들은 근초고왕대에 영역 확장의 주역으로서, 대중국 외교의 활약 등을 통해서 왕의 전폭적인 신뢰를 받고 있었을 가능성이 높다. 그리고 이러한 신뢰를 배경 삼아 왕의 측근세력으로 활약할 수 있었을 것이다. 목씨, 낙랑·대방계는 이러한 점을 배경으로 성장하고 있었기 때문에 기존의 지배체제에서 성장한 부류와는 그 성격이 다르다. 따라서 이들을 새로운 정치세력이라 할 수 있겠다.

이상에서 살펴본 바와 같이 4세기 후반 백제 근초고왕은 다양한 정치세력을 중앙관료로 편제시키고 있었다. 그러나 비록 근초고왕대에는 활발한 대외활동의 결과로 새로운 정치세력의 등장을 보여주고 있으나, 대내적으로 침류왕의 재위 2년만의 갑작스런 사망,[104] 이어서 나타나는 진사왕의 변칙적인 왕위계승,[105] 그리고 진사왕의 행궁

---

103) 王·侯에 대해서는 본서 제2장과 제3장을 참조.

104) "春二月 創佛寺於漢山 度僧十人 冬十一月 王薨"(『三國史記』百濟本紀 枕流王 2년).

105) 辰斯王이 어린 조카 阿莘의 왕위를 빼앗은 것은 『三國史記』百濟本紀

(行宮)에서의 죽음106) 등 왕위계승 문제를 둘러싸고 일련의 내분을
겪고 있었다. 한편 대외적으로는 고구려의 적극적인 남하 공세에 고전
을 면치 못하고 있었다. 그 결과 왕권이 약화되었다. 그리고 왕권의
약화는 이후 백제 중앙정치에 역기능을 야기하고 있다. 따라서 이후
백제의 중앙정치의 전개상에 대해 살펴보기 위해서는 왕권을 강화하
기 위한 노력에 주목하지 않으면 안 된다.

辰斯王 1년 "近仇首王之仲子 枕流之弟 爲人强勇聰惠 多智略 枕流之薨
也 太子少 故叔父辰斯卽位"의 기사와 『日本書紀』 神功紀 65년 "百濟枕
流王薨 王子阿花年少 叔父辰斯奪立爲王"을 통해서 알 수 있다.
106) "十一月 薨於狗原行宮"(『三國史記』 百濟本紀 辰斯王 8년).

제2장

전지왕·개로왕대 왕족의 대두

1. 전지왕 즉위까지의 정치적 상황

고구려는 4세기 중·후반 전연(前燕)의 팽창으로 인해 요동 진출이 어렵게 되자 한반도 중남부 지역으로의 진출을 모색하였다.[1] 이러한 정세의 변화는 당시 마한의 잔여 세력을 통합하는데 전력을 기울이고 있던 백제에게 커다란 위협으로 대두하였다. 따라서 백제는 고구려의 남침에 대비하기 위하여 근초고왕 21년(366)[2]과 23년(368)[3] 두 차례에 걸쳐 신라에 사신을 파견하여 화친관계를 수립하고 있다.[4] 또한 왜(倭)에도 사신을 보내어 밀월관계를 유지하고 있었다. 그리고 백제와 왜의 통교에는 탁순국(卓淳國)이 중개 역할을 하고 있는 것으로 볼 때,[5] 가야 역시 백제와 연결되어 있었다고 하겠다.

---

1) 盧重國, 1981,「高句麗·百濟·新羅의 力關係變化에 대한 一考察」『東方學志』 28, pp.59~60.

2) "春三月 遣使聘新羅"(『三國史記』 百濟本紀 近肖古王 21년).

3) "春三月丁巳朔 日有食之 遣使新羅 送良馬二匹"(『三國史記』 百濟本紀 近肖古王 23년).

4) 그렇다면 신라가 백제와 화친관계를 맺은 이유는 무엇일까? 그것은 당시 신라가 왜와 가야의 침략에 시달리고 있었음을 주목해야 하겠다(夏四月 倭兵大至 王聞之 恐不可敵 造草偶人數千 衣衣持兵 列立吐含山下 伏勇士一千於斧峴東原 倭人恃衆直進 伏發擊其不意 倭人大敗走 追擊殺之幾盡(『三國史記』 新羅本紀 奈勿尼師今 9년). 따라서 신라가 백제와 화친을 맺는다면, 백제 방면의 안정을 가져와 왜와 가야의 침략에 대비해 전력을 기울일 수 있기 때문이라 하겠다.

5) 366년에 백제의 사신이 왜에 가기 위해 먼저 탁순국에 도착하고 있는 사실을 통해서도 알 수 있겠다. "四十六年春三月乙亥朔 遣斯摩宿禰于卓淳國(斯麻宿禰者 不知何姓人也) 於是 卓淳王末錦旱岐 告斯摩宿禰曰 甲子年七月中 百濟人久氐, 彌州流, 莫古三人 到於我土曰 百濟王 聞東方

백제와 왜·가야의 긴밀한 관계는 신라에게 위협으로 작용하였던
것 같다. 이에 신라는 근초고왕 28년(373) 독산성주(禿山城主)의 항복
을 계기로 백제와의 관계를 단절하고,[6] 고구려와 화친관계를 맺어
백제에 대항하였던 것 같다.[7] 이는 신라가 377년에 고구려의 도움을
받아 전진(前秦)에 사신을 파견하고 있는 사실을 통해서도 알 수 있겠
다.[8] 따라서 이 시기 국제관계는 고구려·신라 연합 대 백제·가야·

有日本貴國 而遣臣等 令朝其貴國 故求道路 以至于斯土 若能教臣等 令
通道路 則我王必深德君王 時謂久氐等曰 本聞東有貴國 然未曾有通 不知
其道 唯海遠浪嶮 則乘大船僅可得通 若雖有路津 何以得達耶 於是 久氐
等曰 然卽當今不得通也 不若 更還之備船舶 而後通矣 仍曰 若有貴國使
人來 必應告吾國 如此乃還 爰斯摩宿禰卽以傔人爾波移與卓淳人過古二
人 遣于百濟國 慰勞其王 時百濟肖古王 深之歡喜 而厚遇焉 仍以五色綵
絹各一匹 及角弓箭 幷鐵鋌卌枚 弊爾波移 便復開寶藏 以示諸珍異曰 吾
國多有是珍寶 欲貢貴國 不知道路 有志無從 然猶今付使者 尋貢獻耳 於
是 爾波移奉事而還 告志摩宿禰 便自卓淳還之也"(『日本書紀』神功紀 46
년).

6) ① "秋七月 築城於靑木嶺 禿山城主 率三百人奔新羅"(『三國史記』百濟
本紀 近肖古王 28년).

② "百濟禿山城主 率人三百來投 王納之 分居六部 百濟王移書曰 兩國和
好 約爲兄弟 今大王納我逃民 甚乖和親之意 非所望於大王也 請還之 答曰
民者無常心 故思則來斁則去 固其所也 大王不患民之不安 而責寡人 何其
甚乎 百濟聞之 不復言"(『三國史記』新羅本紀 奈勿尼師今 18년).

7) 신라가 친고구려적 입장을 취하게 된 배경은 김씨계 내물왕이 고구려를
배경으로 왕권을 강화하려는 의도 때문이었다. 즉 내물왕은 고구려에
밀리고 있는 백제보다는 강성한 고구려와 연결을 가지는 것이 왕권을
강화하는데 유리하다고 판단하였다는 것이다(盧重國, 1981, 앞의 논문,
pp.59~60).

8) "春 高句麗·新羅·西南夷 皆遣使入貢于秦"(『資治通鑑』권104 晋紀 孝
武帝 太元 2년).

왜 연합의 대결 시기대로 들어가게 된 것이다.[9]

4세기 후반에서 5세기 초엽에 이르는 기간은 백제 국내 정치에서도 격동의 시기였다. 먼저 대내적으로 침류왕의 재위 2년 만의 갑작스런 사망,[10] 이어서 나타나는 진사왕의 변칙적인 왕위계승,[11] 그리고 진사왕의 행궁(行宮)에서의 죽음[12] 등 왕위계승 문제를 둘러싸고 일련의 내분을 겪고 있었다. 한편 대외적으로는 고구려의 적극적인 남하 공세에 백제는 수세적인 입장에서 대응을 펼치고 있었다. 즉 근구수왕은 태자 때에는 고구려와의 전투에서 혁혁한 성과를 거두었으나, 즉위 이듬해부터는 고구려의 침략을 받고 있다.[13] 고구려와의 공방전은 진사왕 즉위 초기부터 계속되다가, 진사왕 8년에는 광개토왕의 대대적인 침략을 받아 북경의 요새인 관미성(關彌城)이 함락되었다.[14]

---

9) 盧重國, 1981, 앞의 논문, pp.60~65.

10) "春二月 創佛寺於漢山 度僧十人 冬十一月 王薨"(『三國史記』百濟本紀 枕流王 2년).

11) 진사왕이 어린 조카 아신의 왕위를 빼앗은 것은 『삼국사기』 백제본기 진사왕 1년 "近仇首王之仲子 枕流之弟 爲人强勇聰惠 多智略 枕流之薨 也 太子少 故叔父辰斯卽位"의 기사와 『日本書紀』神功紀 65년 "百濟枕 流王薨 王子阿花年少 叔父辰斯奪立爲王"를 통해서 알 수 있다.

12) "十一月 薨於狗原行宮"(『三國史記』百濟本紀 辰斯王 8년).

13) ① "冬十一月 高句麗來侵北鄙"(『三國史記』百濟本紀 近仇首王 2년).
② "冬十月 王將兵三萬 侵高句麗平壤城 冬十一月 高句麗來侵"(『三國史記』百濟本紀 近仇首王 3년).

14) ① "八月 高句麗來侵"(『三國史記』百濟本紀 辰斯王 2년).
② "秋九月 王遣兵侵掠高句麗南鄙"(『三國史記』百濟本紀 辰斯王 5년).
③ "九月 王命達率眞嘉謨 伐高句麗 拔都坤城 虜得二百人 王拜嘉謨爲兵官佐平"(『三國史記』百濟本紀 辰斯王 6년).
④ "秋七月 高句麗王談德 帥兵四萬來攻北鄙 陷石峴等十餘城 王聞談德

이와 같이 고구려와의 전투에서 계속되는 패전과 고구려와 신라의 연결이라는 국제관계의 변화는 백제의 위기의식을 가중시켰으며, 이는 국내 정치에도 큰 영향을 끼쳤을 것이다. 고구려와의 급박한 상황 전개 때문인지『삼국사기』에는 이 시기 백제의 대내적인 상황을 알 수 있는 자료는 극히 제한되어 있으나, 진사왕 즉위와 죽음을 통해 그 단초를 찾을 수 있다.

① 진사왕은 근구수왕의 둘째 아들이요 침류의 동생이다. 사람됨이 굳세고 용감하고 총명하고 어질었으며 지략이 많았다. 침류왕(枕流王)이 죽자 태자가 어렸기 때문에 숙부(叔父) 진사가 왕위에 올랐다.15)

② 백제 침류왕이 죽었다. 왕자 아화(阿花)가 어렸으므로 숙부 진사(辰斯)가 왕위를 빼앗아 즉위하였다.16)

③ 백제의 진사왕이 왕위에 있으면서 귀국(貴國)의 천황(天皇)에게 예의를 잃었으므로, 기노쓰노노 스쿠네(紀角宿禰)·하타노야시로노 스쿠네(羽田矢代宿禰)·이시카와노 스쿠네(石川宿禰)·쓰쿠노 스쿠네(木菟宿禰)를 파견하여 그 무례함을 책망하였다. 이로 말미암아 백제국에서는 진사왕을 죽여 사죄하였다. 기노쓰노노 스쿠네 등은 아화를 왕으로 세우고 돌아왔다.17)

能用兵 不得出拒 漢水北諸部落多沒焉. 冬十月 高句麗攻拔關彌城 王田於 狗原 經旬不返"(『三國史記』 百濟本紀 辰斯王 8년).

15) "近仇首王之仲子 枕流之弟 爲人强勇聰惠 多智略 枕流之薨也 太子少 故 叔父辰斯卽位"(『三國史記』 百濟本紀 辰斯王 즉위년).

16) "百濟枕流王薨 王子阿花年少 叔父辰斯奪立爲王"(『日本書紀』 神功紀 65 년).

『삼국사기』에서는 침류왕의 사후 원자(元子) 아신(阿莘)이 어리기 때문에 침류의 아우인 진사가 즉위한 것으로 되어 있다.[18] 그렇지만 『일본서기』에서는 진사가 태자 아화(阿花)에게 돌아가야 할 왕위를 찬탈한 것으로 되어 있다. 이것은 오진기 3년(392)조에 백제가 진사왕을 죽이고 아신왕을 옹립하였다는 기사를 통해서도 알 수 있겠다. 결국 진사왕은 비정상적인 방법으로 즉위하였음을 알 수 있다.

이와 같이 변칙적으로 즉위하였던 진사왕은 빈번한 토목공사 등을 실시하여 왕권을 신장하고자 하였다. 진사왕 2년에는 고구려와 이에 부용된 말갈의 침입에 대비하기 위하여 그 북쪽 국경지대인 청목령(靑木嶺)에서 서해안에 이르는 곳까지 15세 이상의 민(民)을 동원하여 대대적인 축성 사업을 벌였으며,[19] 동왕 7년에는 궁전을 대대적으로

---

17) "是歲 百濟辰斯王立之失禮於貴國天皇 故遣紀角宿禰 羽田矢代宿禰 石川宿禰 木菟宿禰 嘖讓其无禮狀 由是 百濟國殺辰斯王以謝之 紀角宿禰等 便立阿花爲王而歸"(『日本書紀』 應神紀 3년).

18) 이기백은 진사왕의 왕위계승이 형제상속에서 부자상속으로 상속원칙의 전화과정에서 빚어진 것으로 이해하고 있으며(李基白, 1959, 「百濟王位繼承考」 『歷史學報』 11, pp.18~20), 노중국은 진사에 의한 왕위찬탈 배경을 침류왕의 불교공인에 따른 지배세력 사이의 갈등이 작용한 것으로 보고 있다(盧重國, 1988, 『百濟政治史硏究』, pp.131~137). 한편 양기석은 태자가 연소하여 정사를 돌볼 수 없는 비상시기이기 때문에 왕위계승이 부자상속이 아닌 형제상속으로 이루어졌다고 보고 있다(梁起錫, 1990, 「百濟專制王權成立過程硏究」, 단국대학교 박사학위 논문, pp.74~78). 그러나 진사왕의 즉위는 지속적으로 추진되고 있던 고구려의 위협과 밀접한 관련이 있다고 볼 수 있다. 고구려 위협의 극복이란 명분에서 즉위한 진사왕도 계속된 패전으로 인하여 정권의 정당성을 상실하였을 것이다. 그것이 진사왕의 죽음으로 나타난 것으로 보인다.

수리하고 그 부속시설들을 호화스럽게 꾸미는 등 토목공사를 일으켜 왕실의 위엄을 과시하려 하였다.[20] 또한 구원(狗原), 서해의 대도(大島) 등 서울 근교 지역에서 사냥을 빈번히 실시하였다.[21] 이는 국왕으로서의 군사통수권을 확인하여,[22] 대고구려전을 독려하기 위한 조치였던 것으로 이해된다.

그러나 무모한 토목공사의 실시와 특히 진사왕 8년(392) 고구려군의 대규모 공세로 인해 그 북방의 요새인 관미성을 상실하는 등 대고구려전에서의 충격적인 패배는 백제의 지배세력간에 동요를 일으켰다. 이는 진사왕 자신의 정치적 기반을 와해시키는 결과가 되었고, 그 자신도 재위 8년 만에 죽고 말았다.

진사왕의 죽음에 대해서『삼국사기』에서는 구원(狗原)으로 전렵(田獵)를 나갔다가, 그곳의 북궁(北宮)에서 훙거(薨去)한 것으로 기록되어 있으나,[23]『일본서기』에는 진사왕이 살해된 것으로 되어 있다.

---

19) "發國內人年十五歲已上 設關防 自靑木嶺 北距八坤城 西至於海"(『三國史記』百濟本紀 辰斯王 2년).

20) "春正月 重修宮室 穿池造山 以養奇禽異卉"(『三國史記』百濟本紀 辰斯王 7년).

21) ① "冬十月 獵於狗原 七日及返"(『三國史記』百濟本紀 辰斯王 6년).
② "秋七月 獵國西大島 王親射鹿 八月 又獵橫岳之西"(『三國史記』百濟本紀 辰斯王 7년).
③ "冬十月 高句麗攻拔關爾城 王田於狗原 經旬不返"(『三國史記』百濟本紀 辰斯王 8년).

22) 김영하, 1988, 「삼국시대 왕의 통치형태 연구」, 고려대학교 박사학위논문, pp.58~60.

23) "冬十月 高句麗攻拔關彌城 王田於狗原 經旬不返 冬十一月 薨於狗原北宮"(『三國史記』百濟本紀 辰斯王 8년).

따라서 진사왕은 어떤 모종의 정변에 의해 희생되었다는 것을 보여준
다고 하겠다.[24]

아신왕의 즉위에 대해 『삼국사기』 아신왕 원년 즉위조에는 "침류왕
의 맏아들이다. 처음 한성(漢城)의 별궁에서 태어났을 때 신비로운
광채가 밤에 비치었다. 장성함에 뜻과 기개가 빼어났으며, 매 사냥과
말 타기를 좋아했다. 왕이 죽었을 때 나이가 어렸기 때문에 숙부(叔父)
진사가 왕위를 이었는데 8년에 죽자 즉위하였다."[25]라고 기록되어
있다. 그런데 『일본서기』 오진기 3년의 기사에 의하면 진사왕의 죽음
이후 그를 왕위에 앉힌 주체는 기노쓰노노 스쿠네(紀角宿禰) 등으로
나온다. 따라서 『일본서기』의 기사대로라면 아신왕은 왜(倭)의 문책
사에 의해 옹립된 셈이 된다.

그러나 왜에 의한 옹립은 사실로 보기는 어렵다. 기노쓰노노 스쿠네
(紀角宿禰)를 위시한 왜인(倭人) 등은 실존성이 의심스러운 존재이다.
그리고 아신왕의 옹립 자체가 진사왕의 왜에 대한 무례의 문책 행위로
행해진 것으로 서술되어 있지만, 진사왕의 사망은 왜와 무관한 것이었
다. 따라서 '백제가 진사왕을 죽였다'는 표현은 정변의 결과였음을
암시하고 있는 것이고, 그 결과 이루어지는 아신왕의 즉위 역시 진사
왕을 암살한 세력에 의해 행해졌을 것이다.

이와 같은 왕위계승을 둘러싼 지배세력 간의 갈등은 아신왕이 죽고
전지(腆支)가 즉위하는 과정에서 다시 분출되었다.

---

24) 李道學, 1990, 「漢城 後期의 百濟 王權과 支配體制의 整備」 『百濟論叢』
　　 2, pp.288~291.

25) "枕流王之元子 初生於漢城別宮 神光炤夜 及壯志氣豪邁 好鷹馬 王薨時
　　 年少 故叔父辰斯繼位 八年薨 卽位"(『三國史記』 百濟本紀 阿莘王 원년).

아신왕 재위 3년(394)에 태자에 책립되었다. 그 6년(397)에 왜국에 볼모로 갔다가, 14년(405)에 왕이 돌아가매 왕의 둘째 아우 훈해(訓解)가 섭정을 하며 태자의 환국을 기다리었는데, 막내 아우 설례(碟禮)가 훈해를 죽이고 스스로 왕이 되었다. 전지(腆支)가 왜(倭)에서 부음을 듣고 곡읍하며 귀국하기를 청하니 왜왕이 병사 100인으로써 호송하였다. 국경에 이르매 한성인 해충(解忠)이 와서 고하기를 '대왕이 돌아가자 왕제 설례가 형을 죽이고 스스로 왕이 되었으니, 원컨대 태자는 경솔히 들어가지 마소서'라고 하였다. 전지는 왜인을 머물러두어 자위하며 해도(海島)에 의거하여 기다리더니 국인(國人)이 설례를 죽이고 전지를 맞아 즉위케 하였다.[26]

위 기록은 전지왕 즉위 과정의 분쟁을 보여주고 있다. 아신왕이 죽자 왜에 인질로 체류하고 있던 태자 전지가 8년 만에 귀국의 길에 오르게 되었다. 그런데 전지왕의 즉위 과정에 또다시 왕위계승 분쟁이 발생하였다. 즉 아신왕의 맏아들로서 차기 왕위계승권을 가진 태자 전지가 아신왕이 죽었다는 전갈을 받고 귀국길에 오르고 있을 때 큰 아우인 훈해(訓解)가 일시 섭정을 하면서 태자 전지의 환국을 기다리고 있었다. 이 때 작은 아우인 설례(碟禮)가 왕위계승의 원칙을 무시하고 자의로 형 훈해를 죽이고 왕위를 찬탈하였으나, 한성 사람 해충(解忠)과 그의 지지 세력에 의해서 진압되었고, 이어 전지가 왕위에 오르

---

26) “阿莘在位第三年立爲太子 六年出質於倭國 十四年王薨 王仲弟訓解攝政 以待太子還國 季弟碟禮殺訓解 自立爲王 腆支在倭聞訃 哭泣請歸 倭王以 兵士百人衛送 旣至國界 漢城人解忠來告曰 大王棄世 王弟碟禮殺兄自立 願太子無輕入 腆支留倭人自衛 依海島以待之 國人殺碟禮 迎腆支卽位” (『三國史記』 百濟本紀 腆支王 즉위년).

게 되었다. 전지왕의 즉위 과정에서 백제의 지배세력은 전지 옹립파와 설례 지지파로 나뉘어 대립하는 양상을 보였다. 전자의 경우 훈해로 대표되는 일부 왕족과 전지가 귀국할 때에 그를 호위하였던 100명의 왜군 및 해충으로 대표되는 세력을 들 수 있다. 반면 설례의 지지 세력은 구체적으로는 알 수 없다.

그런데 여기서 주목해야 할 사실은 전지 지지 세력들 가운데 해(解)씨 가문이 전지왕대를 기점으로 크게 부상되고 있다는 점이다.[27] 한성인 해충은 전지왕의 옹립에 기여한 공로로 달솔(達率)의 관등에 조(租) 1천 석을 지급받고 있었으며,[28] 그리고 이후 해씨 가문은 전지왕 3년의 정치세력 개편 때 해수(解須)와 해구(解丘)가 중용됨으로써 성세를 나타나게 되었다.[29]

해씨는 본래 진(眞)씨와 같이 부체제 해체를 전후하여 왕권과의 결합을 통해서 지배세력으로 기능하고 있었다.[30] 그런데 근초고왕

---

27) 이기백은 이 시기 해씨 가문의 등장을 해씨왕비족 시대로 표현하고 있다(李基白, 1959, 앞의 논문, pp.31~35). 그러나 해씨가 왕비족인지에 대하여 『삼국사기』 백제본기에는 명확한 기록이 없다. 그리고 왕비족이란 개념은 부체제적 설명 요소이므로, 집권적 지배체제가 확립된 이후의 시기를 설명하기에는 부적절한 용어라고 생각된다. 따라서 왕비족 개념으로 당시의 정치상황을 이해하는 것은 한계를 가질 수밖에 없다고 하겠다.

28) "秋九月 以解忠爲達率 賜漢城租一千石"(『三國史記』 百濟本紀 腆支王 2년).

29) "春二月 拜庶弟餘信爲內臣佐平 解須爲內法佐平 解丘爲兵官佐平 皆王戚也"(『三國史記』 百濟本紀 腆支王 3년).

30) 文東錫, 1996, 「4~5世紀 百濟政治體制의 變動」 『韓國古代史硏究』 9, pp.208~210.

풍납토성 경당지구 조사 후 전경 | 경당지구는 풍납토성의 중앙부에 해당되는데, 주거지, 창고 이외에 제사터 등 특수한 용도의 유적과 유물이 발굴되었다.

이후 좌장(左將)과 같은 국가의 주요직은 군사권을 장악하고 있던 진씨 가문에게 있었던 것으로 여겨진다. 그러나 근구수왕 즉위 이듬해부터 계속되어진 고구려의 남하에 따른 대외적인 위기는 해씨 가문이 다시 부상할 수 있는 기회이기도 하였다.

침류왕 사후 진사왕의 변칙적 즉위, 고구려의 적극적인 남침공세의 강화, 진사왕의 피살로 이어지는 당시 백제의 내외적인 정치정세의 불안은 왕족뿐만 아니라 지배세력간의 대립과 갈등을 야기시켰을 것이다. 지배세력들 사이의 구체적인 동태를 파악할 수는 없지만, 진사왕대에 진가모(眞嘉謨)가 병관좌평이었고, 아신왕대에 좌장 진무(眞武)는 외삼촌으로서 각기 병권을 장악하고 있었던 점을 감안해 보면 이 시기에 진씨의 정치적 영향력이 보다 강화된 것으로 볼 수 있으며, 이를 기반으로 왕위계승 분쟁에도 크게 관여했을 것으로 여겨진다.

풍납토성 44호 건물지 | 44호는 유구는 건물의 축조에 투입된 막대한 노동력과 고운 숯을 이용하여 건물의 내부를 신성시한 점이 주목된다. 이러한 유구는 새로운 왕의 즉위 의례나 천신, 지신에 대한 제사와 관련된 것으로 보인다.

이러한 진씨 세력의 역할 증대는 점차 왕권이 쇠미해지는 현상을 초래하게 되었다.

진사왕을 제거하고 왕위에 오른 아신왕은 먼저 왕권의 정통성을 과시하고 지배세력간의 결속을 다지기 위하여 시조묘(始祖廟)인 동명묘(東明廟)에 배알함과 동시에 범부여족 사회에서 거행되던 전통적인 의례인 제천사지(祭天祀地)를 남단(南壇)에서 거행하였다. 동명묘 제사는 한성시대에만 나타나고 있는 현상[31]으로 왕은 시조에 대한 제사

---

[31] 『三國史記』 百濟本紀에 보이는 東明廟 기사는 다음과 같다.

① "夏五月 立東明王廟"(『三國史記』 百濟本紀 溫祚王 1년).

② "春正月 謁始祖東明廟 春二月 王祀天地於南壇"(『三國史記』 百濟本紀 多婁王 2년).

③ "夏四月 大旱 王祈東明廟乃雨"(『三國史記』 百濟本紀 仇首王 14년).

④ "春正月 謁東明廟"(『三國史記』 百濟本紀 責稽王 2년).

⑤ "春正月 謁東明廟"(『三國史記』 百濟本紀 汾西王 2년).

⑥ "夏四月 謁東明廟 拜解仇爲兵官佐平"(『三國史記』 百濟本紀 比流王 9년).

⑦ "春正月 謁東明廟 又祭天於南壇 拜眞武爲左將 委以兵馬事"(『三國史記』 百濟本紀 阿莘王 2년).

9호 유구 출토 말머리뼈
| 풍납토성 경당지구 9호 유구와 44호 유구에서 이루어진 제의는 규모 면에서 국가적 차원의 제의가 분명하다. 9호 유구는 제기로 사용된 막대한 양의 유물과 희생으로 사용된 말의 존재가 확인되고 있다.

뿐만 아니라, 당시의 천지제사를 주관하고 있었다. 이러한 대제전을 왕이 주제함은 동명의 후예로서의 신성한 권위를 과시함으로써 자신의 지배권위를 인정받고 권력을 강화하고자 하는 것이었다.[32]

아신왕은 이어 즉위 3년에 원자 전지를 태자로 조기 책봉하여 왕위 계승상의 분쟁을 미연에 방지하고자 하였고, 서제(庶弟)인 홍(洪)을 내신좌평에 임명하여 왕실의 기반을 다지고자 하였다.[33] 그리고 외삼촌인 진무를 좌장에 임명하여 병마권을 위임함으로써 내정은 왕족, 병권은 진씨 세력에게 각각 역할을 분담시켜 국정을 운영하고자 하였다.

---

⑧ "春正月 王謁東明廟 祭天地於南壇 大赦"(『三國史記』 百濟本紀 腆支王 2년).

32) 盧明鎬, 1981, 「百濟의 東明神話와 東明廟」 『歷史學硏究』 10, pp.39~89.

33) "立元子腆支爲太子 大赦 拜庶弟洪爲內臣佐平"(『三國史記』 百濟本紀 阿莘王 3년).

한성백제기 관방 분포도 | 한성백제기 성곽은 한강 유역의 도성인 풍납토성을 중심으로 방사상의 형태로 분포하고 있다. 즉 평지성인 풍납토성의 배후에는 몽촌토성이 위치하고 그 주위로 산성인 모락산성과 설봉산성, 월롱산성과 고모리산성이 배치되어 평면상에서 방사성의 형태를 가지게 된다.

① 2년 가을 8월에 왕이 무(武)에게 다음과 같이 말하였다. "관미성(關彌城)은 우리 북쪽 변경의 요해지이다. 지금 고구려의 소유가 되었으니 이는 과인이 분하고 애석하게 여기는 바이다. 경은 마땅히 마음을 써서 설욕하라." 드디어 병사 1만 명을 거느리고 고구려의 남쪽 변경을 칠 것을 도모하였다. 무가 몸소 사졸보다 앞장서서 화살과 돌을 무릅쓰면서 석현성(石峴城) 등 다섯 성을 회복하려고 먼저 관미성을 포위하였으나, 고구려 사람들은 성문을 닫고 굳게 지켰다. 무는 군량 수송이 이어지지 못하므로 이끌고 돌아왔다.[34]

② 3년 가을 7월에 고구려와 수곡성(水谷城) 밑에서 싸워 패배하였

파주 월롱산성 | 월롱산성은 북쪽으로 임진강과 내륙지역, 서쪽으로 임진강과 한강이 합쳐져 서해로 들어가는 지점의 교하면 일대, 남쪽으로는 고양 및 북한산 일대 지역을 통제할 수 있는 요충지에 위치해 있다.

다.[35]

③ 4년 가을 8월에 왕이 좌장 진무 등에게 명령하여 고구려를 치게 하였다. 고구려 왕 담덕(談德)이 친히 군사 7천 명을 거느리고 패수(浿水) 가에 진을 치고 막아 싸우니 우리 군사가 크게 패하여 죽은 자가 8천 명이었다. 겨울 11월에 왕은 패수의 싸움을 보복하려고 친히 군사 7천 명을 거느리고 한수(漢水)를 건너 청목령

---

34) "秋八月 王謂武曰 關彌城者 我北鄙之襟要也 今爲高句麗所有 此寡人之所痛惜 而卿之所宜用心而雪恥也 遂謀將兵一萬 伐高句麗南鄙 武身先士卒 以冒矢石意復石峴等五城 先圍關彌城 麗人嬰城固守 武以糧道不繼 引而歸"(『三國史記』 百濟本紀 阿莘王 2년).

35) "秋七月 與高句麗戰於水谷城下 敗積 太白晝見"(『三國史記』 百濟本紀 阿莘王 3년).

파주 육계토성 | 육계토성은 파주시 적성면 주월리 일대에 위치한 강안 평지토성으로 갑옷편들과 함께 철모, 철촉, 철겸 등의 철제 무기가 집중적으로 출토되었다. 따라서 육계토성은 행정적 치소뿐만 아니라 방어 거점으로 사용되었을 것으로 보인다.

밑에서 머물렀다. 큰 눈을 만나 병사들이 많이 얼어 죽자 군을 돌려 한산성(漢山城)에 이르러 군사들을 위로하였다.[36)

그런데 위 기록에서도 알 수 있듯이 고구려 광개토왕의 적극적인 남하공세에 밀려 아신왕대에도 패전을 거듭하고 있었다. 아신왕 3년 (394) 백제 군대는 고구려 군대와 수곡성(水谷城) 밑에서 싸우다가

---

36) "秋八月 王命左將眞武等伐高句麗 麗王談德 親帥兵七千 陣於浿水之上拒戰 我軍大敗 死者八千人 冬十一月 王欲報浿水之役 親帥兵七千人 過漢水 次於靑木嶺下 會大雪 士卒多凍死 廻軍之漢山城 勞軍士"(『三國史記』 百濟本紀 阿莘王 4년).

패하였다. 예성강 상류 부근인 지금의 황해도 신계(新溪)를 가리키는 수곡성은 백제 북쪽 진출의 한계선이다.

이곳은 근구수왕이 태자 시절 전승 기념 표지를 남겼고 태자 말 자국 전설이 남아 있는 등, 백제인들에게 감회가 깊은 곳이었다.[37] 따라서 당시 백제와 고구려 간의 주요한 전장은 예성강, 임진강 유역에서 형성되어 있었다.

아신왕 4년(395) 8월 진무는 아신왕의 명을 받아 군대를 이끌고 고구려 영역으로 진격하였다. 이에 대응하여 광개토왕은 친히 군사 7천 명을 거느리고 패수(예성강)가에 진을 치고 싸웠다. 이 전투에서 백제 군대가 크게 패하여 전사자가 8천 명에 이르렀다. 아신왕은 패수의 패전을 보복하기 위해 11월에, 몸소 군사 7천 명을 거느리고 한강을 건너 고구려 영토로 진입하는 길목인 청목령 밑에 주둔하였다. 지금 개성 부근인 청목령은 진사왕이 축조한 장성의 기점이자 중심이 되는 요충지인 것이다. 그런데 때마침 큰 눈이 내려 길은 막히고 얼어죽는 병졸들이 많았다. 아신왕은 군대를 돌려 한산성에 이르러 이들을 위로하였다.

6년에 왕이 친히 군을 이끌고 백잔국(百殘國)을 토벌하였다. 고구

---

37) "近肖古王之子 先是 高句麗國岡王斯由 親來侵 近肖古王遣太者拒之 至 半乞壤將戰 高句麗人斯紀本百濟人 誤傷國馬蹄 懼罪奔於彼 至是還來 告 太子曰 彼師雖多 皆備數疑兵而已 其驍勇喻赤旗 苦先破之 其餘不攻自潰 太子從之 進擊大敗之 追奔逐北 至於水谷城之西北 將軍莫古解諫曰 嘗聞 道家之言 知足不辱 知止不殆 今所得多矣 何必求多 太子善之止焉 乃積 石爲表 登基上顧左右曰 今日之後 疇克再至於比乎 其地有嚴石 罅苦馬蹄 者 他人至今呼爲太子馬迹"(『三國史記』 百濟本紀 近仇首王).

려군이 (3자 불명)하여 영팔성, 구모로성, 각모로성, 간저리성, □□
성, 각미성, 모로성, 미사성, □사조성, 아단성, 고리성, □리성, 잡진
성, 오리성, 구모성, 고모야라성, 혈□□□□성, □이야라성, 전성,
어리성, □□성, 두노성, 비□□리성, 미추성, 야리성, 태산한성, 소
가성, 돈발성, □□□성, 루매성, 산나성, 나단성, 세성, 모루성, 우루
성, 소희성, 연루성, 석지리성, 암문□성, 임성, □□□□□□□리성,
취추성, □발성, 고무루성, 윤노성, 관노성, 산양성, 중□성, □□노
성, 구천성 □□□□ 등을 공취하고, 그 수도를 □□ 하였다. 백잔이
의(義)에 복종치 않고 감히 나와 싸우니 왕이 크게 노하여 아리수를
건너 정병을 보내어 그 수도에 육박하였다. (백잔군이 퇴각하니 □
□) 곧 그 성을 포위하였다. 이에 (백)잔주가 곤핍(困逼)해져, 남녀
생구(生口) 1천명과 세포(細布) 천필을 바치면서 왕에게 항복하고,
이제부터 영구히 고구려왕의 노객(奴客)이 되겠다고 맹세하였다.
태왕은 (백잔주가 저지른) 앞의 잘못을 은혜로서 용서하고 뒤에 순종
해 온 그 정성을 기특히 여겼다. 이에 58성 700촌을 획득하고 백잔주
의 아우와 대신 10인을 데리고 수도로 개선하였다.[38]

---

38) "六年丙申 王躬率□軍, 討伐殘國 軍□□ 攻取寧八城 臼模盧城 各模盧城
幹氐利城 □□城 閣彌城 牟盧城 彌沙城 □舍蔦城 阿旦城 古利城 □利城
雜珍城 奧利城 勾牟城 古耶羅城 □□□□城 □而耶羅城, 於利城 □□城
豆奴城, 沸□□利城 彌鄒城 也利城 太山韓城 掃加城 敦拔城 □□□城
婁賣城 散那城 那旦城 細城 牟婁城 于婁城 蘇灰城 燕婁城 析支利城 巖
門□城 林城 □□□□□□□利城 就鄒城 □拔城 古牟婁城 閏奴城 貫奴
城 彡穰城 曾□城 □□盧城 仇天城 □□□□ □其國城 殘不服義 敢出百
戰 王威赫怒 渡阿利水 遣刺迫城 □□歸穴□便圍城 而殘主困逼 獻出男
女生口一千人 細布千匹 跪王自誓 從今以後 永爲奴客 太王恩赦□迷之愆
錄其後順之誠 於是得五十八城村七百 將殘主弟幷大臣十人 旋師還都"
(韓國古代社會研究所編, 1992, 「廣開土王碑文」『譯註韓國古代金石文』

아신왕 5년(396)에는 백제의 명운을 좌우하는 큰 전투가 있었다. 「광개토왕비문」 영락 6년 조에 의하면 광개토왕이 직접 거느린 수군 부대가 일제히 상륙하여 백제 도성을 포위한 다음 아신왕의 항복을 받아낸 것이다. 백제는 이 전투에서 남녀 1천 명과 세포(細布) 1천 필(匹)을 바치는 한편, 아신왕이 무릎을 꿇고 "지금부터 영원히 노객(奴客)이 되겠다"는 맹세를 한 굴욕적인 강화를 맺었다. 그와 동시에 58성 700촌을 고구려군에게 공취 당하였다.

근초고왕 이래 고구려와의 부단한 공방전이 아신왕 5년(396)에 일단의 결산을 보게 된 셈이다. 백제는 58성 700촌의 상실로 인해 막대한 인적·물적 자원의 손실을 입었다. 백제의 이 같은 결정적인 패배는 이후 백제 권력구조의 전개 방향에 영향을 미쳤음은 자명한 일이다. 이와 관련해 「광개토왕비문」에 '잔주의 아우와 대신 10인(殘主弟幷大臣十人)'이라고 한 글귀가 주목된다. 잔주(殘主)는 백제왕을 가리키므로, 그 왕의 아우와 대신 10명이라는 뜻이다. 이들 가운데 왕의 아우는 아신왕의 아우일 것이다. 그리고 대신 10인의 면면은 알 길이 없으나 요직에 있던 귀족들임에는 틀림이 없겠다. 아마도 볼모의 성격상 고구려와의 전쟁을 주도하던 진씨 가문의 귀족들이 다수 포함되었을 것이다.

이와 같은 굴욕을 씻기 위하여 아신왕 6년(397) 5월에는 왜와 비밀리 통교하고 태자 전지를 왜에 청병사의 성격을 가진 인질로 파견하여 백제를 후원하도록 하였다.39) 전지의 인질 파견은 당시 고구려로부터

Ⅰ).

39) ① "王與倭國結好 以太子腆支爲質"(『三國史記』 百濟本紀 阿莘王 6년).

강력한 공격을 받고 있던 백제가 왜의 군사력을 동원하여 고구려를 견제하려 했던 조치로 여겨진다.

태자 전지가 인질로 왜에 파견된 이후 아신왕은 한강 남쪽에서 열병(閱兵)을 실시하여 왕으로서의 군사통수권을 확인하였고, 이듬해에는 진무를 좌장에서 병관좌평으로, 사두(沙豆)를 좌장으로 승진시켰다.[40] 사두의 좌장 임명은 근초고왕 이후 등장하였던 새로운 정치세력이 당시에도 정국운영에 적극적으로 참여하고 있었음을 보여주는 것이라 할 수 있다.[41] 또한 이 인사 조치는 지금까지 병마권을 장악하고 고구려와의 전쟁에서 연패하였던 진씨 세력에 대한 책임 추궁의 성격을 가진 것으로 볼 수 있다. 또한 쌍현성을 축조하거나 서쪽 돈대(墩臺)에서 활쏘기를 하는 등[42] 왕이 일선에 나서서 고구려와의 전쟁을 적극적으로 독려하였으나 기대하는 만큼 성과를 거두지 못하고 재위 14년 만에 죽었다.

이상에서 살펴본 바와 같이 고구려와의 전쟁에서 잇따라 패배함으로써 이후 백제는 대내적으로 큰 어려움을 겪게 되었다. 거듭되는

---

② "百濟記云 阿花王立无禮於貴國 故奪枕彌多禮 及峴南·支侵·谷那東韓之地 是以 遣王子直支于天朝 以脩先王之好也"(『日本書紀』應神紀 8년).

40) "春二月 以眞武爲兵宮佐平 沙豆爲左將"(『三國史記』百濟本紀 阿莘王 7년).

41) 文東錫, 1996, 「4~5世紀 百濟 政治體制의 變動」『한국고대사연구』 9, pp.198~204 ; 2000, 「4~6世紀 百濟 支配勢力의 硏究」, 경희대학교 박사학위논문, pp.20~35.

42) "三月 築雙峴城 九月 集都人習射於西臺"(『三國史記』百濟本紀 阿莘王 7년).

전쟁으로 말미암아 많은 사상자가 나오고 일반민들의 생활고는 더욱 가중되었다. 아신왕 4년에 백제는 고구려와 패수에서 전투를 할 때 8천 명의 사상자를 내었고, 동왕 8년에는 군역을 기피하는 일반민들이 신라로 집단적으로 도망하는 사례도 속출하여 왕정의 지배기반을 약화시켰던 것이다.43) 이러한 상황은 군사관계에 대한 능력을 바탕으로 왕권과 연결되어 중앙정치의 주도권을 장악하고 있던 진씨 가문에게도 불안한 요소로 작용하였을 것이다. 따라서 진씨 가문은 아신왕 사후 왕위계승 과정에서 대고구려전의 협력을 위해 왜에 파견되었던 전지 대신 왕위를 찬탈한 설례 일파를 적극 지지했을 가능성이 있다.44) 이는 전지왕 이후 상당기간 진씨 가문이 기록상에 그 모습을 드러내지 않고 있다는 사실과 함께 전지왕 즉위에 커다란 공헌을 하고 있던 해씨 가문이 병권을 장악하고 있는 사실 등을 통해서도 알 수 있지 않을까 한다.

---

43) “秋八月 王欲侵高句麗 大徵兵馬 民苦於役 多奔新羅 戶口衰滅”(『三國史記』百濟本紀 阿莘王 8년).

44) 이 점에서 노중국은 설례가 섭정하고 있던 훈해를 죽이고 일시적이나마 自立爲王할 수 있게 된 것은 그를 배후에서 지지한 세력이 있어야 가능하다는 점, 그리고 진씨의 전성시대가 이 때를 고비로 내리막길을 걷게 되었다는 사실을 들어 진씨를 설례파와 연결시키고 있다. 즉 고구려와의 전쟁에서 패배에 대한 책임을 지고 진무가 병권좌평 자리에서 밀려나게 되었다. 이러한 상황은 진씨 가문의 정치적 입지가 흔들리게 하였다. 결국 이러한 상황을 타개하기 위한 목적에서 아신왕 사후 왕위분쟁에서 碟禮와 연결되어 腆支를 지지하는 세력과 대결한 것으로 보고 있다(盧重國, 1988, 앞의 책, pp.135~136 ; 盧重國, 1994,「4~5世紀 百濟의 政治運營－近肖古王~阿莘王代를 중심으로」『韓國古代史論叢』6, p.172).

전지왕이 설례 일파에 의한 왕위찬탈의 책동을 분쇄하고 즉위하자 이듬해 정월에 즉위 의례적인 성격을 가진 동명묘의 배알과 범부여족의 공통적 제의인 제천사지를 동시에 거행하였다.[45] 이것은 새 왕으로서의 정통성을 천명하고 그동안의 왕위계승을 둘러싼 정치적 내분을 수습하여 지배세력간의 광범위한 결속을 다지고자 한 것이었다.

2. 전지왕대 상좌평의 설치와 왕권의 강화

5세기 초엽 백제의 정국운영에는 사두(沙豆)가 좌장에 임명되고 있는 것에서 보듯이, 근초고왕 이후 등장하고 있던 다양한 정치세력이 당시에도 적극적으로 참여하고 있었음을 알 수 있다. 그러나 고구려의 적극적인 공세로 인한 북쪽 국경의 요새인 관미성 등의 상실, 그리고 계속된 패전으로 위기 상황이었다. 이와 같은 대외적 환경의 악화는 국내정치에도 영향을 끼쳐 왕위계승을 둘러싼 분쟁을 야기하였다. 그러나 전지왕은 반설례파 세력, 즉 '국인(國人)'[46]의 지지로 분쟁을 수습하고 왕위에 오를 수 있었다. 전지왕대의 정국은 해씨 가문과 연결 속에서 운영되고 있었다. 따라서 전지왕 즉위 이후에는 이전에 성세를 누렸던 진씨 가문이 몰락하고 해씨 가문이 새롭게 대두하였다. 그리고 전지왕은 왕권을 뒷받침하기 위한 정책을 실시하였는데, 그것

---

45) "春正月 王謁東明廟 祭天地於南壇 大赦"(『三國史記』百濟本紀 腆支王 2년).

46) '國人'으로 표현된 세력은 왕족과 해씨 세력으로 구성된 전지왕의 지지 세력으로 보는 것이 일반적이다(梁起錫, 1990, 앞의 논문, pp.79~80).

은 다름 아닌 상좌평(上佐平)의 설치였다.[47]

> 여신(餘信)을 상좌평으로 삼고 군무(軍務)와 정사를 맡겼다. 상좌
> 평의 직(職)은 이로부터 시작되었으니 지금의 총재(冢宰)와 같았
> 다.[48]

전지왕 4년 상좌평 설치에 대한 기존의 연구를 보면, 5세기 왕권의
대귀족 통제력이 흔들리기 시작한 시기에 설치되었고, 전지왕의 정치
적 기반이 허약한 상황에서 실권을 장악한 해씨 세력이 그들의 권익을
보호하기 위해 취한 조처였을 것이라는 점 등을 들어, 상좌평을 귀족
세력들의 이익과 의사를 대변하기 위한 장치로 파악하고 있다.[49]

그러나 이러한 견해는 신라에서 귀족회의의 의장인 상대등(上大等)
이 귀족의 의사를 대변한다고 하는 견해[50]를 일방적으로 백제사 연구

---

47) 상좌평의 존재는 『일본서기』 欽明紀 4년 12월에 "百濟聖明王 復以前詔
普示群臣曰 天皇詔勅如是 當復何如 上佐平沙宅己婁·中佐平木刕麻
那·下佐平木尹貴……"에도 보이고 있다. 이 기사의 상·중·하좌평
은 지배귀족 신분의 서열화를 나타내고 있다고 생각된다. 왜냐하면 『일
본서기』에 등장하는 상·중·하좌평의 보유자는 사씨, 목씨 등으로 동
성왕대부터 분화되었다고 여겨지며 좌평에 임명되고 있는 인물의 성향
과 일치하기 때문이다(문동석, 2005, 「5~6세기 백제의 지배세력 연
구」 『역사와 현실』 55).

48) "拜餘信爲上佐平 委以軍國政事 上佐平之職 始於此今之冢宰"(『三國史記
』 百濟本紀 腆支王 4년).

49) 盧重國, 1988, 앞의 책, p.141 ; 梁起錫, 1990, 앞의 논문, pp.83~84.

50) 지금까지 신라 상대등의 설치를 불교공인과 관련지어 이에 반대하는
귀족세력과의 대립을 제도상으로 해결하려는 의도에서 설치된 것으로

에 적용한 결과가 아닌가 한다. 필자는 기존의 이해처럼 유력한 귀족 세력간의 정치적 타협물이 아니라, 오히려 왕권중심의 정치체제의 확립 과정에서 나타나고 있는 제도적 장치란 측면에서 살펴보아야 할 것으로 생각한다.[51] 그런데 최근 신라 상대등에 대한 연구 중 대왕 (大王)이 초월적 존재로 부상하는 가운데 대왕의 보좌역으로 나타나는 제도장치, 즉 왕권강화나 귀족에 대한 통제강화책의 일환에서 설치되었다고 보는 견해가 있어 주목된다.[52] 그렇다면 백제의 상좌평도 이러한 이해가 가능하다고 할 수 있겠다.

백제가 성장 발전하여 가는데 있어서 여러 지역의 수장층이 중앙 귀족화되고 있었고, 그들에게 좌평을 주었다면 좌평은 다수가 존재하였을 것이다.[53] 신라에서도 중앙집권적 귀족국가로 형성되어가는 과정에서 종래의 족장층에게 대등(大等)이라는 관직이 주어지고 있다. 대등은 적성비에 '대중등(大衆等)'[54]이라고 표기되고 있듯이 수적으

보는 견해가 유력하였다(李基白, 1986, 「新羅 初期 佛敎와 貴族勢力」 『新羅思想史硏究』, p.79).

51) 상좌평의 임명자격이 내신좌평과 같이 왕제(王弟)나 왕비족으로 국한되어 있기 때문에, 별도로 상좌평을 두었다기 보다는 6좌평이 합좌하여 국무를 총괄하고 내신좌평이 수석좌평으로서 의장을 맡아왔던 운영 방식을 제도화한 것으로 보는 견해도 있다(盧泰敦, 1981, 「三國의 政治構造와 社會·經濟」 『한국사』 2 국사편찬위원회, p.221).

52) 朱甫暾, 1992, 「삼국시대의 貴族과 신분제」 『韓國社會發展史論』, pp.42~56 ; 李泳鎬, 1992, 「新羅 貴族會議와 上大等」 『韓國古代史硏究』 6, pp.91~118.

53) 좌평의 정원은 처음에는 1명이었다고 보는 입장도 있다(盧重國, 1995, 「중앙통치조직」 『한국사-백제』 6, p.168).

54) "□□□□月中王敎事大衆等……"(韓國古代社會硏究所編, 1992, 「丹陽

로는 다수의 인원이 동시에 존재하였다. 그리고 대등은 어느 특정한 임무를 분장하는 일정한 관부에 소속되어 있지 않으면서 신라 귀족회의의 구성원으로 중앙관부의 중추적 구실을 담당하고 있었다.[55] 이와 마찬가지로 좌평도 당대의 유력 귀족이자 상급 신료들로서 이들에 의해 일반 국정 전반에 걸친 업무가 처리되었다고 보아야 되겠다.

그러나 백제의 좌평은 고이왕 27년 조에 보이는 기사처럼 고도로 정비된 형태는 아니었다. '좌평'은 두 개의 기능을 가지고 있었다고 할 수 있다. 하나는 중앙 귀족화한 수장층들의 세력을 인정하는 측면, 즉 귀족으로서의 성격, 또 다른 하나는 왕의 신하로서의 측면, 관료로서의 성격을 의미한다고 하겠다. 이 두 개의 성격 중 후자의 기능을 강화시키는 방향으로 집권체제가 정비되어져 갔을 것은 자명하다고 하겠다.[56]

그런데 『삼국사기』에 따르면 관직(官職)적 성격을 가진 6좌평제에서 관등(官等)적 성격의 좌평제로 변화하는 것으로 기록되어 있다. 이는 고구려와 신라의 경우 관등적인 성격에서 점차 관직적인 성격으로 지향해 나가는 관료제 발전의 일반적인 추세와도 맞지 않다.[57]

赤城碑」『譯註 韓國古代金石文』Ⅱ).

55) 적성비에 5명, 마운령비에 7명이 확인되고, 창녕비에는 20~22명이 대등일 가능성이 있다. 또 황초령비에는 7~8명이 대등으로 추정되며, 북한산비에도 3명이 확인되지만 결락된 부분으로 미루어 그 이상이었음은 확실하다고 하겠다(李基白, 1962, 「大等考」『歷史學報』 17·18(1992, 『新羅政治社會史研究』, pp.66~88 재수록)).

56) 문동석, 2001, 「4세기 백제의 지배체제와 좌평」『역사와 현실』 42.

57) 金哲俊, 1956, 「高句麗·新羅의 官階組織의 成立過程」『李丙燾博士華甲記念論叢』(1990, 『韓國古代社會研究』, pp.230~242 재수록).

신라 대등의 경우는 상대등으로 분화되었다가 다시 몇 개의 대등, 즉 전대등(典大等), 사대등(仕大等) 등으로 분화되고 있다.58) 그러므로 백제의 좌평도 점차 분화되어 나왔던 것이다. 그러므로 처음 좌평이 분화되었을 때에는 다수의 좌평을 거느린다는 상위의 좌평이 나타나지 않았을까 한다.

이럴 경우 전지왕 4년 상좌평의 설치 기사가 주목된다. 상좌평은 『삼국사기』 찬자가 본국고기(本國古記)에만 보이는 관직59)으로 기록하고 있듯이 중국측 기록에서는 찾을 수 없다. 따라서 어느 사서에 보이는 백제의 좌평 기사보다 정확성을 보여주는 기사라 할 수 있다. 그리고 "지금(고려)의 총재(冢宰)와 같았다."에서 보듯이 상좌평이 국정을 총괄하는 재상(宰相)적60) 성격을 지닌 것을 고려한다면 좌평의 상위의 개념으로 설치된 것으로 보인다. 결국 좌평은 5세기 초엽에야 직능이 분화되기 시작한 것이다.61)

그렇다면 상좌평이 왕권강화를 위한 제도적 장치인지 살펴볼 필요

---

58) 李文基, 1982, 「新羅 眞興王代 官僚組織에 대한 일고찰」『大丘史學』 21·22, pp.145~182 ; 李文基, 1983, 「新羅 中古의 國王近侍集團」 『歷史敎育論集』 5, pp.65~92 ; 朱甫暾, 1990, 「6세기초 新羅王權의 位相과 官等制의 성립」『歷史敎育論集』 13·14, pp.245~270.

59) "左輔·右輔·左將·上佐平·北門頭 右見本國古記"(『三國史記』 職官 下).

60) 국정을 총괄하는 재상적 성격은『삼국사기』신라본기 법흥왕 18년 "이찬 哲夫를 상대등으로 삼아 나라의 일을 총괄하게 하였다. 상대등의 관직은 이때 처음 생겼으니, 지금의 宰相과 같다"라고 되어 있는 상대등 설치 기사에서도 살펴볼 수 있다.

61) 문동석, 2001, 앞의 논문, pp.94~104.

가 있다. 이는 상좌평에 임명된 인물의 성격을 살펴봄으로써 어느
정도 추론이 가능할 것이다. 전지왕대의 상좌평에는 국왕과 밀착된
인물이 임명되고 있음이 주목된다. 즉 전지왕의 서제(庶弟)이며 이미
내신좌평의 위치에 있던 여신(餘信)[62]이 상좌평에 임명되고 있다.
그런데 여신은 해씨 세력과 더불어 전지왕의 옹립에 깊이 관여하였던
인물로 추측되므로,[63] 전지왕이 왕권강화정책을 펼 수 있는 정치적
기반을 제공해 주었다고 보여진다. 따라서 여신의 상좌평 취임은 전지
왕의 즉위에 따른 왕족간의 갈등을 수습하고, 오랫동안 왜에 인질로
가 있었던 관계로 정치적 공백을 가졌던 전지를 보필하기 위해 취해진
조처로 이해된다.[64] 즉 왕족을 통해 여타의 세력들을 제어하면서 왕권
강화 정책을 추구하고자 했던 것으로 여겨진다. 한편 해씨 세력도
진씨 세력의 퇴조라고 하는 정치적인 변화 속에서 그들의 권력기반을
안정시키고 왕실과의 원만한 관계를 유지하기 위해 여신의 상좌평
임명에 적극적으로 협력하지 않을 수 없을 것이다. 따라서 상좌평은
왕권 중심의 정치체제를 확립시키기 위해 설치된 관직임을 알 수 있겠
다.[65]

---

62) "春二月 拜庶弟餘信爲內臣佐平"(『三國史記』百濟本紀 腆支王 3년).

63) 盧重國, 1988, 앞의 책, p.142.

64) 梁起錫, 1990, 앞의 논문, p.80.

65) 文東錫, 1996, 앞의 논문, pp.214~218.

3. 개로왕대 왕족 중심의 왕후제

전지왕은 상좌평을 중심으로 한 정치체제를 통해 왕권을 강화하고자 하였으나, 그의 의도와는 달리 그가 죽은 뒤에는 오히려 왕권이 약화되고 있다. 전지왕 사후 그의 뒤를 이은 것은 구이신왕이다. 구이신왕에 대해서는 『삼국사기』에는 즉위년 기사와 사망 기사만 있어 자세한 사정을 알 수가 없으며,[66] 그의 재위 기간은 420~427년으로 되어 있다. 그런데 『송서』 백제전에는 여영(餘映, 전지왕) - 여비(餘毗, 비유왕)로 왕실 계보를 기록하고 있을 뿐 구이신왕은 언급치 않고 있다. 또 전지왕이 경평(景平) 2년(424)에 송(宋)에 사신을 파견한 것으로 되어 있다.[67] 한편 『일본서기』에서는 전지왕의 사망과 구이신왕의 즉위를 오진기 25년(414)으로 기록하면서, 오진기 39년(428)조에는 전지왕이 생존하고 있었던 것으로 기록하여 혼동을 보이고 있다.

그러나 구이신왕의 즉위 자체는 『삼국사기』와 『일본서기』에도 기록되어 있으므로 그 존재를 부정할 수는 없다. 그리고 전지왕의 사망 시기를 정확하게 말하기는 어렵지만 『송서』의 기록을 존중하여 424년까지 생존해 있었다고 한다면, 구이신왕의 재위는 424년 이후부터 427년까지로 볼 수 있을 것이다.[68] 그러나 424년 조공이 아직 전지왕이 생존한 것으로 잘못 안 중국측의 오해에서 비롯된 것[69]이라면,

---

66) "久爾辛王 腆支王長子 腆支王薨 卽位. 8년 冬十二月 王薨"(『三國史記』 百濟本紀).

67) 『宋書』 百濟傳.

68) 노중국, 1988, 앞의 책, pp.137~138.

69) 이 기사에 대해 이기동은 백제왕이 사망했음에도 중국에서는 이를 아직

414년이나 420년 중의 어느 해에 사망한 것으로 보고 구이신왕은
그 이후에 즉위한 것으로 이해해야 할 것이다. 그러나 오진기의 백제
왕력에 대한 서술 자체에서도 2가지 형태의 다른 내용이 전해지는
만큼『일본서기』편찬 단계에 이미 이와 같은 2가지 형태의 사료가
존재했을 가능성이 있다. 그리고 구이신왕대의 기사가『백제기』를
전거로 한 분주 내용은 목만치를 중심으로 구성된 만큼 그를 기년
확정의 준거로 삼을 경우 414년은 타당하지 않음을 알 수 있다. 따라서
『송서』의 기록이 중국측의 오해에서 비롯된 것이라면, 직지왕(전지
왕)의 사망과 구이신왕의 즉위는『삼국사기』에 기록된 420년을 따르
는 것이 합리적일 것이다.[70]

구이신왕의 존재 문제를 이렇게 정리할 때『삼국사기』구이신왕의
즉위년 기사와 사망 기사만 있다는 것은 구이신왕대에 심상치 않은
사건이 있었던 것으로 추론할 수 있다. 이 문제와 관련하여 주목되는
것이『일본서기』의 내용이다.

　　백제의 직지왕(直支王)이 세상을 떠나니, 아들인 구이신이 왕위에
　올랐다. 왕이 나이가 어렸으므로 목만치(木滿致)가 국정을 잡았는데
　왕모(王母)와 서로 정을 통하고 무례한 행동이 많았다. 천황이 이
　소식을 듣고 그를 불렀다.[71]

　　생존한 것으로 오인하여 진호·책봉한 실례로 파악하는 입장에서 취신
　하지 않고 있다(李基東, 1974,「中國史書에 보이는 百濟王 牟都에 대하
　여」『역사학보』62, pp.24~26).
70) 김현구·우재병·박현숙·이재석, 2002,『일본서기 한국관계기사 연
　구』Ⅰ.

위 기사에서 즉위한 구이신왕이 나이가 어리다고 한 것은 구이신왕이 즉위할 당시의 나이가 16세였다[72]는 사실과 대략 부합하고 있다. 그리고 나이가 어린 구이신왕이 재위한 동안 목만치가 국정을 전횡하였다고 하는 것은 『삼국사기』 구이신왕기의 공백 부분을 메워주는 자료로 활용할 수 있다. 목만치의 출자에 대해 『일본서기』는 다음과 같이 기록하고 있다.

『백제기』에 이르기를, "목만치(木滿致)는 바로 목라근자(木羅斤資)가 신라를 칠 때에 그 나라 여자에게서 낳은 아이다. 아버지의 공으로 임나(任那)에서 전횡하다가 우리나라로 들어왔다. 귀국을 왕래하면서 천조의 명을 받들어 우리나라의 국정을 잡았고 권세를 세상에 떨쳤다. 그러나 천조에서 그의 횡포함을 듣고 그를 불렀다."라고 하였다.[73]

위의 기록에서 보듯이 목만치(木滿致)[74]는 목라근자(木羅斤資)가

---

71) "百濟直支王薨 卽子久爾辛立爲王 王年幼 木滿致執國政 王母相淫 多行無禮 天皇聞而召之"(『日本書紀』 應神紀 25년).

72) 이도학, 1984, 「한성말 웅진시대 백제왕계의 검토」 『한국사연구』 45, p.6.

73) "百濟記云 木滿致者 是木羅斤資 討新羅時 聚其國婦 而所生也 以其父功 專於任那 來入我國 往還貴國 承制天朝 執我國政 權重當世 然天朝聞其暴召之"(『日本書紀』 應神紀 25년).

74) 구이신왕대의 목만치와 문주왕의 웅진 천도시 나오고 있는 木劦滿致를 동일인으로 보고 구이신왕대의 목만치의 존재를 부정한 견해도 있다 (鈴木靖民, 1981, 「木滿致と蘇我氏」 『日本のなかの朝鮮文化』, pp.66~69). 그러나 노중국은 목만치와 목협만치은 동명이인으로서 활동한 시

신라를 공격할 때 신라국의 여자를 취하여 낳은 자식으로 기록되어 있다. 목씨 가문은 목라근자 이후 백제의 대가야 관계의 업무를 총괄함으로써 세력기반을 다지었다.[75] 그러나 이 목씨 가문이 정치적으로 보다 두각을 나타내게 된 것은 목만치 때였던 것 같다. 즉 목만치는 나이가 어린 구이신왕의 즉위를 틈타 "왕모와 서로 정을 통하고"에서 보듯이 왕모(王母)와 깊은 관계를 맺고 있었다. 따라서 왕모의 권위를 등에 업고 국정을 잡았던 것이다.

따라서 구이신왕대의 목만치의 존재는 이 시기 목씨 세력의 부상을 보여주는 것이며,[76] 아울러 목만치의 전횡은 구이신왕대의 정치상황을 이해하는데 좋은 자료가 된다. 그렇다면 목만치가 전횡한 배경은 어디에 있었을까?[77] 이는 전지왕 즉위 때 목만치의 역할을 통해서 알 수 있지 않을까 한다. 왜에 인질로 가 있었던 전지왕의 즉위에 왜의 역할 또한 무시할 수 없는 요소일 것이다.[78] 전지왕이 즉위한 이후 왜에서 야명주(夜明珠)를 보내왔고,[79] 백제에서는 백면(白綿) 10필(匹)을 보내는[80] 등 우호적 관계는 더욱 견고하게 되었다. 당시

기가 다르다고 보고 있다(盧重國, 1988, 앞의 책, p.139).

75) 문동석, 1996, 앞의 논문, pp.198~204 ; 문동석, 2000, 앞의 논문, pp.20~35.

76) 이도학, 1985, 앞의 논문, p.3.

77) 기존에도 목씨 세력의 등장으로 기존의 유력세력인 진씨와 해씨 세력 중심의 정치질서에 어떤 변화를 가져오게 하였다고 보고 있다(盧重國, 1988, 앞의 책, p.139 ; 梁起錫, 1990, 앞의 논문, p.81). 그러나 이를 왕권 쇠미에 따른 결과로만 이해하고 있다.

78) 전지의 환국 때 그를 호위해 온 100명의 왜군을 통해서 추론할 수 있다.

79) "倭國遣使送夜明珠　王優禮待之"(『三國史記』 百濟本紀 腆支王 5년).

110

일본 아스카베 신사 | 백제계 아스카베노 미얏코(飛鳥戶造) 일족의 조상신인 아스카 오오카미(飛鳥大神 : 백제의 곤지)를 제사지내고 있다.

백제의 지배계층에서 왜와 연결고리를 가지고 있었다고 여겨지는 세력으로는 목씨 세력을 들 수 있다. 이는 목씨 세력의 성장과정, 그리고 목협만치가 일본의 가와치(河內) 지방으로 망명하여 6세기에서 7세기 중반까지 천황의 외척으로 권력을 장악했던 소가 씨(蘇我氏) 일족인 소가노 마치(蘇我滿智)[81]와 관련이 있었던 인물로 알려지고 있는 점[82]에서도 알 수 있지 않을까 한다. 따라서 전지 즉위 때 왜와 연결된 목만치의 역할은 자명해진다고 하겠다. 결국 구이신왕대에는 왕모를 배경으로 한 목만치의 전횡을 통해 일시적으로 상좌평 운영체계에

80) "遣使倭國送白綿十匹"(『三國史記』 百濟本紀 腆支王 14년).

81) "冬十月 都於磐余 當是時 平群木菟宿禰・蘇賀滿智肅禰・物部伊莒弗大連・圓大使主 共執國事"(『日本書紀』 履中天皇 2년).

82) 蘇我氏는 檜我・宗我・宗賀・宗宜・嗽我・蘇賀라 불리고 있으며, 이렇게 이름이 다른 것은 木氏가 정착한 지역인 大和 지역의 檜我라는 지역 명에서 유래한 것이다. 蘇我氏가 목씨와 관련이 있다는 것은 蘇我鞍作(入鹿)이라는 인물에서도 확인된다. 그는 林大郎鞍作이라고도 하였다. 林氏는 『신찬성씨록』에 "林連同祖 百濟國人木貴之後也"로 나오고 있다(文脇禎二, 1971, 「蘇我氏の出自について」『日本のなかの朝鮮文化』 12(1987, 『飛鳥-その古代史と風土』, pp.45~54 재수록)).

일본 이시부타이(石舞臺) 고분 | 소가노 우마코(蘇我馬子)의 묘로 알려진 일본 최대의 횡혈식 석실묘로 봉토 주위에는 돌이 깔려 있고 해자가 돌고 있다.

파행이 있었으나, 『일본서기』에 "천조에서 그의 횡포함을 듣고 그를 불렀다(天朝聞其暴召之)"[83]라고 윤색하고 있는 것을 볼 때 목만치의 실각을 통해 원래 상태로 전환하고 있다.

구이신왕 다음에 왕이 된 비유왕에 대하여 『삼국사기』에는 그의 출자를 본문에서는 '구이신왕의 맏아들이다.'라고 하고서 세주(細註)에서는 '혹은 전지왕의 서자라고도 하였는데 어느 것이 옳은지 알 수 없다.'라 하여, 구이신왕의 아들설과 전지왕의 아들설을 보여주고 있다.[84] 이 두 가지 설 중 구이신왕이 어린 나이로 즉위하였고 이를 비유왕의 연령과 연결시켜 볼 때 전지왕의 아들로 보는 것이 옳다고 하겠다.[85] 비유왕을 전지왕의 아들이라고 할 때 구이신왕대의 목만치

---

83) 『日本書紀』 應神紀 25년 細註.

84) "久爾辛王之長子(或云 腆支王庶子 未知孰是) 美姿貌 有口辯 人所推重 久爾辛王薨 卽位"(『三國史記』 百濟本紀 腆支王 卽位年).

의 전횡, 『삼국사기』에 구이신왕대에 즉위 기사와 사망 기사 밖에 없다는 사실, 그리고 전지왕의 아들이요 구이신왕의 동생인 비유왕의 즉위라고 하는 일련의 사건은 비유왕의 즉위에 어떤 정치적 암투가 있었던 것이 아닐까 하는 추측을 불러일으키게 한다. 즉 비유왕은 목만치의 전횡에 따른 구이신왕의 실정을 기회로 그를 몰아내고 왕위에 오른 것이 아닐까 한다.

그런데 비유왕은 즉위 후 3년에 상좌평 여신이 죽자 해수를 상좌평으로 임명하고 있다.[86] 이는 비유왕의 즉위에 해씨 세력이 깊이 관여한 것을 보여주는 것이라 할 수 있다. 그렇다고 하면 구이신왕대에 비록 목씨 세력이 크게 부상하였지만 비유왕의 즉위를 계기로 해씨 세력이 그 위치를 보다 굳힌 것으로 볼 수 있겠다. 따라서 비유왕대의 정치적 실권은 상좌평으로 임명된 해수를 중심으로 한 세력에게 있었다고 하겠다.

비유왕은 해수 세력의 적극적인 지원 아래 고구려를 견제하기 위한 전방위 외교를 펼치고 있었다. 50명에 이르는 수행원을 거느린 왜국 사신을 맞기도 하였는데, 이는 왜와의 외교적 비중이 강화되었음을 의미한다고 하겠다.[87] 또 비유왕 3년에는 남중국의 유송에도 사신을 보내었으며,[88] 4년 4월에는 유송의 문황제(文皇帝)가 사신을 보내어 선대의 임금인 전지왕이 동진의 안제(安帝)로부터 책봉된 사지절(使持

---

85) 이도학, 1984, 앞의 논문, p.27.

86) "上佐平餘信卒 以解須爲上佐平"(『三國史記』百濟本紀 毗有王 3년).

87) "春二月 王巡撫四部 賜貧乏穀有差 倭國使至 從者五十人"(『三國史記』百濟本紀 毗有王 2년).

88) "秋 遣使入宋朝貢"(『三國史記』百濟本紀 毗有王 3년).

節)·도독(都督)·백제(百濟)·제군사(諸軍事)·진동장군(鎭東將軍)·백제왕(百濟王)이라는 긴 이름을 가진 관작을 똑같이 수여하였다.89) 또 비유왕은 14년에도 유송에 사신을 파견하여 조공을 했다.90)

한편 비유왕은 7년(433)에 신라에도 사신을 보내어 화친을 청하였다.91) 그리고 이듬해인 434년 2월에 백제는 다시금 신라에 사신을 파견하여 좋은 말 2필을 보내고, 9월에는 상서(祥瑞)의 상징인 흰 매를 보내기까지 하였다.92) 곧 비유왕이 신라와의 관계를 트고자 진력했음을 알 수 있다. 고구려의 남진 압박에 공동 대처하기 위한 목적이었다. 고구려가 장수왕 15년(427) 평양으로 천도함93)에 따라 직접 영토를 접하고 있는 백제로서는 긴장하지 않을 수 없었다. 백제의 집요한 화친 교섭94)에 대한 답례로 비유왕 8년(434) 10월 신라에서 양질의 금과 명주(明珠)를 보내왔다.95) 이리하여 양국 간에 이른바 나제동맹이 체결된 것이다.

---

89) "夏四月 宋文皇帝以王復修職貢 降使冊授先王暎爵號[暎支王十二年 東晉冊命爲使持節道督百濟諸軍事鎭東將軍百濟王]"(『三國史記』 百濟本紀 毗有王 4년).

90) "冬十月 遣使入宋朝貢"(『三國史記』 百濟本紀 毗有王 14년).

91) "秋七月 遣使入新羅請和"(『三國史記』 百濟本紀 毗有王 7년).

92) "春二月 遣使新羅 送良馬二匹 秋九月 又送白鷹 冬十月 新羅報聘以良金明珠"(『三國史記』 百濟本紀 毗有王 8년).

93) "移都平壤"(『三國史記』 高句麗本紀 長壽王 15년).

94) ① "秋七月 遣使入新羅請和"(『三國史記』 百濟本紀 毗有王 7년).
② "秋七月 百濟遣使請和 從之"(『三國史記』 新羅本紀 訥祗麻立干 17년).

95) "春二月 百濟王送良馬二匹 秋九月 又送白鷹 冬十月 王以黃金-明珠 報聘百濟"(『三國史記』 新羅本紀 訥祗麻立干 18년).

그런데 비유왕 역시 정변에 의해 희생되었다. 이 비유왕의 사망에 대하여 『삼국사기』에는 다음과 같이 기록하고 있다.

검은 용(黑龍)이 한강에 나타났는데 잠깐 동안에 구름과 안개가 끼어 캄캄해지더니 날아가 버렸다. 왕이 죽었다.[96]

흑룡(黑龍)이 날아가는 것과 '구름과 안개가 끼어 캄캄해지니(雲霧晦暝)'를 왕의 사망과 연계시켜 보여주고 있다. 이는 곧 비유왕이 정변에 의해 희생되었을 가능성이 큰 것을 암시해주는 것이다.[97] 흑룡의 출현은 흉조를 나타내기 때문이다. 이와 관련하여 『삼국사기』 문주왕 3년 5월조의 "검은 용(黑龍)이 웅진에 나타났다.[98]"의 흑룡 출현 기사가 주목된다. 이 기사는 여러 정황을 놓고 볼 때 문주왕 때 실권자인 해구의 반란에 의한 내신좌평 곤지[99]와 문주왕이 피살되는 정변[100]과 무관하지 않기 때문이다. 이처럼 왕의 사망과 용이 관련 있음은 「광개토왕비문」에 적혀 있는 주몽의 사망 문구에서도 확인된다. 이 경우는 주몽이 정변에 의해 피살된 상황이 아니므로 상서의 상징인 황룡(黃龍)과 관련짓고 있다.[101]

---

96) "黑龍見漢江 須臾 雲霧晦暝飛去 王薨"(『二國史記』 百濟本紀 毗有工 29년).

97) 李道學, 1985, 「漢城末 熊津時代의 百濟王位繼承과 王權의 성격」『韓國史研究』 50・51, p.4.

98) "五月 黑龍見熊津"(『三國史記』 百濟本紀 文周王 3년).

99) "秋七月 內臣佐平昆支卒"(『三國史記』 百濟本紀 文周王 3년).

100) "四年 秋八月 兵官佐平解仇 擅權亂法 有無君之心 王不能制 九月 王出獵 宿於外 解仇使盜害之 遂薨"(『三國史記』 百濟本紀 文周王 4년).

또한 비유왕이 정변에 의해 희생된 것은 그의 아들인 개로왕이 즉위한 후 부왕인 비유왕의 능원이 "해골은 맨 땅에 임시로 매장되어 있고"102)에서 보듯이 제대로 조영되지 못하고 방치되어 있었다는 점, 『삼국사기』에서 개로왕 즉위 초부터 14년까지의 기록이 이례적으로 공백 상태에 있는 것으로 보아 짐작할 수 있다고 본다.103)

그러나 개로왕 즉위 초의 정변104)의 성격이 구체적으로 어떠한 것인지는 기록이 없어 확실히 하기는 어렵다. 그렇지만 한성 함락 이후 아차산에서 개로왕을 죽인 재증걸루(再曾桀婁)와 고이만년(古爾 萬年)이 백제에서 망명한 것으로 나타나고 있음을 볼 때,105) 개로왕

---

101) 옛적 이 나라를 세웠는데 (왕은) 북부여에서 태어났으며, 천제의 아들 이었고 어머니는 하백(수신)의 따님이었다.……그리하여 강물을 건너 가서, 沸流谷 忽本 서쪽 山上에 성을 쌓고 도읍을 세웠다. 왕이 왕위에 싫증을 내니, (하늘님이) 황룡을 보내어 내려와서 王을 맞이하였다. (이 에) 왕은 홀본 동쪽 언덕에서 용의 머리를 디디고 서서 하늘로 올라갔 다(韓國古代社會硏究所編, 1992,「廣開土王碑文」『譯註 韓國古代金石 文』Ⅰ).

102) "又取大石於郁里河 作槨以葬父骨 緣河樹堰 自蛇城之東 至崇山之北" (『三國史記』百濟本紀 蓋鹵王 21년).

103) 李道學, 1985, 앞의 논문, pp.3~4 ; 盧重國, 1988, 앞의 책, pp.140~ 141.

104) 노중국은 개로왕대에 정변을 상정하고, 그것의 성격을 이제까지 쇠미 해 있던 왕권을 강화하고 확립하고자 하는 목적에서 단행된 것으로 이 해하고 있다(盧重國, 1988, 위의 책, p.143).

105) "至是高句麗對盧齊于·再曾桀婁·古爾萬年等帥兵 來攻北城 七日而拔 之 移攻南城 城中危恐王出逃 麗將桀婁等見王 下馬拜已 向王面三唾之 乃數其罪 縛送於阿且城下戕之 桀婁·萬年本國人也 獲罪逃竄高句麗" (『三國史記』百濟本紀 蓋鹵王 21년).

116

즉위 초의 정변 때 많은 귀족세력들이 숙청당한 것으로 보여진다.106) 그렇다면 개로왕 즉위 초에 정변이 일어나게 된 배경은 무엇 때문일까? 이는 개로왕 즉위 초에 그의 동생인 문주가 상좌평에 임명되고 있는 것이 문제 해결의 단서가 될 수 있지 않을까 한다.

> 처음 비유왕(毘有王)이 죽고 개로가 왕위를 잇자 문주는 그를 보필하여 지위가 상좌평에 이르렀다.107)

문주 이전의 상좌평은 해수였다. 해수는 비유왕 때에 상좌평이었던 여신이 사망하자 상좌평으로 승진하고 있다. 이로 볼 때 상좌평은 임기가 정해져 있지 않고, 그 자리에 있던 사람이 사망해야만 다른 사람이 임명될 수 있었던 것으로 보여진다. 그런데 해수가 사망했다는 기록이 없는데도 불구하고 개로왕이 즉위하자 문주가 상좌평에 임명되고 있다. 이것은 해수가 비정상적인 방법에 의해 제거되었음을 의미하는 것이 아닐까 한다. 즉 비유왕대에는 정국운영의 중심에 있던 상좌평 해수로 대표되는 일단의 세력들이 왕권을 제약하지 않았을까 한다. 이에 개로왕은 즉위 초의 정변을 통해 이러한 정국 상황을 바로잡으려 했던 것으로 보여진다. 그리고 개로왕 즉위 초의 정변은 철저한 왕권중심의 정책을 추진할 수 있는 발판이 되었을 것이다.108)

---

106) 梁起錫, 1990, 앞의 논문, pp.121~123.

107) "初毗有王薨 蓋鹵嗣位 文周輔之 位至上佐平"(『三國史記』百濟本紀 文周王 즉위년).

108) 그러나 이제까지 개로왕에 대한 일반적인 연구는 단지 왕위계승 문제 차원에서 접근하여 왔다. 『三國史記』에 개로왕은 近蓋婁로도 표기되고

한편 비유왕 8년(434)에 고구려의 남침에 대비하여 신라와 동맹을
체결 이후, 백제는 대외적으로 비교적 안정된 환경에 놓여 있었다.
이러한 대외적 안정과 개로왕 즉위 초 정변은 왕으로 하여금 여러
부문에 걸쳐 체제정비를 시도할 수 있게 하였다. 개로왕대의 체제정비
의 성격을 이해하기 위해서는 당시에 취해진 정책을 검토할 필요가
있다.

개로왕대의 왕족 중심의 정책은 왕(王)·후(侯)제를 통해서 살펴볼
수 있다. 개로왕은 국정을 총괄하는 재상적 성격을 지니고 있는 상좌
평에 그의 동생인 문주(文周)를 임명하였다.[109] 전지왕 이후 왕과
혈연적으로 연결되었던 인물 등이 상좌평에 임명되고 있음을 볼 때,
문주의 상좌평 임명은 당연한 것으로 볼 수 있다. 그런데 곤지(昆支)에
게는 병권을 장악케 하는[110] 등 왕족을 중용하여 친정체제의 기반을
다지고 있었다.

세조(世祖) 대명(大明) 원년(개로왕 3) 사신을 보내어 벼슬을 내려
줄 것을 요구하자 조칙(詔勅)으로 허락하였다. 세조(世祖) 대명(大明)
2년(개로왕 4) 여경(餘慶)이 사신을 보내어 표문을 올려 말하기를,
'신의 나라는 대대로 특별한 은혜를 입고 문무의 훌륭한 신하들이

있다. 이는 왕위계승에 있어서 肖古계와 古爾계 간에 대립과 갈등을
종식시킨다는 의미에서 兩王의 아버지인 蓋婁王의 혈통을 정통적으로
계승하였음을 천명하려는 것으로 이해해 오고 있다(梁起錫, 1990, 앞
의 논문, p.123).

109) "蓋鹵王之子也 初毘有王薨 蓋鹵嗣位 文周輔之位至上佐平"(『三國史記』
百濟本紀 文周王 즉위년).

110) 李道學, 1985, 앞의 논문, p.13.

대대로 조정의 관작을 받았습니다. 행관군장군(行冠軍將軍) 우현왕 (右賢王) 여기(餘紀) 등 11명은 충성스럽고 부지런하여 높은 지위에 나아감이 마땅하오니 엎드려 바라옵건대 가엾게 여기시어 모두 관직 을 내려 주십시오.'라고 하였다. 이에 행관군장군(行冠軍將軍) 우현 왕(右賢王) 여기(餘紀)를 관군장군(冠軍將軍)으로 삼고, 행정로장군 (行征虜將軍) 좌현왕(左賢王) 여곤(餘昆)과 행정로장군(行征虜將軍) 여훈(餘暈)을 모두 정로장군(征虜將軍)으로, 행보국장군(行輔國將 軍) 여도(餘都)와 여예(餘乂)를 모두 보국장군(輔國將軍)으로, 행용 양장군(行龍驤將軍) 목금(沐衿)과 여작(餘爵)을 용양장군(龍驤將軍) 으로, 행녕삭장군(行寧朔將軍) 여류(餘流)와 미귀(麋貴)를 모두 영삭 장군(寧朔將軍)으로, 행건무장군(行建武將軍) 우서(于西)와 여루(餘 婁)를 모두 건무장군(建武將軍)으로 삼았다.[111]

개로왕 4년(458) 유송(劉宋)에 작호제수 요청을 위해 보낸 위의 상표문에 의하면, 대상자 11명 가운데 왕족 여(餘)씨가 8명이나 차지 하고 있어 당시 왕족의 정치적 지위를 반영해주는 것으로 볼 수 있다. 여기서 여도(餘都)와 여곤(餘昆)이 각각 개로왕의 동생인 문주(文周) 와 곤지(昆支)로 비정되고 있다.[112] 특히 곤지가 행정로장군좌현왕(行

---

111) "世祖大明元年 遣使求除授 詔許 世祖大明二年 慶遣使上表曰 臣國累葉 偏受殊恩 文武良輔 世蒙朝爵 行冠軍將軍右賢王餘紀等十一人 忠勤宜在 顯進 伏願垂愍 竝聽賜除 仍以行冠軍將軍右賢王餘紀爲冠軍將軍 以行征 虜將軍左賢王餘昆 行征虜將軍餘暈竝爲征虜將軍 以行輔國將軍餘都 餘 乂竝爲輔國將軍 以行龍驤將軍沐衿 餘爵竝爲龍驤將軍 以行寧朔將軍餘 流 麋貴竝爲寧朔將軍 以行建武將軍于西 餘婁竝爲建武將軍"(『宋書』 권 97 列傳57 百濟國).

112) 李基東, 1974, 「中國史書에 보이는 百濟王 牟都에 대하여」『歷史學報』

征虜將軍左賢王)을 겸대하고 있으며 『일본서기』 유랴쿠기(雄略紀)에
서는 군군(軍君)113)이라고도 불렸다는 점이 주목된다. 좌현왕(左賢王)
이 흉노의 경우 왕위계승 후보자인 동시에 병권을 장악했던 지위였음
을 감안해 보면, 곤지가 개로왕 초기에 군권을 장악하고 있었음을
짐작할 수 있다.

　　연흥(延興) 2년(개로왕 18)에 백제왕 여경(餘慶)이 처음으로 사신
을 보내어 표를 올려 말하기를, 신이 동쪽 끝에 나라를 세워 승냥이와
이리들에게 길이 막히니, 비록 대대로 신령하신 교화를 받았으나
번신(藩臣)의 예를 받들 길이 없었습니다.……삼가 사서(私署)한 관
군장군(冠軍將軍) 부마도위(駙馬都尉) 불사후(弗斯侯) 장사(長史) 여
례(餘禮)와 용양장군(龍驤將軍) 대방태수(帶方太守) 사마(司馬) 장무
(張茂) 등을 보내어 파도에 배를 던져 망망한 바닷길을 더듬게 하였
습니다.114)

　　위의 상표문에서 보듯이 개로왕 18년(472)에는 북위(北魏)에 고구

　　62, p.21.

113) “夏四月　百濟加須利君(蓋鹵王也)　飛聞池津媛之所燔殺(適稽女郎也)　而
　　　籌議曰　昔貢女人爲采女　而既無禮　失我國名　自今以後　不合貢女　乃告其
　　　弟軍君(昆支)曰　汝宜往日本以事天皇　軍君對曰　上君之命不可奉違　願賜
　　　君婦　而後奉遣　加須利君則以孕婦　嫁與軍君曰　我之孕婦　既當産月　若於
　　　路産　冀載一船　隨至何處　速令送國　遂與辭訣　奉遣於朝”(『日本書紀』雄
　　　略紀　5년).

114) “延興二年　其王餘慶　始遣使上表曰　臣建國東極　豺狼隔路　雖世承靈化　莫
　　　由奉藩……謹遣私署冠軍將軍　駙馬都尉弗斯侯　長史餘禮　龍驤將軍　帶方
　　　太守　司馬張茂等投舫波阻”(『魏書』百濟傳).

120

려를 응징하기 위해 청병을 요청하는 사행에 2명이 파견되었는데, 그 중 외교사절 단장격인 장사(長史)에 여례(餘禮)가 관군장군(冠軍將軍) 부마도위(駙馬都尉) 불사후(弗斯侯)라는 작호를 겸대하고 있다. 부마도위(駙馬都尉)는 왕의 사위를 가리키는 용어이다. 이는 백제에게 있어서 북위에 대한 외교활동이 그만큼 중요하였다는 것을 보여준다고 하겠다. 따라서 왕의 사위가 중요한 외교활동에 종사하였다[115]는 것은 개로왕대의 왕족이 중용되고 있던 정치적 상황을 설명해 준다고 하겠다.

그렇다면 개로왕이 왕권강화를 위한 제도적 장치로 만들어진 상좌평에 그의 동생 문주를 임명해 놓고도, 다시 문주를 보국장군(輔國將軍), 곤지를 정로장군(征虜將軍) 좌현왕(左賢王), 여례(餘禮)를 관군장군(冠軍將軍) 부마도위(駙馬都尉) 불사후(弗斯侯) 등에 임명하여 왕족 중심의 정치체제를 구축하게 된 이유는 어디에 있었을까?

먼저 개로왕은 비유왕 때에 해수의 예에서 보듯이 일단의 세력들이 상좌평의 위치에 있으면서 왕권을 제약하는 현상을 극복하려고 하였다. 따라서 강력한 왕권중심의 지배질서를 지향한 개로왕으로서는 상좌평 중심의 정치운영을 보완하기 위해 왕족 출신들을 왕(王)·후(侯)에 등용이라는 적극적인 조치를 통하여, 이를 강화시켜 나간 것으로 판단된다. 이것은 『송서』에 제수 요청의 명분을 '충근(忠勤)의 현양(顯揚)'에 두고 있으며, 근초고왕대의 가야 7국 정복 이후 새로운 정치세력으로 성장하여 온 목(木)씨 가문의 목금(沐衿)을 제외하고는 대다수의 수작자가 왕족임을 통해서도 추론할 수 있겠다.[116]

---

115) 개로왕 이전의 대중국 외교는 주로 낙랑·대방계 출신이 담당하였다.

한편 앞의 상표문에서 보듯이 개로왕 4년과 18년에는 왕에 대한 책봉(冊封)이 아니라 여러 관료에 대한 작호(爵號)의 성격을 띤 왕(王)·후(侯)가 나타나고 있다. 그러면 이 왕(王)·후(侯)를 어떻게 보아야 할 것인가?

먼저 대왕(大王)제로 이해하는 경우이다. 이것은 백제사회의 확대·발전과 함께 꾸준히 추진되어 온 중앙집권적 지배체제의 산물로서 백제왕이 천명(天命)적인 질서에 가탁하여 스스로 대왕(大王)이라 자처하고 그 관리들을 작위(爵位)적이고 의례(儀禮)적인 왕·후에 분봉(分封)하여 백제류(百濟流)의 천하관(天下觀)을 형성하려 했다는 견해이다.117) 또한 작위(爵位)적인 분봉(分封)이라기 보다는 대중국 외교에 있어서 백제왕의 권위를 높이기 위한 형식적이고 의례적인 과정으로 보는 견해 등도 제기되었다.118)

다음은 『송서』와 『남제서』 등에서 보이는 것처럼 백제왕이 사서(私署)한 왕·후 등의 작호(爵號)를 중국측에서는 추인만 하는 형식이고,

---

116) 蓋鹵王 4年의 수작자 중 王族을 제외한 일반귀족 중 제1위로 부상된 자는 龍讓將軍 沐衿이다. 沐衿은 木氏가문으로 이해되고 있다(梁起錫, 1990, 앞의 논문, p.122. ; 李道學, 1985, 앞의 논문, p.6).

117) 梁起錫, 1984, 「五世紀 百濟의 「王」·「侯」·「太守」制에 對하여」 『史學硏究』 38, pp.64~65. 『日本書紀』 雄略紀 20년 "百濟記云 蓋鹵王乙卯年冬 狛大軍來攻大城七日七夜 王城降陷 遂失慰禮 國王及大后王子等 皆沒敵手"란 기사는 大王의 정치적 지위의 확립을 전제로 한 왕족간의 신분적 서열의 정비에 따른 大后의 존재을 보여주고 있으므로, 蓋鹵王代의 大王權의 확립은 분명하다는 견해도 있다(李道學, 1985, 위의 논문, p.4).

118) 盧重國, 1988, 앞의 책, pp.222~223.

후(侯)에서 왕(王)으로 승진하거나 봉지(封地)가 변경되는 경우를 볼 때 왕(王)·후(侯)는 현실적인 세력의 크기를 반영하고 있다고 보고, 왕(王)·후(侯) 사여의 의미를 지방통치와 관련짓고 있는 견해이다.[119] 즉 왕(王)·후(侯) 사여는 왕족과 중앙정계에 진출한 신진정치 세력을 포함한 고관들을 각 지방의 왕(王)·후(侯)로 분봉(分封)함으로써 지방에 대한 통제를 강화하려 한 것으로 보고 있는 것이다.

한편 왕(王)·후(侯)의 사여는 개로왕대와 동성왕대에 집중적으로 이루어지고 있다.[120] 이것이 당시 백제의 정치상황과 밀접한 관련이 있었으리라는 것은 의문의 여지가 없다. 전지왕 이후 꾸준한 왕권중심의 정치체제 확립 과정에서 나타나고 있는 개로왕대의 왕(王)·후(侯)와, 한성 함락 이후 지배층의 재편성이 이루어지고 있는 가운데 나타나고 있는 왕(王)·후(侯)를 동일 선상에서 파악하기는 곤란하다. 개로왕대에는 상좌평을 중심으로 한 체제의 한계성을 보완하기 위해 왕족들을 권력의 전면에 등장시켜 왕족 중심의 정치체제를 지향하고 있었다. 따라서 이 당시 실시되었던 왕(王)·후(侯)제는 왕족들의 편제 차원에서 도입되었던 것이 아닐까 한다. 이는 비록 일부의 귀족들, 즉 목금(沐衿)이 행용양장군(行龍讓將軍), 미귀(麋貴)가 행녕삭장군

---

119) 末松保和, 1949, 『任那興亡史』, 吉川弘文館, pp.109～114 ; 坂元義種, 1978, 「五世紀の百濟大王とその王·侯」『古代東アジアの日本と朝鮮』, 吉川弘文館, pp.99～102 ; 金英心, 1990, 「5～6세기 百濟의 地方統治體制」『韓國史論』 22, pp.73～90 ; 鄭載潤, 1992, 「熊津·泗沘時代 百濟의 地方統治體制」『韓國上古史學報』 10, pp.503～526 ; 田中俊明, 1996, 「百濟 地方統治에 대한 諸問題－5～6세기를 중심으로－」『百濟의 中央과 地方』, pp.166～182.

120) 다음은 중국사서에 보이는 王·侯와 將軍號를 정리한 것이다.

(行寧朔將軍), 우서(于西)가 행건무장군(行建武將軍) 등에 임명되고 있지만, 개로왕대에 왕·후에 임명되고 있는 핵심 인물들이 우현왕(右賢王) 여기(餘紀), 좌현왕(左賢王) 여곤(餘昆), 불사후(弗斯侯) 여례(餘禮) 등 모두 여(餘)씨라는 사실을 볼 때도 이해된다고 하겠다.

개로왕은 체제정비와 함께 그의 권력행사를 합법화하기 위해 이데올로기 측면의 변화를 강화하고 있었다. 개로왕대의 이데올로기의 변화는 백제의 동명에 대한 제사의 변천과 깊은 관련이 있다. 그런데 백제의 동명묘(東明廟) 제사는 전지왕 이후에는 나타나지 않고 있는

出典	年代	官職名	人名
宋書	蓋鹵王 4년(458)	行冠軍將軍右賢王	餘紀
		行征虜將軍左賢王	餘昆
		行征虜將軍	餘暈
		行輔國將軍	餘都
		行輔國將軍	餘乂
		行龍讓將軍	沐衿
		行龍讓將軍	餘爵
		行寧朔將軍	餘流
		行寧朔將軍	麋貴
		行建武將軍	干西
		行建武將軍	餘婁
魏書	蓋鹵王 18년(472)	冠軍將軍駙馬都尉弗斯侯	餘禮
南齊書	東城王 12년(490)	假行寧朔將軍	姐瑾
		建威將軍八中侯	餘古
		建威將軍	餘歷
		廣武將軍	餘固
		行宣威將軍兼參軍	會邁
北齊書	東城王 17년(495)	行征虜將軍邁羅王	沙法名
		行安國將軍辟中王	贊首流
		行武威將軍弗中侯	解禮昆
		行廣威將軍面中侯	木干那
		行楊武將軍	陳明

사실에 주목할 필요가 있겠다.[121] 전지왕을 전후한 시기에 백제와
고구려는 서로 치열한 충돌을 겪으면서 적대적 관계가 심화되고 있었
던 시기였다. 따라서 부여, 고구려와 유사한 동명신화를 갖고 있던
백제는 부여의 멸망과 고구려의 복속이라는 상황에서, 고구려의 주몽
전승과는 다른 형태로 백제 동명신화의 변개를 시도하였다. 그리고
그것은 부여의 시조로서의 동명(東明)과 백제의 시조인 건국자(建國
者)의 존재를 분리한 형태로 나타났다. 즉 백제의 시조 전승에 있어서
동명(東明)에서 온조(溫祚)로 그 건국 시조의 위상이 변화되었다. 이는
부여 멸망 후 백제가 부여의 계승국가라는 인식을 대내외적으로 강조
하려는 의도에서 형성된 것으로 보여진다.[122]

　동명(東明)의 존재와 건국 시조를 분리하고 온조와 혈연적으로만
연결된 시조 전승은 개로왕대에 확립되었을 것으로 추정된다. 이것은
개로왕이 북위에 보낸 상표문에서 "백제는 고구려와 더불어 근원이
부여에서 나왔습니다"[123]고 말한 것을 통해서도 알 수 있다. 그리고
이는 동명(東明)과 온조(溫祚)로 나뉘어진 새로운 시조 전승이 확립된
이후의 관념이 반영된 것이다. 또한 시조 전승은 왕계(王系)의식과

---

121) 전지왕 이후 동명묘 친사가 나타나지 않고 있는 현상의 원인으로 백제
　　가 중국의 제사의례를 모방한 단계에서 중국의 정치제도를 수용한 단
　　계로 전환함에 따라 종교적인 의례보다 정치적인 실무를 중시하는 사
　　회의 경향성, 또는 중국의 불교문화를 수용·발전시킨 결과 등이 지적
　　되고 있다(金瑛河, 1988, 「三國時代 王의 統治形態 硏究」, 고려대학교
　　박사학위논문, p.168).
122) 林起煥, 1998, 「百濟 始祖傳承의 형성과 변천에 관한 고찰」『百濟硏究』
　　28, pp.17~26.
123) "臣(百濟)與高句麗 源出扶餘"(『三國史記』 百濟本紀 蓋鹵王 18년).

밀접한 관련이 있다. 개로왕은 개루왕(蓋婁王)에 대한 각별한 인식을 갖고 있어 근개루왕(近蓋婁王)을 칭하고 있다. 그런데 백제의 왕계는 온조왕(溫祚王) - 다루왕(多婁王) - 기루왕(己婁王) - 개루왕(蓋婁王)으로 이어지고 있다. 따라서 개로왕이 근개루왕을 칭한 것은 개루왕에 대한 계승의식을 보여준다고 하겠다.[124)

개로왕대에 동명에서 온조로 그 건국 시조의 위상이 변화되었음은 『일본서기』 유랴쿠기(雄略紀) 16년 기사에서도 방증된다고 하겠다.

소가 경(蘇我卿)이 "옛날 천황 오하쓰세(大泊瀨)[유랴쿠 천황(雄略天皇)] 때 그대의 나라가 고구려로부터 침략을 받아 위험하기가 계란(鷄卵)을 쌓아놓은 것보다 더하였습니다. 이에 천황이 신지백(神紙伯)에게 명하여 공경히 신지(神紙)로부터 계책을 받도록 하였습니다. 축자(祝者)가 이에 신의 말에 의탁하여 '나라를 세운 신(建邦之神)을 청(請)해 모셔와 장차 망하려는 임금을 가서 구하면 나라는 반드시 평온해지고 사람들은 잘 다스려져 편안해질 것이다'라고 보고했습니다. 이로 말미암아 신(神)을 청하여 가서 구원하였으므로 사직(社稷)이 평안해졌습니다. 무릇 나라를 세운 신이란 하늘과 땅이 나뉘어 구분되고 풀과 나무가 말을 할 때 하늘에서 내려와 나라를 만들어 세운 신입니다. 지난번에 그대 나라에서는 돌보지 않고 제사를 지내지 않는다고 들었는데, 지금이라도 앞의 잘못을 뉘우치고 신궁(神宮)을 수리하여 신령(神靈)을 받들어 제사지내면 나라가 크

---

124) 近肖古王・近仇首王의 왕호가 肖古王과 仇首王을 계승하고 있는 것은 초고왕과 구수왕에 대한 인식의 정도를 보여준다고 하겠다(盧重國, 1988, 앞의 책, pp.70~74).

126

게 번성할 것입니다. 그대는 나의 말을 절대로 잊지 마십시오"라고
하였다.[125]

　유랴쿠 16년에 고구려가 침입하여 백제가 위급한 때는 개로왕 때를
가리킨다. 개로왕 때에 일본과 같이 '건방지신(建邦之神)'을 섬기지
않았기 때문에 백제가 위험한 처지에 처하게 되었다는 것이다. 그렇다
면 건방지신의 실체는 무엇이며, 왜 개로왕은 건방지신에게 제사를
지내지 않았을까? 위의 기사에서 '건방지신'이란 태초에 국가를 설립
한 신(神)을 의미한다고 하였다. 태초에 백제를 건국하였다고 인식되
어진 사람은 동명(東明)이었다. 그런데 동명묘 배알은 전지왕 이후
나타나지 않고 있으며, 개로왕대에 동명과 온조가 분리된 새로운 시조
전승이 확립되고 있다. 따라서 개로왕대에는 동명에게 제사를 지낼
필요가 없으며, '건방지신'에게 제사를 지내지 않았다는 것은 이러한
상황을 말한 것으로 보여진다.[126] 이상과 같이 개로왕대에는 작제(爵

---

125) "蘇我卿曰 昔在 天皇大泊瀨之世 汝國爲高麗所逼 危甚累卵 於是 天皇命
　　神紙伯 敬受策於神紙 祝者迺託神語報曰 屈請建邦之神 往救將亡之主 必
　　當國家謐靖 人物又安 由是 請神往救 所以社稷安寧 原夫建邦神者 天地
　　割判之代 草木言語之時 自天降來 造立國家之神也 頃聞 汝國輟而不祀
　　方今悛悔前過 修理神宮 奉祭神靈 國可昌盛 汝當莫忘"(『日本書紀』欽明
　　紀 16년).

126) 『日本書紀』欽明紀 16년의 '建邦之神'이 개로왕대의 사정을 보여주는
　　것이 아니라, 위덕왕 때 왕자 惠가 倭에 사신으로 갔던 시기의 사정을
　　반영한 것으로 보는 견해가 있다(李鍾泰, 1998, 「百濟 始祖仇台廟의 成
　　立과 繼承」 『韓國古代史硏究』 13, pp.139~142). 그러나 백제에서 전
　　지왕을 전후한 시기부터 東明의 존재와 건국 시조를 분리하고 있었으
　　며, 이러한 새로운 시조 전승은 개로왕대에 확립되고 있었다. 또한 '建

制)가 시행되고 있었으며, 동명과 온조가 분리되는 제의(祭儀)체계에
도 큰 변화가 있었다.[127]

　개로왕대의 왕권의 위상은 아래의 기록과 같이 대토목공사를 통해
서도 알 수 있지 않을까 한다.

　이에 나라 사람들을 모두 징발하여 흙을 져서 성(城)을 쌓고, 안에
는 궁실과 누각과 대사(臺榭) 등을 지었는데 웅장하고 화려하지 않음
이 없었다. 또 욱리하(郁里河)에서 큰 돌을 가져다가 곽(槨)을 만들어
부왕의 뼈를 장사하고, 강을 따라 둑을 쌓았는데 사성(蛇城) 동쪽에
서 숭산(崇山) 북쪽에까지 이르렀다.[128]

邦’은 『周禮』에 보이는 용어이다. 즉 『周禮』에서는 天官의 장관인 大宰
의 職掌을 설명하여 ‘建邦之六典 以佐王 治邦國’이라 하였다. 그렇다면
이 ‘建邦之神’이란 명칭은 백제가 ‘周禮’的 정치이념을 채용한 이후 자
기들의 건국신을 중국식으로 고쳐 부른데서 연유한 것으로, 백제에서
‘周禮’的 정치이념이 채택된 시기는 475년 웅진천도 이후인 5세기 후반
이다[李基東, 1990, 「百濟國의 政治理念에 대한 一考察－特히 ‘周禮’的
정치이념과 관련하여」 『震檀學報』 69, pp.1～15(1996, 『百濟史研究』
에 재수록)]. 따라서 이와 같은 점을 고려할 때 ‘建邦之神’의 기사가 위
덕왕대의 사정을 반영하는 것으로 보기는 어려울 것 같다(문동석,
2002, 「풍납토성 출토 ‘大夫’銘에 대하여」 『百濟研究』 36, p.60).

127) 필자는 1999년도 풍납토성 중앙부에 해당되는 경당지구에서 발견된
　　 직구단경호에 새겨진 ‘大夫’를 관직명으로 보았다. 그리고 백제에서 ‘大
　　 夫’라는 관직명이 사용된 시기는 5세기 중 후반을 넘지 않으며, 그 직무
　　 는 왕실의 祭儀 담당이라고 보았다. 이렇게 본 주된 이유는 5세기에
　　 백제의 祭儀 체계에 큰 변화가 있었기 때문이다(문동석, 2002, 위의
　　 논문, pp.54～62).
128) “於是盡發國人 烝土築城 卽於其內作宮室樓閣臺榭 無不壯麗 又取大石於
　　 郁里河 作槨以葬父骨 緣河樹堰 自蛇城之東 至崇山之北”(『三國史記』 百

석촌동 고분 | 석촌동 일대의 적석총은 일제시기에 작성된 보고서에 의하면 육안으로 확인 가능한 것만 무려 89기가 있었던 것으로 기록되어 있다. 육안으로 보이지 않는 것까지 고려한다면 수백 기가 넘었을 것이다. 대형 계단식 적석총은 문화계통상 고구려의 적석총과 이어진다. 무덤의 규모로 보아 백제의 왕릉으로 추정된다.

이와 같은 대규모 토목공사의 시행 배경을 이전에는 백제의 국력을 피폐하게 할 목적을 띤 고구려의 간첩 승려 도림(道琳)의 간언(奸言)에 빠진 때문이라고 보았다.[129] 그러나 이보다는 개로왕대 왕성의 수리 와 궁실의 조영, 왕릉의 개수 등 주로 왕실의 존엄을 드러내려는 대규 모 토목공사가 적극적으로 이루어졌음에서 성장된 왕권의 기반을 과 시하기 위한 것이라고 보는 것이 타당할 것 같다.[130]

이상에서 살펴본 바와 같이 개로왕은 비유왕 때에 해수의 예에서

濟本紀 蓋鹵王 21년).

129) 李基東, 1978, 「貴族國家의 形成과 發展」『韓國史講座』I, p.176.

130) 李道學, 1985, 앞의 논문, p.7.

보듯이 일단의 세력들이 상좌평의 위치에 있으면서 왕권을 제약하는 현상을 극복하려고 하였다. 따라서 왕권중심의 지배질서를 지향한 개로왕으로서는 상좌평 중심의 정치운영을 보완하기 위해, 문주(文周)를 상좌평(上佐平) 및 보국장군(輔國將軍), 곤지(昆支)를 좌현왕(左賢王), 여례(餘禮)를 불사후(弗斯侯)에 임용하는 등 왕족을 중용하여 왕권을 강화시키고 있었다. 그러나 개로왕대 왕족 중용은 내부분열을 일으켜 일부 귀족세력의 이탈을 초래하였으며, 고구려의 대대적인 백제 공격으로 인한 개로왕의 전사는 왕후제를 근간으로 한 정치체제를 무너뜨렸다. 이로 말미암아 백제는 웅진 천도라고 하는 새로운 국면을 맞이하게 되었다.

제3장

동성왕·무령왕대 신지배세력의 등장

1. 웅진 천도와 정치적 혼란

개로왕이 추진했던 왕족 중심의 강력한 왕권 강화책은 일부 지배세력의 이탈을 가져오고, 북위에 대한 적극적인 외교는 고구려 장수왕의 침략을 초래하였다. 그 결과 백제는 개로왕 21년(475)에 한성이 함락되어 웅진으로 천도하게 되었다. 이 웅진으로의 천도는 백제 스스로의 요구에 의한 것이 아니라 외부의 강요에 의해 추진되었으므로 왕권의 위상 약화와 더불어 중앙 정치세력의 재편은 불가피한 것이었다. 그리고 천도 초기의 중앙 정치세력의 재편 과정에서 혼란은 어쩔 수 없는 것이었을 것이다.

따라서 웅진 초기에는 그 기반이 다소 약화되었다고는 하나 본래 한성에 근거지를 가지고 있었던 해(解)씨,[1] 진(眞)씨,[2] 목(木)씨[3] 등

---

1) 解氏는 溫祚王代 解婁가 右輔에 임명된 이래 腆支王代에는 王戚으로서 중요 관직을 독점하고 있던 유력한 정치세력으로 있었으나, 蓋鹵王의 왕권강화책으로 인해 그 영향력을 일시 상실하였고, 웅진 천도라는 국가적 위기 상황에서 세력의 재건에 성공하여, 文周王代에 解仇가 兵官佐平이 되어 군국정사를 마음대로 하여 여타의 귀족들이 반항하자, 해구는 신흥세력의 하나인 燕氏 세력과 손을 잡고 大豆城을 거점으로 반란을 일으켰다고 이해되어 왔다(梁起錫, 1980, 「熊津時代의 百濟 支配層 研究」『史學志』14, pp.4~6 ; 李基白, 1982, 「熊津時代 百濟의 貴族勢力」『百濟研究』특집호, pp.34~37 ; 盧重國, 1988, 『百濟政治史研究』, pp.123~154).

2) 眞氏 세력은 解氏와 더불어 王妃族으로서 국정의 운영에 막강한 영향력을 행사해 온 전통귀족으로 阿莘王代까지 중요 관직을 장악하고 있었으나, 腆支王代부터 三斤王 초기까지는 해씨 세력에게 정국의 주도권을 일시 상실하고, 삼근왕 2년 해구의 난을 제압하는데에 주도적 역할을 하면서 재등장하게 된 것으로 파악하여 왔다(梁起錫, 1980, 위의

이 지배세력을 형성하고 권력을 독점하고자 서로 치열한 대립을 거듭하였거니와 왕권조차도 이들의 정치운영 방향에 따라 좌우됨으로써 정치·사회적 혼란이 계속되었고, 이러한 혼란을 수습하고 왕권을 재확립하기 위해 백제 왕실에서는 사비(泗沘) 지방을 근거지로 하고 있던 사(沙)씨,[4] 탕정성(湯井城)을 근거지로 하고 있던 연(燕)씨,[5] 웅진(熊津) 지방을 근거지로 하고 있던 백(苩)씨[6] 등 금강 유역을 중심으로 토착적 기반을 가지고 있던 유력 세력들의 동태에 주목하지 않을 수 없었다고 이해해 왔던 것이다. 특히 오랫동안 왜(倭)에서의 체류로 본국에서의 정치적 기반이 미약하였던 동성왕(東城王)으로서는 자기 세력기반의 강화를 위해 금강 유역권 유력세력들의 존재는 보다 주목의 대상이 되었을 것으로 파악하였던 것이다.[7]

논문, pp.4~6 ; 李基白, 1982, 위의 논문, pp.37~39 ; 盧重國, 1988, 위의 책, pp.123~154).

3) 木氏 세력은 近肖古王의 加耶 원정 때 처음 등장하여 세력기반을 다지게 되었으며, 久爾辛王代에는 王母와 연결되면서 木滿致가 國政을 장악하면서 두각을 나타내게 되었다. 그리고 蓋鹵王의 왕권강화에도 크게 기여하였다. 이는 웅진 천도시 木劦滿致가 文周王을 보좌하고 있는 것을 볼 때 이해될 수 있다(李道學, 1985,「漢城末 熊津時代 百濟王位繼承과 王權의 性格」『韓國史研究』50·51, p.6 ; 盧重國, 1988, 앞의 책, p.139 ; 文東錫, 1996,「4~5世紀 百濟 政治體制의 變動」『韓國古代史研究』9, pp.198~204).

4) 盧重國, 1978,「百濟王室의 南遷과 支配勢力의 變遷」『韓國史論』4, pp.98~100.

5) 李基白, 1982, 앞의 논문, pp.39~41.

6) 李基白, 1982, 위의 논문, pp.41~43.

7) 李鍾旭, 1978,「百濟의 佐平」『震檀學報』45, p.43 ; 梁起錫, 1980, 앞의 논문, pp.6~15 ; 盧重國, 1988, 앞의 책, pp.154~159.

공주 수촌리 고분 전경 | 2003년 공주시 의당면 수촌리에서 4세기 후반에서 5세기 전반으로 편년되는 고분군이 조사되었다.

그 결과 동성왕은 자신의 기반구축을 위해서는 무엇보다도 새로운 인재를 중앙정계에 등용하여 남천 귀족 중심의 정국운영을 견제해야 할 필요성이 있었고, 또한 금강 유역의 지방세력 역시 수도가 웅진으로 내려왔으므로, 일개 지방세력으로 머물기보다는 중앙정계에 진출하여 정치적 영향력을 발휘하고자 하는 현실적 욕구가 팽배하여, 결국 동성왕대 신흥세력의 대두는 왕권의 안정이라는 측면과 지방세력의 정치참여라는 현실적 욕구가 서로 부합되어 나타난 결과로 이해하는 것이 지금까지의 주된 연구경향이었다.[8]

그러나 아무리 준비없는 천도였고, 백제 왕실이 새로운 세력을 필요

---

8) 梁起錫, 1980, 앞의 논문, pp.1~35 ; 李基白, 1982, 앞의 논문, pp.33~44 ; 李道學, 1985, 앞의 논문, pp.12~34 ; 盧重國, 1988, 위의 책, pp.154~159 ; 南亨宗, 1993, 「百濟 東城王代 支配勢力의 動向과 王權의 安定」 『北岳史論』 3, pp.1~52.

로 하여, 예기치 못한 지방세력이 왕과 연결되었다고 하더라도, 과연 지방세력이 그렇게 갑작스럽게 정권의 전면에 나서서 강력한 힘을 발휘할 수 있었을까? 즉 왕권과 연결을 가지고 있지 않던 세력들이 정치적 중심지가 옮겨져 온다고 해서 갑자기 부상한다는 것은 쉽게 납득하기 어렵다.[9] 어떠한 형태로든지 이전에 왕권과 연결을 가지고 있다가 정치상황의 변화에 따라 새롭게 등장할 수 있었을 것이라고 여겨진다.[10]

---

9) 2003년도 공주시 의당면 수촌리에서 4세기 후반에서 5세기 전반으로 편년되는 고분군이 조사되었다. 이 고분군에서는 금동제 장식신발, 금동제 관모, 중국제 수입 자기류 등이 출토되었다. 이 물품들은 당시 백제의 중앙에서 지방의 유력한 지배자 집단에 사여한 것이다. 즉 이 시기에 백제가 금강 유역의 유력 세력을 통해 이 일대를 간접지배 하였음을 보여준다고 하겠다(충남발전연구원, 2003, 『공주 수촌리 유적』). 그런데 수촌리 고분을 조성한 집단이 백제가 웅진으로 천도한 이후 더 이상 청자 등과 같은 부장한 고분을 남기고 있지 않다. 이것은 이 지역 세력의 힘이 크지 않음을 의미한다고 할 수 있겠으며, 또한 백제의 직접적인 통치를 받으면서 이들이 중앙에 흡수되어 이전과 같은 영향력을 발휘할 수 없었기 때문일 것이다. 이는 한성시대 석촌동 고분군을 제외하고 백제의 직접적인 지배력이 관철되고 있던 경기도 일원에서는 대형 고분이 발견되고 있지 않는 것에서도 알 수 있다. 결국 수촌리 고분을 조성한 집단은 백제의 직접적인 지배력이 미치지 못할 때에는 공주 일대에 일정한 영향력을 행사할 수 있었으나, 백제가 웅진으로 천도한 이후에 그 영향력을 급속히 잃어간 것이다. 따라서 수촌리 고군을 조성한 세력이 백제의 웅진 천도를 견인하고, 이후에 강력한 영향력을 발휘하였던 세력으로 보기는 어렵다고 하겠다.

10) 백제의 영역통치는 4세기 중엽 이후 담로제의 실시와 함께 직접지배가 이루어졌으므로, 수촌리 고분을 조성한 세력은 지방세력이 아니라 오히려 지역세력이 중앙 귀족으로 전화한 것으로 이해하는 견해도 있다 (김수태, 2004, 「백제의 천도」 『한국고대사연구』 36).

136

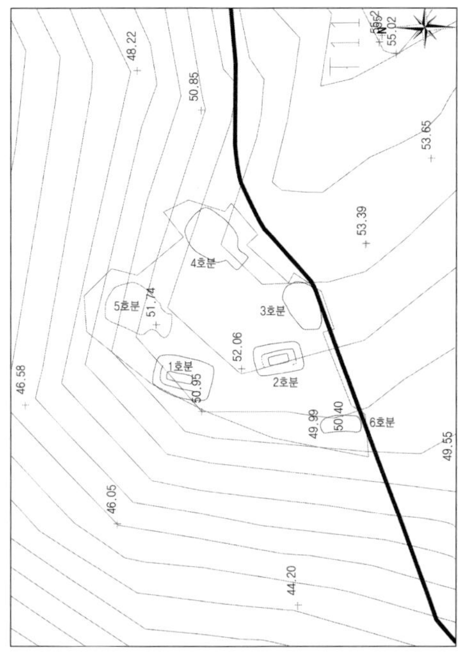

수촌리 고분 유구 분포도 | 공주 수촌리 고분군은 토광묘 2기, 수혈식석곽묘 1기, 횡구식석곽묘 1기, 횡혈식석실묘 2기 등 다양한 형태의 무덤이 발굴되어 백제 고분의 변천을 파악하는 데에 도움이 되고 있다. 또한 출토된 유물 중에는 중국제 도자기와 더불어 지역 유력자의 신분을 알려주는 금동관, 금동신발 등이 포함되어 있어 피장자의 위상을 짐작하게 한다.

백제가 웅진으로 천도한 초기에는 수도의 함락이라는 국가적 위기 상황과 왕실의 권위가 추락한 상태에서 국가의 틀을 유지하는 것이 무엇보다도 시급한 문제였다. 개로왕대에 왕(王)·후(侯)에 임명되었던 많은 왕족들과 제일급의 귀족세력들은, 고구려군의 한성 함락 때 몰살당하고 있었다.[11] 그리고 국도(國都)인 한성의 함락 등은 왕실이 책임을 질 수밖에 없는 문제였다. 따라서 백제의 왕실에서는 웅진 천도 이후 정국 운영의 주도권이 살아 남은 귀족세력에게 옮겨가는 것을 어쩔 수 없는

---

11) 『日本書紀』 雄略紀 20년에 의하면 "百濟記云 蓋鹵王乙卯年冬 狛大軍來攻大城七日七夜 王城降陷 遂失慰禮 國王及大后王子等 皆沒敵手"라 하여 왕을 비롯한 大后와 王子 등을 모두 죽인 것으로 되어 있다. 따라서 이 기사를 통해서 한성 함락으로 백제는 왕을 비롯한 무수한 왕족의 피살이라고 하는 인적 피해를 입었음을 알 수 있다. 그리고 왕족뿐만 아니라 당시 정국운영에 참여하고 있었던 많은 제1급의 귀족세력들 또한 죽임을 당하였을 것은 의문의 여지가 없다고 하겠다.

것으로 여기고 있었을 것이다.

　웅진 천도 이후 귀족세력들도 이러한 정치적 환경에서 기존의 백제
왕실을 전면에 내세우면서 막후에서 영향력을 발휘하게 되었다. 이것
은 웅진 천도 초기 군사권 장악[12]을 바탕으로 정국의 주도권을 장악하
고 있던 해구(解仇)가 문주왕 3년 왕실의 실력자 곤지(昆支)[13]가 사망
하자,[14] 4년 9월에는 왕의 출렵(出獵)을 기회로 삼아 왕을 시해하고[15]
어린 삼근(三斤)을 왕으로 옹립하고 군국정사(軍國政事)를 마음대로
하고 있는 것에서도 짐작할 수 있다.[16] 그렇다면 이러한 정국운영에
대하여 백제 왕실은 어떻게 대처하였을까? 삼근왕에 이어 동성왕(東
城王)이 즉위하면서, 백제 왕실은 웅진 천도 직후의 정치 불안을 수습
하며, 새로운 발전의 토대를 마련한다.

　『삼국사기』와 『일본서기』에는 동성왕에 대한 이야기가 다음과 같

---

12) 『三國史記』 百濟本紀 文周王 2년.

13) 昆支는 倭에 파견되었을 당시에 左賢王의 위치에 있었다. 左賢王은 흉
　　노의 경우 왕위계승 후보자인 동시에 병권을 장악했던 지위였다. 이러
　　한 점을 고려할 때 백제 왕실에서 昆支의 위치는 어느 정도 파악된다고
　　하겠다.

14) "拜王弟昆支爲內臣佐平 封長子三斤爲太子 七月 內臣佐平昆支卒"(『三國
　　史記』 百濟本紀 文周王 3년).

15) "八月 兵官佐平解仇擅權亂法 有無君之心 王不能制 九月 王出獵 宿於外
　　解仇使盜害之 遂薨"(『三國史記』 百濟本紀 文周王 4년).

16) ① "文周王之長子 王薨 繼位 年十三歲 軍國政事一切委於佐平解仇"(『三
　　國史記』 百濟本紀 三斤王 즉위년).
　　② "佐平解仇與恩率燕信聚衆 據大豆城叛 王命佐平眞男 以兵二千討之
　　不克 更命德率眞老 帥精兵五百 擊殺解仇 燕信奔高句麗 收其妻子 斬於熊
　　津市"(『三國史記』 百濟本紀 三斤王 2년).

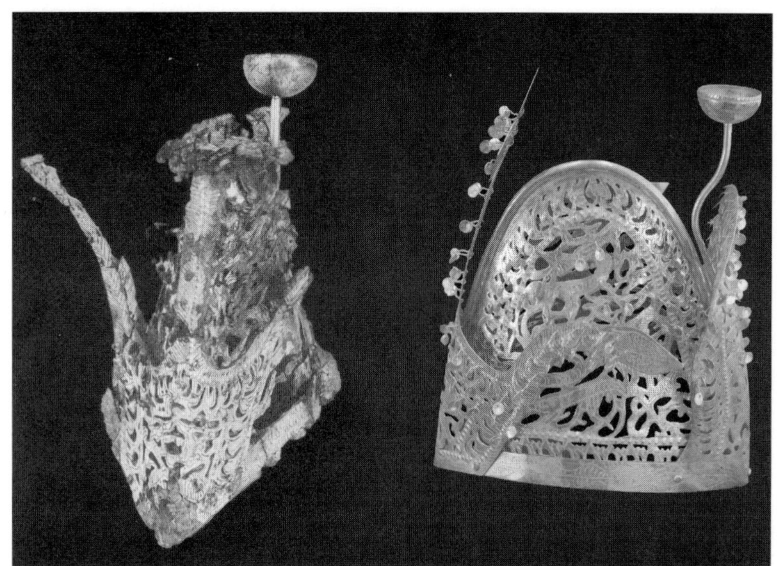

수촌리 금동관과 복원모형 | 백제의 관은 전체적인 형태가 역U자형을 그리고 관 상부에 대롱모양의 장식이 달리는 특징을 가지고 있다. 이러한 금동관은 천안 용원리, 공주 수촌리, 익산 입점리, 나주 신촌리, 서산 부장리, 고흥 안동고분 등에서 출토되었으며, 일본 에다후나야마(江田船山)고분에서도 동일한 형태가 나왔다.

이 실려 있다.

① 동성왕은 이름은 모대(牟大)이며, 문주왕의 동생인 곤지(昆支)의 아들이다. 담력이 남보다 뛰어나고 활을 잘 쏘아 백발백중이었다. 삼근왕이 죽자 왕위에 올랐다.[17]

② 유랴쿠 23년(479) 여름 4월 백제의 문근왕(文斤王)이 죽었다. 천왕이 곤지왕(昆支王)의 다섯 아들 중 둘째인 말다왕(末多王)이 어린 나이에 총명하므로 칙명으로 궁궐에 불러 직접 머리를 쓰다

---

17) "東城王 諱牟大 文周王弟昆支之子膽力過人 善射百發百中 三斤王薨 卽位"(『三國史記』 百濟本紀).

공주 단지리 횡혈묘 유적 전경 | 일본의 고유 무덤인 횡혈묘는 비탈진 산의 경사면을 옆으로 파고 들어가서 무덤을 만들고 그 안에 시신을 안치하는 형태의 무덤이다. 횡혈묘는 5세기말에 발생하여 8세기까지 유행한 양식으로 일본 규슈에 집중적으로 분포하고 있는데, 최근 공주 단지리, 안영리, 장선리 등에서도 발견되고 있다. 공주에서 발견되고 있는 횡혈묘는 동성왕이 왕위에 오를 때 왕을 호위하고 온 규슈 북부 지역의 군사 500인과 관련 있을 것으로 여겨진다.

듣으며 은근하게 조심하도록 타이르고 그 나라의 왕으로 삼았다. 그리고 병기를 주고 아울러 쓰쿠시노구니(筑紫國) 군사 500인을 보내 자기나라로 호위해 보냈는데, 이 사람이 동성왕(東城王)이 되었다.[18)

---

18) "夏四月 百濟文斤王薨 天王 以昆支王五子中 第二末多王 幼年聰明 勅喚 內裏 親撫頭面 誠勅慇懃 使王其國 仍賜兵器 幷遣筑紫國軍士五百人 衛 送於國 是爲東城王"(『日本書紀』 雄略紀 23년).

공주 단지리
횡혈묘 세부 사진

위 기록은 왜국에 있던 곤지의 아들인 동성왕이 삼근왕의 사후 왜의 지원 하에 어린 나이에 왕위에 오르고 있음을 전하고 있다. 이와 관련하여서 지금까지는 해구의 반란을 평정한 진(眞)씨 세력이 동성왕이 왜국에 오랫동안 체류하여 국내에서의 정치적 기반이 없다는 점을 정략적으로 이용하여, 그들의 정치적 지위를 확고히 하기 위해 동성왕을 옹립한 것으로 보는 견해가 일반적이었다.[19] 이러한 견해는 동성왕 4년 진로(眞老)가 병관좌평에 임용되는[20] 것을 볼 때 일면 타당성이 있다고 보인다.

그렇지만 동성왕은 개로왕과 문주왕대에 백제 왕실의 실력자였던 곤지의 아들이라는 점, 그리고 곤지는 개로왕에 의해 461년 일본열도에 파견된 이후 가와치 아스카(河內飛鳥) 지역의 백제계 이주민 세력을

---

19) 李道學, 1985, 앞의 논문, pp.16~17 ; 盧重國, 1988, 앞의 책, pp.15
1~152.

20) "拜眞老爲兵官佐平　兼知內外兵馬事"(『三國史記』 百濟本紀　東城王　4
년).

가카라시마(加唐島)의 원경 | 일본 사가 현 가카라시마는 무령왕이 태어난 곳으로 알려진 작은 섬이다.

기초[21]로 하면서 백제와 왜의 교역을 통해 경제적 부를 축적하고 있었던 사실[22]을 고려할 필요가 있다. 또한 동성왕의 즉위는 백제 국내의 정치적 상황과 밀접하게 관련되어 있는 문제였다. 이는 동성왕과 무령왕의 관계에서 실마리를 찾을 수 있다.

---

21) 『新撰姓氏錄』河內國 飛鳥戶造는 "出自百濟國主比有王琨伎王也", "百濟國末多王之後也"와 같이 昆支와 東城王의 후손으로 기록되어 있다. 이에 毗有王·昆支·東城王을 시조로 하는 飛鳥戶造가 그 후예 씨족일 가능성은 이미 지적되고 있다(山尾幸久, 1983, 『日本古代王權形成史論』, pp.188~190).

22) 李道學, 1985, 앞의 논문, pp.13~14.

무령왕의 이름은 사마(斯摩) 혹은 융(隆)이라고도 하며 모대왕(동성왕)의 둘째 아들이다.[23]

백제 25대 무령왕은『삼국사기』에 의하면 선왕인 동성왕의 둘째 아들이라고 한다. 이는 백제의 왕통을 부자상속(父子相續)의 입장에서 서술하였기 때문에 이런 기술이 생겨났다고 보인다. 그러나 무령왕 지석에 의하면 무령왕은 삼근왕(三斤王)이나 동성왕보다도 나이가 많으며 또 왕위에 오를 때 이미 40세였으므로 동성왕의 아들로 보기는 어렵다. 한편『일본서기』는 무령왕이 개로왕의 아들이며, 백제에서 성장하고 있었음을 보여주고 있다.

① 유랴쿠 5년(461) 여름 4월 백제 가수리군(加須利君, 개로왕)은 이케쓰히메(池津媛, 適稽女郎)가 불에 살해되었다는 것을 전해 듣고 의논하기를 "옛날에 여자를 바쳐 채녀(采女)로 삼았다. 그러나 예의가 없어 우리나라의 이름을 실추시켰으니 지금부터는 여자를 바치지 않는 것이 옳겠다."라고 하였다. 이에 그의 아우 군군(軍君, 곤지)에게 "네가 일본에 가서 천황을 섬겨라"고 말하였다. 고니키시가 "임금님의 명을 어기지 않겠습니다. 바라건대 임금님의 부인을 저에게 주시면 그런 다음 떠나는 명을 받들겠습니다."라고 대답하였다. 가수리군(加須利君)은 임신한 부인을 고니키시에게 주며 "나의 임신한 아내는 이미 해산할 달이 되었다. 만약 도중에 아이를 낳게 되면, 바라건대 1척의 배에 태워서 다다른 곳이 어디건 속히 나라에 보내도록 하라"고 하였다. 마침내

---

23) "武寧王 諱斯摩 或云隆 牟大王之第二子也"(『三國史記』百濟本紀).

무령왕이 태어난 가카라시마 동굴 | 일본 규슈(九州)의 사가현(佐賀縣) 히가시마쓰우라 군(東松浦郡) 가카라시마에 있는 한 동굴 앞에는 "백제 제25대, 무령왕 탄생 전승지"라는 안내문이 있다. 무령왕은 이 때문에 '섬임금'이란 이름으로 불렸다.

작별하고 조정에 파견되는 명을 받들었다.[24]

② 유랴쿠 5년(461) 6월 임신한 부인이 과연 가수리군(加須利君)의 말처럼 쓰쿠시(筑紫)의 가카라노시마(各羅嶋)에서 아이를 낳았다. 그래서 이 아

---

24) "夏四月 百濟加須利君(蓋鹵王也) 飛聞池津媛之所燔殺(適稽女郞也) 而籌議曰 昔貢女人爲采女 而既無禮 失我國名 自今以後 不合貢女 乃告其弟軍君(昆支)曰 汝宜往日本以事天皇 軍君對曰 上君之命不可奉違 願賜君婦 而後奉遣 加須利君則以孕婦 嫁與軍君曰 我之孕婦 既當産月 若於路産 冀載一船 隨至何處 速令送國 遂與辭訣 奉遣於朝"(『日本書紀』雄略紀 5년).

144

이의 이름을 도군(嶋君)이라 하였다. 이에 군군은 곧 한 척의 배로 도군(嶋君)을 본국에 보내었는데, 이가 무령왕(武寧王)이 되었다. 백제 사람들은 이 섬을 주도(主嶋)라 일컬었다.[25]

461년 4월에 개로왕의 동생인 곤지가 왕명을 받들어 왜국으로 가면서 임신 중에 있던 왕의 부인을 왜로 보내줄 것을 요청, 왕의 허락을 받아 동행하였다. 이해 6월에 부인이 일본 왕경(王京)에 도착하기 전 쓰쿠시(筑紫)의 가카라노시마(各羅島)에서 아들을 낳으니 왕이 지시한 대로 배에 실어 본국으로 돌려보냈는데 그가 뒤에 무령왕이 되었으며, 백제인들은 왕이 태어난 이 섬을 주도(主嶋)로 부른다고 한다. 『일본서기』에 의하면 사마는 개로왕 7년인 461년에 태어난 것으로 볼 수 있다. 그런데 무령왕 지석에는 사망 당시 왕의 나이가 62세였다고[26] 하므로 출생 연도는 백제 개로왕 8년인 462년이 된다. 이 두 기록 사이에 왜 1년의 시간차가 있는지 논란이 되고 있으나, 무령왕의 출생과 관련한 『일본서기』의 기록이 매우 자세하고, 사마(斯麻)의 글자 표기가 『삼국사기』의 사마(斯摩)보다는 무령왕 지석의 사마(斯麻)와 같다. 따라서 『일본서기』 유랴쿠기 5년 조의 기사를 부정하기 어렵다. 두 기록 모두를 존중한다면 62세의 나이를 만 62세로 이해하는 것이 어떨까 한다. 무령왕의 출생에 대한 『일본서기』 기록의 정확성은

---

25) "六月丙鉥朔 孕婦果如加須利君言 於筑紫各羅嶋産兒 仍名此兒曰嶋君 於是 軍君卽以一船 送嶋君於國 是爲武寧王 百濟人呼此嶋曰主嶋也"(『日本書紀』 雄略紀 5년).

26) 武寧王 誌石에는 "寧東大將軍百濟斯麻王 年六十二歲 癸卯年五月丙戌朔 七日壬辰崩"이라 기록되었다.

무령왕릉 지석과 뒷면 | 지석이란 무덤 속에 사자(死者)의 생전 이력을 기록하여 함께 묻어주는 묘지(墓誌)를 새긴 돌이다. 1971년 우연히 발견된 송산리의 벽돌무덤에서 지석이 출토되어 이 무덤의 주인공이 백제 제25대 무령왕과 왕비임을 알게 되었다. 특히 이 지석에는 『삼국사기』『일본서기』 등의 사서에는 기록되어 있는 않은 빈(殯)에 관한 내용이 새겨져 있어 백제 상장례(喪葬禮) 연구에 중요한 실마리를 제공해주었다.

다음에서도 확인되고 있다.

① 『백제신찬(百濟新撰)』에 이르기를 말다왕은 무도하여 백성들을 가혹하게 다스렸다. 국인들이 함께 제거하고 무령왕을 추대하였다. 휘는 사마(斯麻)왕이다.

② 이가 곤지왕자의 아들로 말다왕의 배다른 형이다. 곤지가 왜로 향할 때 쓰쿠시 섬에 이르러 사마왕을 낳았다. 섬으로부터 (한성으로) 돌려보냈다. (왜의) 도성에 도달하지 못하고 섬에서 낳아 (사마라는) 이름이 붙여졌다. 지금 가카라(各羅)의 바다 가운데에 주도가 있는데, 왕이 태어난 곳이라 하여 백제인들은 주도(主嶋)라고 부른다.

③ 지금 생각하면 도왕(嶋王)은 개로왕의 아들이고, 말다왕은 곤지왕의 아들이다. 이것을 배다른 형이라고 한 것인지 미상이다.[27]

---

27) "百濟新撰云 末多王無道 暴虐百姓 國人共除 武寧王立 諱斯麻王 是琨支

이 기록은 세 부분으로 나뉘어 있다. ①은 『백제신찬』의 본문으로 추정되며, ②와 ③은 세주(細注)로 보인다. ②는 곤지의 아들로, ③은 유랴쿠기 5년 조 기사처럼 개로왕의 아들로 추정하고 있다. 우리 학계에서는 오랫동안 무령왕이 개로왕의 아들 혹은 곤지의 아들이라고 기록된 『일본서기』의 기사를 불신해왔다. 그 이유는 『일본서기』의 기년과 내용에 대한 의심의 결과였다. 그러나 무령왕릉 지석의 기년이 유랴쿠기 5년 조 기사와 정확히 일치하고 있어, 적어도 『일본서기』의 무령왕 관련 기사만은 사실을 담고 있을 가능성이 높다.[28] 따라서 무령왕은 개로왕의 아들로 볼 수 있다.

그런데 삼근왕 사후 동성왕이 즉위할 무렵에는 개로왕의 아들인 사마(무령왕)의 나이가 18세였음에도 불구하고, 왜에 있던 곤지의 아들인 동성이 즉위하였다. 사마가 왕위를 계승하지 못한 데에는 그가 개로왕의 아들이라는 사실도 어느 정도 영향을 미쳤을 가능성이 있다. 사마의 생부는 개로왕이 분명하다. 개로왕은 강력한 왕족 중심의 정책을 바탕으로 고구려와 대립하다가 한성의 함락이라는 엄청난 시련을

王子之子 則末多王異母兄也 琨支向倭 時至筑紫嶋 生斯麻王 自嶋還送 不至於京 産於嶋 故因名焉 今各羅海中有主嶋 王所産嶋 故百濟人號爲主 嶋 今案 嶋王是蓋鹵王之子也 末多王 是琨支王之子也 此曰異母兄 未詳 也"(『日本書紀』 武烈紀 4년).

28) 웅진 천도 이후 백제 왕계에 대하여 『三國史記』 百濟本紀와 『日本書紀』 는 각기 상이하게 기록하고 있다. 『日本書紀』의 對韓半島關係記事에 대한 서술방식이 과장과 왜곡이 있지만, 이 시기 백제의 왕위계승 및 연령관계는 『日本書紀』의 기록이 신빙성이 있는 것으로 인정되고 있다 (李道學, 1984, 「漢城末 熊津時代 百濟王系의 檢討」 『韓國史研究』 45, pp.1∼27).

가져다 준 인물이었으므로 그의 아들이 왕위에 오르는 것을 귀족세력들이 달가워하지 않았을 수도 있다. 따라서 귀족세력들과 대립을 원치 않았던 백제 왕실에서는 왜의 지원을 받고 있던 곤지의 친아들인 동성왕을 추대하여 왕실 권위 회복의 새로운 계기를 마련하려 했던 것으로 보인다.

이상에서 살펴본 바와 같이 백제 왕실은 고구려의 남하라는 국가적 위기 상황과 왕실의 권위가 추락한 상태에서 귀족세력들로부터 정국 운영의 주도권을 찾아오기 위해, 461년 곤지의 왜 파견 이후 확보되었던 가와치 아스카(河內飛鳥) 지역의 경제력과 곤지를 정치적으로 후원하고 있던 왜국의 도움을 필요로 했기 때문에 그의 아들인 동성왕(東城王)이 왕위에 오를 수 있었다. 동성왕의 즉위는 천도 초기 해씨의 전횡으로 대표되고 있던 혼란을 극복하고, 백제가 새롭게 도약할 수 있는 토대를 마련하였다.

2. 동성왕·무령왕대 가야 관련 세력의 대두

1) 남방영역의 확대

백제는 한성 함락으로 중요한 물적·인적 기반인 한강 유역을 상실하였다. 그 결과 동성왕대의 세력 확장은 자연히 남부지방으로 향할 수밖에 없었다. 백제 중앙에서는 한강 유역의 상실을 만회하기 위해 영산강 유역에 대한 직접적인 지배력의 행사와 가야지역에 대한 진출을 시도하게 되었다. 먼저 영산강 유역의 영역화 과정은 『삼국사기』 문주왕~동성왕대에 보이고 있는 탐라(耽羅)에 대한 단편적 기사를 통해서 살펴볼 수 있다.

　① 문주왕 2년(476) 4월 탐라국(耽羅國)이 토산물을 바치니 왕이
　　 기뻐하여 은솔로 삼았다.[29]
　② 동성왕 20년(498) 8월 왕은 탐라(耽羅)가 공물과 조세를 바치지
　　 아니하자 친히 정벌하려고 무진주(武珍州)에 이르렀다. 탐라가
　　 이를 듣고 사신을 보내 죄를 빌었으므로 그만두었다.[30]
　③ 게이타이기(繼體紀) 2년(508) 12월 남해의 탐라인(耽羅人)이 처
　　 음으로 백제국과 통교하였다.[31]

　위 사료 ①에서 보듯이 탐라는 문주왕대 처음으로 백제와 통교하면
서 은솔(恩率)을 사여 받고 있다. ②의 기사는 동성왕 20년 이전에
별다른 구속력이 없이 조공을 게을리 했던 탐라가 498년 이후에는
더 이상 느슨한 관계를 계속하기가 어려웠음을 보여주는 것이라 하겠
다. 이후 탐라는 백제의 직접지배 영역으로 편입되지 않았지만 조공관
계가 철저히 지켜졌을 것이다. 그리고 ③의 기사는 백제의 적극적인
압박에 의한 복속 관계의 확인이라는 의미로 보아야 하겠다.
　이와 같이 탐라의 입장에서는 백제와의 관계에 있어 능동적으로
대처하고 있었으며, 백제도 그것을 어느 정도 허용하고 있었음을 알

---

29) "夏四月 耽羅國獻方物 王喜 拜使者爲恩率"(『三國史記』百濟本紀 文周
　　 王 2년).

30) "八月 王以耽羅不修貢賦 親征至武珍州 耽羅聞之 遣使乞罪 乃止"(『三國
　　 史記』百濟本紀 東城王 20년).

31) "南海中耽羅人 初通百濟國"(『日本書紀』繼體紀 2년 12월).

나주 반남고분군 전경 | 영산강 유역의 옹관묘는 다른 지역과 달리 이 지역 지배층들의 주묘제로 자리잡고 대형 고분으로 발전했다는 의미에서 '옹관 고분'으로 불리고 있다. 출토 유물은 빈약한 편이지만, 백제 특유의 삼족기·기대가 없는 등 일정한 경향성을 갖고 있다.

수 있다. 그런데 동성왕은 탐라에 대해 용인해 오던 관계를 중단하고 공물과 조세를 제대로 바치지 않는다는 이유로 무진주(武珍州)까지 친정을 행하고 있다. 그렇다면 이 친정이 갖고 있는 정치적인 배경은 무엇이었을까? 먼저 동성왕은 물적·인적 자원이 풍부한 한강 유역의 상실을 만회하고자 한 노력을 꾸준히 전개하였음을 주목할 필요가 있겠다. 동성왕이 무진주까지 진출하고 있는 것을 볼 때, 영산강 유역은 당시 백제 영향력 내에 있었음을 의미한다고 볼 수 있겠다. 따라서 동성왕이 무진주 지역까지 친정을 행하고 있는 것은 이 지역의 군사력을 동원하고, 영산강을 이용하여 탐라를 정벌하기 위해서 뿐만 아니라, 이와 더불어 영산강 유역의 '옹관묘 집단'에 대한 영향력을 더욱

견고히 하기 위해서였다고 여겨진다.[32]

　이와 같이 동성왕대의 단편적인 기사가 백제의 영향력 확대 과정을
보여준다고 할 때, 영산강 유역의 대형 옹관묘가 존재하던 시기[33]에
웅진 천도 이후 백제의 일반적인 묘제 양식인 횡혈식 석실분이 출현하
고 있다는 점에서도 대체적인 경향성을 살필 수 있을 것이다.[34] 옹관

---

32) 姜鳳龍, 1998,「영산강유역의 고대사회와 나주」『나주지역 고대사회의
　　성격』, 나주시·목포대학교 박물관, pp.81~82 ; 金英心, 1997,「百濟
　　地方統治體制 研究－5~7세기를 중심으로」, 서울대학교 박사학위논
　　문, p.63.
33) 영산강 유역 옹관묘 분포상황을 정리하면 다음과 같다.

지역	고분명	입지	매장방법	옹관형태	연대	
무안	社倉里	구릉	이옹합구	U자형대형전용관	4C~5C전반	ⓐ
나주	新村里	구릉	합구식	U자형대형전용관	5C~6C	ⓑ
	德山里	구릉	합구식	U자형대형전용관	4C~5C	ⓒ
영암	新燕里	구릉	합구식	U자형 전용관	4C전반~후반	ⓓ
	沃野里	구릉	합구식	U자형 전용관	3C후반~4C전반	ⓔ
	臥牛里	구릉	합구식	U자형 전용관	4C전반~후반	ⓕ
	萬樹里	구릉	합구식		3C후반~4C전후	ⓖ
해남	院津里	해안	합구식	대형전용관	4C전반	ⓗ
	富吉里	구릉	합구식	U자형 전용관	4C후반~5C전반	ⓘ

ⓐ 徐聲勳·成洛俊, 1984,『靈岩 萬樹里 古墳群』, 국립광주박물관.
ⓑ·ⓒ 徐聲勳, 1988,『羅州潘南面古墳群』, 국립광주박물관.
ⓓ 국립광주박물관, 1993,『靈岩新燕里9號墳』.
ⓔ 崔盛洛·曺根佑, 1991,『靈岩沃野里古墳群』, 목포대학교박물관.
ⓕ·ⓗ 成洛俊·申相孝, 1989,『靈岩臥牛里甕棺墓』, 국립광주박물관.
ⓖ 국립광주박물관, 1990,『靈岩 萬樹里 4號墳』.
ⓘ 成洛俊, 1994,「海南富吉里甕棺遺構」『湖南考古學報』1.

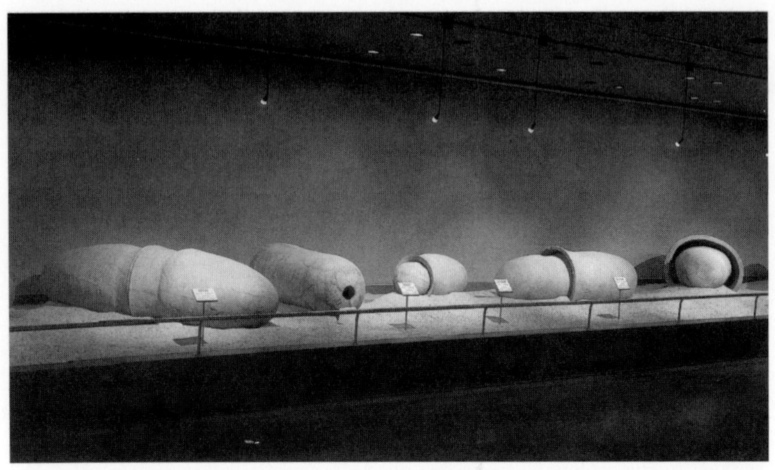

영산강유역 출토 옹관 전시 광경 | 전남 나주시 반남면의 자미산 일대인 덕산리·신촌리·대안리 등지에 군집을 이루어 분포하며, 대형의 전용옹관을 사용하고 있다. 영산강 유역의 옹관고분 가운데서도 가장 늦은 시기의 것으로 출토유물 역시 다른 지역에 비해 다양하고 풍부하다. 특히 신촌리 9호분 을관에서는 금동관모, 금동신발, 봉황문환두대도 등이 출토되었다.

묘는 나주의 반남면,[35] 함평의 월야·학교면,[36] 무안 사창리,[37] 해남 원진리·부길리[38] 등 영산강 유역과 서남해안지역의 전역에 걸치고 있다. 전라남도 전역에서 발견되고 있는 옹관묘의 중심지는 나주 반남면 일대를 들 수 있다. 그리고 이곳 고분들은 5세기 중 후반에서 6세기 초반에 조영된 것으로 파악되고 있다.[39]

---

34) 이전에는 영산강 유역의 대형 옹관묘가 소멸한 이후 백제의 횡혈식 석실분이 출현하는 것으로 이해하여 왔다.

35) 徐聲勳·成洛俊, 1988, 『羅州潘南面古墳群』, 國立光州博物館.

36) 林永珍, 1993, 『咸平 月溪里 石溪古墳群』 I, 全南大學校 博物館.

37) 徐聲勳·成落俊, 1994, 「務安社倉里甕棺墓」 『靈岩 萬樹里 古墳群』, 國立光州博物館.

38) 成洛俊·申相孝, 1989, 「海南 院津里 甕棺墓」 『靈岩臥牛里甕棺墓』, 國立光州博物館 ; 成洛俊, 1994, 「海南 富吉里 甕棺遺構」 『湖南考古學報』 1.

152

한편 영산강 유역의 횡혈식석실분은 나주 복암리[40]를 비롯하여 함평,[41] 무안,[42] 해남[43] 등 서해안지역과 장성,[44] 담양,[45] 광주[46] 등 내륙지방에 산재하고 있다. 소규모 구릉지대에 1~4기 정도가 기본 단위를 이루고 있으며, 입지상 지하 내지 반지하식 이외에 이 지역 옹관고분의 축조기법을 원용한 지상식이 보이는 점이 특징적이다.[47] 그런데 영산강 유역에서 백제계통의 횡혈식 석실분이 나타나는 시기는 5세기 중후반 경이다. 따라서 이 횡혈식 석실분의 영산강 유역 출현은 백제의 정치적 영향력이 확대되고 있었음을 보여주는 것이라

---

39) 영산강 유역의 옹관묘의 존속기간은 3세기~6세기 전반이다. 영암군 시종면 일대의 옹관묘는 3~4세기대의 것이 중심을 이루고 있으나, 나주군 반남면 일대와 그 외 지역의 옹관묘는 5세기 중반 이후의 것이다. 이는 5세기 중반 이후에는 백제의 영향력이 확대되는 과정에서, 위기의식에 사로잡힌 옹관묘 조성의 중심집단이 영도권을 더욱 강화하기 위해 평야지대인 반남면 일대로 그 중심지를 옮겼기 때문이다(강봉룡, 1998, 앞의 논문, pp.76~78).

40) 林永珍, 1996, 「羅州 伏岩里 3號墳의 甕棺石室」『新羅考古學의 諸問題』, 제20회 한국고고학대회 발표요지.

41) 成洛俊, 1993, 「咸平禮德里 新德古墳 緊急收拾調査略報」『제35회 전국역사학대회 발표요지』 ; 林永珍, 1993, 『咸平 月溪里 石溪古墳群』Ⅱ, 백제문화개발원 · 전남대학교박물관.

42) 李榮文, 1990, 『長城 鈴泉里 橫穴式石室墳』, 전남대학교 박물관.

43) 徐聲勳 · 成洛俊, 1984, 『海南 月松里 造山古墳』, 국립광주박물관 · 백제문화개발연구원.

44) 林永珍, 1995, 『長城 鶴星里 古墳群』, 전남대학교 박물관 · 장성군.

45) 崔夢龍, 1976, 「潭陽 齊月里 百濟古墳과 그 出土遺物」『文化財』 10.

46) 林永珍 · 趙鎭先, 1994, 『光州 月桂洞長鼓墳 · 雙岩洞古墳』.

47) 林永珍, 1992, 「榮山江流域 百濟時代 墓制의 變遷」『古文化』 40 · 41.

나주 복암리 3호분 전경 | 영산강 유역에 위치하는 복암리 고분군의 하나로 저변 36×43m, 높이 6m의 대형무덤이다. 옹관묘 22기, 수혈식석곽묘 3기, 횡혈식석실묘 11기 등이 조사되었다. 단일분구 내에 다양하고 많은 매장시설을 갖추고 있는 자체가 고분 박물관이다.

하겠다. 이를 잘 보여주는 것이 나주시 다시면 복암리 3호분이다.

복암리 3호분은 옹관묘 22기, 횡혈식석실분 11기 등 총 41기의 매장시설이 확인된 다장묘·복합묘이다. 석실 내에 대형의 합구식 옹관이 안치된 96석실의 경우 석실분 수용기의 무덤으로서 금동신발이 출토되었다. 5호 석실과 가장 늦은 시기의 16호 석실에서는 은화관식(銀花冠飾)이 출토되었으며, 5호·7호 석실에서는 금은장규두대도(金銀裝圭頭大刀) 등이 출토되었다. 석실의 유형과 출토유물을 통해

154

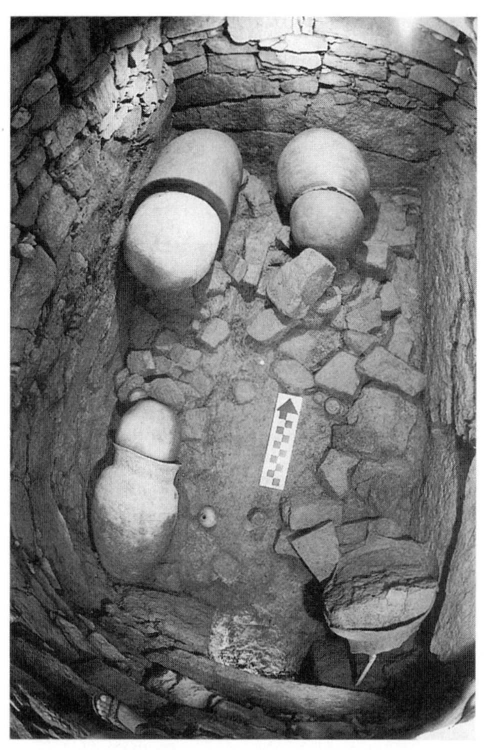

나주 복암리 96호 석실 | 96호 석실 내부에는 소형 옹관 4기가 배치되어 있는 것을 볼 때, 토착묘제와 새로운 묘제가 일정 기간 공존하고 있었음을 알 수 있다.

피장주체의 성격도 규정할 수 있다. 96석실의 경우 토착묘제와 새로운 묘제가 공존하고 있다는 점에서 토착세력이 백제 중앙문화를 흡수하고, 무령왕릉 출토 금동신발과 동일한 귀갑문(龜甲文)의 신발을 사여 받음으로써 지방 지배를 담당한 것으로 볼 수 있다. 더 나아가 제6 관등인 나솔(奈率) 이상만이 착용할 수 있는 은화관식이 출토되었다는 사실은 토착적 기반을 가진 자가 이미 중앙의 관등을 수여 받고 중앙의 통치체계에 편입되었으며, 영산강 유역이 백제의 직접적인 지배하에 들어갔음을 보여준다고 하겠다.[48] 그리고 이 지역 출신들이 이를 계기로 중앙정계에 진출하였을 것은 자명한 사실이라고 하겠다. 그러나 영산강 유역을 세력 기반으로 중앙

---

48) 金英心, 1999, 「백제의 영역변천과 지방지배」『특별전백제』, 국립중앙박물관, pp.230~233.

정계에서 활동하는 인물들을 사료상에서 찾아볼 수 없다. 이는 이 지역이 갖고 있는 한계점이 아닌가 한다.

웅진 천도 이후 백제의 가야지역 진출을 살펴보기 위해서는 다음의 기사를 주목할 필요가 있겠다.

> 가라국(加羅國)은 삼한(三韓)의 종족이다. 건원(建元) 원년(479)에 국왕 하지(荷知)의 사신이 와서 공물을 바쳤다. 조서를 내려, "도량 넓은 자가 비로소 등극하니 먼 오랑캐가 교화에 젖도다. 가라왕(加羅王) 하지(荷知)가 바다 밖에서 방문하여 동쪽 멀리서 폐백을 바쳤다. 가히 보국장군본국왕(輔國將軍本國王)을 제수한다"라고 하였다.[49]

위 기사는 479년(동성왕 1)에 가라왕(加羅王) 하지(荷知)가 남제(南齊)에 사신을 보내고, 남제는 이에 답하여 하지를 보국장군본국왕(輔國將軍本國王)으로 책봉하였음을 보여주고 있다. 이 가라왕 하지가 가야연맹체 중의 어느 지역의 세력을 지칭하는지는 분명하지 않다. 그러나 가야는 근초고왕대 이후 백제의 세력권내에 있었으며 직접적인 대중(對中) 교섭은 없었다. 그런데 가야가 이 시기에 와서 남제와 직접적인 대중 교섭을 가졌다는 사실은 백제에게 엄청난 충격을 주었을 것이라고 생각된다.[50] 가야의 왕이 남제로부터 받은 보국장군은 남제의 관계로 제3품에 해당하며, 표기대장군(驃騎大將軍)·진동대장

---

49) "加羅國 三韓種也 建元元年 國王荷知使來獻 詔曰 量廣始登 遠夷洽化 加羅王荷知 款關海外 奉贄東遐 可授輔國將軍本國王"(『南齊書』 東南夷傳 加羅國條).

50) 盧重國, 1988, 앞의 책, pp.153~154.

군(鎭東大將軍) 등 제2품을 인정받은 고구려·백제와 비교해 볼 때 가야가 국제적으로 상당한 지위를 인정받게 되었음을 의미한다. 그리고 이러한 상황은 가야가 백제의 영향력으로부터 이탈하였음을 나타낸다.[51] 따라서 가야의 이탈을 방관할 수 없었던 동성왕은 이 지역에 대한 영향력을 행사할 수 있었던 세력들을 등용하여, 가야를 견제해 나간 것이 아닐까 한다. 이러한 동성왕대의 정책은 무령왕 이후 직접적인 행동으로 변모해 나간 것으로 보인다.

① 게이타이기 6년(512) 12월 백제가 사신을 보내어 조(調)를 바쳤다. 따로 표를 올려 임나국(任那國)의 상다리(上哆唎)·하다리(下哆唎)·파타(婆陀)·모루(牟婁)의 4현을 청했다. 다리국수(哆唎國守) 수적신압산(穗積臣押山)이 "이 4현은 백제와 인접해 있고 일본과는 멀리 떨어져 있습니다. (백제와는) 아침 저녁으로 통하기 쉽고 (어느 나라의) 닭과 개인지를 구별할 수 없을 정도이니 지금 백제에게 주어 합쳐서 같은 나라로 만들면 굳게 지키는 계책이 이보다 나은 것이 없을 것입니다. 비록 주어서 나라를 합치더라도 후세에는 오히려 위태로울 것인데, 하물며 다른 곳이 된다면 몇 년이나 지킬 수 있겠습니까"라 아뢰었다.……이로 말미암아 사신을 바꾸어 조칙을 선포하고 내리는 물건과 제지(制旨)를 붙여서 표(表)에 따라 임나의 4현을 주었다.[52]

---

51) 金泰植, 1993, 『加耶聯盟史』, pp.95~113.

52) "冬十二月 百濟遣使貢調 別表請任那國上哆唎·下哆唎·婆陀·牟婁 四縣 哆唎國守穗積臣押山奏曰 此四縣 近連百濟 遠隔日本 旦暮易通 鷄犬難別 今賜百濟 合爲同國 固存之策 無以過此 然縱賜合國 後世猶危 況爲異場 幾年能守……由是 改使而宣勅 付賜物幷制旨 依表賜任那四縣"(『日

② 게이타이기 7년(513) 6월 백제가 저미문귀(姐彌文貴)장군과 주리
즉이(州利卽爾)장군을 수적신압산(穗積臣押山)에 딸려 보내어 오
경박사(五經博士) 단양이(段楊爾)를 바쳤다. 따로 아뢰기를 "반파
국(伴跛國)이 저희 나라 기문(己汶)의 땅을 빼앗았습니다. 엎드려
청하옵건대 천은(天恩)으로 본래 속했던 곳으로 되돌려 주게 해
주십시오"라 하였다.……11월 조정에서 백제의 저미문귀(姐彌文
貴)장군과 사라(斯羅)의 문득지(汶得至), 안라(安羅)의 신이해(辛
已奚)와 분파위좌(賁巴委佐), 반파(伴跛)의 기전해(旣殿奚)와 죽
문지(竹汶至) 등을 불러놓고 은칙(恩勅)을 선포하여 기문(己汶)과
대사(帶沙)를 백제국에 주었다. 이 달 반파국(伴跛國)이 집지(戢
支)를 보내어 진기한 보물을 바치고 기문(己汶)의 땅을 요구했으
나 끝내 주지 않았다.53)

위 사료 ①에 의하면 왜는 별다른 조건 없이 백제에게 상다리(上哆
唎)·하다리(下哆唎)·파타(婆陀)·모루(牟婁)의 소위 임나(任那) 4현
을 할양해준 것으로 묘사되어 있다. 그런데 백제는 ②에서 보듯이
임나의 4현을 확보한 후 대가야의 다른 명칭인 반파국(伴跛國)54)이
자신들의 땅이었던 기문을 공격하여 빼앗던 사실을 밝히고 이의 반환

本書紀』繼體紀 6년).

53) "夏六月 百濟遣姐彌文貴將軍 州利卽爾將軍 副穗積臣押山 貢五經博士段
楊爾 別奏云 伴跛國略奪臣國己汶之地 伏願 天恩判還本屬……冬十一月
辛亥朔乙卯 於朝庭 引列百濟姐彌文貴將軍 斯羅汶得至 安羅辛巳奚及賁
巴委佐 伴跛旣殿奚及竹汶至等 奉宣恩勅 以己汶帶沙 賜百濟國 是月 伴
跛國遣戢支獻珍寶 乞己汶之地 而終不賜"(『日本書紀』繼體紀 7년).

54) 金泰植, 1993, 앞의 책, pp.101~104.

158

을 요구하고 있다. 그리고 더 나아가 왜와 연계하여 그 땅을 회복하려 하고 있다. 이런 점으로 볼 때 백제의 임나 4현의 확보는 기문·대사지역을 공격하기 위한 일종의 전진기지인 셈이다.[55] 결국 위 사료는 6세기 초반 백제의 가야지역으로의 팽창에 따른 백제와 가야의 관계를 보여주는 것이라 할 수 있다.

또 기문하(基汶河)가 나라의 동쪽에 있는데 원천은 그 나라에서 나온다. 원천이 그 나라의 남쪽 산에서 나와 동쪽으로 흘러서 큰 바다로 들어간다. 그 안의 수족(水族)은 중하(中夏)와 같다.[56]

기문은 위 사료를 통해서 어느 정도의 위치 비정은 가능하다. 위 사료에서 기문하(基汶河)는 백제의 남쪽 산에서 발원하여 동쪽으로 들어간다고 되어 있다. 백제의 남쪽 산은 지리산으로, 이곳에서 발원하여 동남으로 흘러 바다로 들어가는 것은 섬진강이다.[57] 따라서 기문은 섬진강 유역에 위치하고 있었을 것이다. 그리고 사료 ②에서 보듯이 당시 백제와 대가야가 기문을 차지하기 위해 치열한 외교전을 벌였던 것을 고려하였을 때, 섬진강 유역에서 백제와 가야의 고고학적 유적·유물이 함께 나오고 있는 남원지역이 주목된다. 남원의 초촌리 고분군에서는 6세기 전반에서 7세기 전반으로 편년되고 있는 연도가 없는 횡구식 석실분 등이 발굴되었다.[58] 또한 인근의 척문리 횡혈식

---

55) 金英心, 1997, 앞의 논문, p.48.

56) "又有基汶河在國 源出其國 源出其國南山 東南流入大海 其中水族與中夏同"(『翰苑』 百濟傳 所在 括地志).

57) 金泰植, 1993, 앞의 책, p.121.

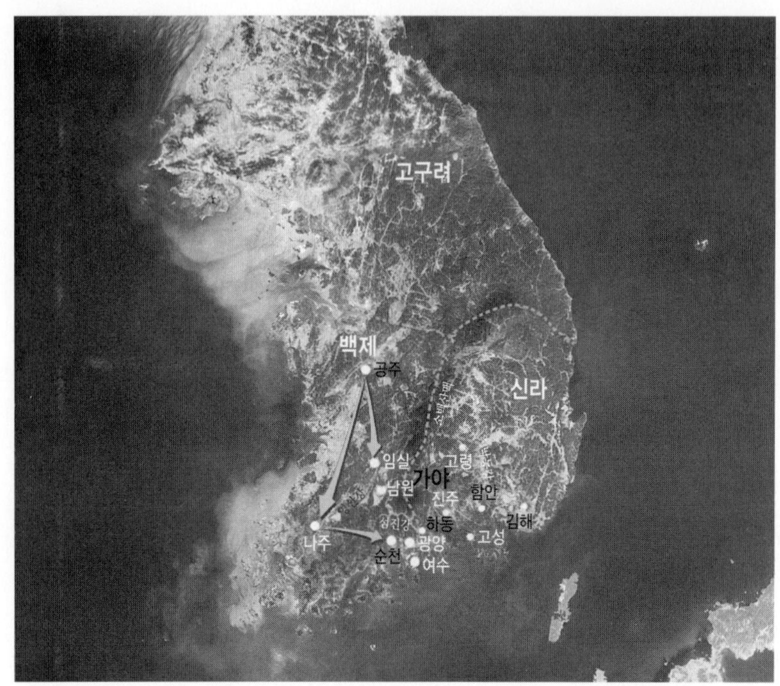

무령왕의 남진

석실분에서는 백제의 제6관등인 나솔(奈率) 이상만이 착용할 수 있는 은제화형관식(銀製花形冠飾)이 출토되었다.[59]

한편 이와는 달리 남원의 월산리·두락리·입암리,[60] 임실의 금성리,[61] 무주, 진안, 장수지역 등에서는 가야계 석곽묘 또는 수혈식

---

58) 全榮來, 1981, 「南原 草村里古墳 發掘 調査報告書」『全北遺蹟調査報告』 12(1994, 『全北遺蹟調査報告』下에 재수록).

59) 洪思俊, 1968, 「南原出土 百濟式冠具」『考古美術』 9-1.

60) 全榮來, 1983, 『南原月山里古墳群 發掘調査報告』, 마한·백제문화연구소.

61) 全榮來, 1974, 「任實 金城里石槨墓群」『全北遺蹟調査報告』 3.

160

석실이 조사되고 있다.[62] 그런데 이들 석곽묘는 유구의 속성이 가야 못지않게 백제 고분과도 밀접한 관련성을 지니고 있다. 석곽묘가 장축 방향을 등고선과 평행하게 두었다가 남쪽 경사면에 일치시키고 있는 것은 백제 횡혈식 석실분의 영향을 받은 결과이다. 그리고 토기류 또한 백제계와 가야계가 섞인 양상을 띠고 있으면서, 그 수량은 전자 가 절대량이 많다. 더욱이 유공광구소호와 병형토기와 같은 백제토기 가 석곽묘에서 출토된 것은 다른 지역과 확연히 구별되는 특징적인 현상이다.[63]

이와 같은 사실을 통해서 볼 때 백제는 6세기 초반에 섬진강 유역의 지리적 요충지인 기문(남원)을 확보함으로써 가야 서남부지역에 대한 영향력을 행사해 나가고 있었음을 알 수 있겠다. 이것은 백제가 고구 려에 의해 한성이 함락당하고 웅진으로 천도하는 과정에서 대가야가 백제의 영향력에서 이탈하려고 하였던 것이 실패로 끝났음을 의미한 다고 하겠다.

이상에서 살펴본 바와 같이 동성왕의 즉위로 정국의 안정을 기한 백제는 한성의 함락으로 물적·인적 기반인 한강 유역 상실을 만회하 기 위해 남부지방으로 세력을 확장하였다. 마한의 잔존 세력이 남아 있던 영산강 유역으로 세력을 확장하게 되면서 한강 유역의 상실에서 온 경제적 손실을 회복할 수 있게 되었다. 그리고 웅진 천도 이후 백제의 영향력으로부터 이탈을 꾀하면서 독자노선을 추구하던 가야 를 견제하기 시작한다. 이 같은 대외적 환경의 변화는 동성왕이 정국

---

62) 郭長根, 1999, 『湖南 東部地域의 石槨墓 硏究』, 학연문화사.
63) 郭長根, 1999, 위의 책, pp.131~197.

운영의 주도권을 장악할 수 있는 기회를 제공하였다. 특히 가야를 견제하기 시작하면서는 이곳에 일정한 영향력을 행사할 수 있었던 세력들, 즉 사씨 등이 새롭게 힘을 얻어 정국운영에 영향력을 발휘할 수 있는 배경이 되기도 하였다. 이에 대해서는 절을 달리하여 설명하고자 한다.

2) 가야 관련 세력의 대두

『삼국사기』와 『일본서기』에 나타나는 사(沙)씨 인물들을 정리하면 다음과 같다.

〈표 3-1〉 사(沙)씨 인물과 그 활동

연 대	인 명	관 직	출전	주요 활동
진구기 49년(369)	사사노궤(沙沙奴跪)		일본서기	목라근자와 함께 신라를 공격하고, 가야 7국을 평정함
62년(382)	사지비궤(沙至比跪)		일본서기	가야를 공격함
아신왕 7년(398)	사두(沙豆)	좌장	삼국사기	
동성왕 6년(484)	사약사(沙若思)	내법좌평	삼국사기	남제에 사신으로 감
17년(495)	사법명(沙法名)	장군	삼국사기	북위 침입을 막는데 공을 세움
무령왕 23년(523)	사조(沙鳥)	달솔	삼국사기	쌍현성을 쌓음
긴메이 4년(543)	사택기루(沙宅己婁)	상좌평	일본서기	성명왕과 임나 부흥을 논의
무 왕 28년(627)	사걸(沙乞)	장군	삼국사기	신라 서변(西邊)의 두 성을 함락
고교쿠 1년(642)	사택지적(沙宅智積)	대좌평	일본서기	
사이메이 6년(660)	사택천복(沙宅千福)	대좌평	일본서기	의자왕과 함께 사로 잡힘
덴 지 10년(671)	사택소명(沙宅紹明)	좌평	일본서기	

사(沙)씨는『삼국사기』에 의하면 아신왕대에 사두(沙豆)가 좌장에 임명되면서 처음 중앙정계에 진출하기 시작한 것으로 되어 있으나 크게 부각되지 못하다가, 동성왕 6년 사약사(沙若思)가 남제 사신으로 파견되고 있으며, 17년에는 사법명(沙法名)이 남제와 대립관계에 있던 북위를 격파하는데 공을 세우고 남제로부터 작위를 받고 있다는 점을 기존의 견해에서는 중시하였다. 따라서 사씨는 동성왕대 활발히 대외교섭이 전개되자 이를 이용하여 대외적 측면에서 활동하면서 본격적으로 정치적 기반을 다져나가기 시작한 것으로 보았다. 또한 사씨는 사비 지방에 기반을 가진 유력한 세력집단으로서 왕실의 웅진 남천을 계기로 하여 '신진지방세력'으로서 중앙의 지배귀족으로 진출하였으며, 성왕이 사비로 남천할 때에는 성왕의 중요한 지지세력으로서 정치적 배경세력이 되고, 이러한 여러 요인들이 복합되어 '대성팔족(大姓八族)'의 모두(冒頭)를 장식하는 백제 제일의 귀족세력으로 그 기반을 굳혀 나간 것으로 보았다.64)

그러나『일본서기』진구기 49년조에서 보듯이 근초고왕에 의한 가야 7국 원정 때 백제 장군으로 기록되고 있는 목라근자(木羅斤資)와 함께 사사노궤(沙沙奴跪)가 등장하고 있으며, 사사노궤 역시 백제에서 파견된 장군으로 추정되고 있다.65) 목씨와 사씨 등은 백제 장군으로 가야 원정 이후 이 지역에 대한 군사적 기반과 공부수취를 관장하는 권한을 바탕으로 영향력을 행사하고 있었을 것이다.66) 그리고 근초고

---

64) 盧重國, 1988, 앞의 책, pp.154~167.

65) 金鉉球, 1993,『任那日本府研究』, p.34.

66) 盧重國, 1994,「百濟의 貴族家門 研究－木刕(木)氏 세력을 중심으로－」
    『大丘史學』48, pp.12~13 ; 文東錫, 1996, 앞의 논문, pp.201~203.

사택지적비 | 1948년 부여 부소산 남쪽에 쌓아둔 돌더미에서 발견되었다. 내용은 정계에서 은퇴한 사택지적이 늙어가는 것을 탄식하여, 불교에 귀의하고 원찰을 건립했다는 것이지만, 당시 백제 귀족들의 성씨 문제, 백제에서 유행하던 불교 사상이 무엇인지 알 수 있게 하는 귀중한 금석문이다.

왕 원정 이후 가야지역은 백제와 왜 사이의 교역루트의 중심지 역할[67]을 하고 있는 것을 볼 때, 백제가 지대한 관심을 가지고 있었을 것은 틀림없다고 하겠다. 따라서 이 지역에 대한 일정한 영향력을 가지고 있었을 사씨는 일찍부터 중용되었을 것이다. 그리고 이러한 정치적 배경을 바탕으로 사두가 아신왕대에 좌장에 임명되고 있는 것이다.

그런데『삼국사기』에는 아신왕 이후 사씨의 기록이 보이지 않고 있다. 그러나『삼국사기』에서 보이지 않고 있다고 하여 사씨가 웅진 천도 이전까지는 중앙정계에서 등장하지 않았다고 보기는 어렵다. 왜냐하면 사씨는 목씨와 함께 근초고왕 때에 등장한 이후 지속적으로 중앙정계에서 중용되었으나, 아신왕 이후 기록에서 누락된 것으로 볼 수 있기 때문이다.

---

67) 李賢惠, 1988, 「4세기 加耶社會의 交易體系의 변천」『韓國古代史研究』 1, pp.157~179.

한편 그동안 사씨의 세력 근거지를 사비지역으로 보는 견해들이 제기되어 왔다. 먼저 홍사준은 의자왕 때 대좌평을 지낸 사택지적이 사람이 늙어가는 것을 탄식하여, 불교에 귀의하고 원찰을 건립했다는 내용의 사택지적비가 1948년 부여읍의 관북리에서 발견된 것을 보아, 부여를 사씨의 근거지로 보고 있다.[68] 또한 노중국도 성왕대에 사비 천도를 단행할 수 있었던 것도 유력한 세력인 사씨의 근거지로 천도하였기 때문에 가능하였다는 점을 들어 사비를 사씨의 근거지로 보고 있다.[69]

그러나 백제의 금석문은 그 발견된 숫자가 몇 개 되지 않고 있는데, 사택지적비가 부여지역에서 발견되었다고 사씨의 근거지로 보는 것은 한계가 있다. 왜냐하면 1937년 일제는 충남 부여군 부여읍 부소산 남쪽 기슭, 현재 삼충사(三忠祠)가 있는 곳에 한반도에서 가장 큰 신궁(神宮)을 세우려고 공사를 시작하면서, 신궁 진입 도로를 포장하려고 부여군 각지에서 돌을 모아 삼충사 남쪽에 있던 옛 익생병원 자리 옆에 쌓아두었다. 그러나 이런 일제의 야심찬 계획은 태평양전쟁의 패배와 함께 중단되었고, 신궁 공사를 위해 모아두었던 돌들도 그대로 방치되었다. 그로부터 10여 년 후인 1948년 마지막 백제인으로 불렸던 홍사준 선생이 황수영 선생을 안내하여 부여를 답사하던 중 이 돌더미에서 비석 하나를 발견하고는 바로 부여박물관으로 옮겼다. 그러나 발견된 비석은 비의 일부로서 당시에는 그 가치가 밝혀지지 않았다. 그러다가 문헌 사료와 여러 방증 자료를 검토한 결과 당시로

---

68) 洪思俊, 1954, 「百濟砂宅智積碑에 대하여」 『歷史學報』 6, p.256.

69) 盧重國, 1988, 앞의 책, pp.154~167.

서는 백제 유일의 금석문임이 드러났기 때문이다.[70]

한편 사택지적비의 발견은 왕도 5부제의 실시로 인한 귀족세력의 거주 지역 편제와 연관시켜 보아야 한다고 여겨진다. 그리고 성왕이 사비 천도를 단행한 것은 사비지역을 근거지로 하고 있던 사씨 세력과 연결되었기 때문이라고 보기도 어렵다. 사씨는 한성시기부터 지배층의 일원으로 존재하고 있었으며, 문주왕과 함께 웅진으로 남하한 것으로 파악되고 있기 때문이다.

다음으로 『삼국사기』와 『일본서기』에 나타나는 연(燕)씨 인물들을 정리하면 다음과 같다.

〈표 3-2〉 연(燕)씨 인물과 그 활동

연 대	인 명	관직	출 전	주요 활동
삼근왕 1년(477)	연신(燕信)	은솔	삼국사기	해구와 함께 대두성에서 반란, 고구려로 달아남
동성왕 12년(490)	연돌(燕突)	달솔	삼국사기	병관좌평 진로 사후, 병관좌평에 임명
성 왕 7년(529)	연모(燕謨)	좌평	삼국사기	고구려 안장왕이 혈성을 함락시키자, 보기 3만으로 오곡원에서 싸움
18년(540)	연회(燕會)	장군	삼국사기	고구려 우산성을 공격
긴메이기 4년(543)	연비선나(燕比善那)	나솔	일본서기	성명왕과 임나 부흥을 논의
무 왕 8년(607)	연문진(燕文進)	한솔	삼국사기	수에 사신으로 감

연씨는 위의 표에서 보듯이 삼근왕대에 나타나기 시작하여 연신이 해구의 반란에 참여하였으며, 동성왕 12년에는 연돌이 달솔에 임명되

---

70) 문동석, 2004, 「백제 노귀족의 불심, 사택지적비」 『고대로부터의 통신』, p.252.

166

었다가, 19년에는 다시 병관좌평에 임명되고 있다. 이러한 점들이 연씨를 신진세력으로 보는 근거이기도 하다.

한편 연씨 세력의 근거지에 대해서는 연씨가 대두성에서 반란을 일으켰다는 점으로 미루어서 연씨 세력의 근거지를 대두성으로 추정하기도 하고,[71] 동성왕 12년 '왕이 나라의 서쪽인 사비원에서 사냥을 하였다. 연돌을 배(拜)하여 달솔로 삼았다.'[72]라는 사냥 기사와 관직 제수 기사를 고려하여 사비를 근거지로 파악하기도 하며,[73] 옛날에는 지명이 종종 성씨로 사용된 예가 있었음과 온양의 주산이 연산이었음 등을 고려하여 연씨의 근거지를 탕정성으로 보기도 한다.[74]

그런데 연씨는 삼근왕대부터 기록에 보이고 있으나, 다른 성씨와는 달리 지역적 기반, 혈연적 계보가 불분명하여 자세한 상황을 알기가 어렵게 되어 있다. 또한 『삼국사기』에 의하면 온조왕은 27년에 마한을 멸망시키고, 7월에 "대두산성(大豆山城)을 쌓았다."[75]라고 기록되어 있다. 따라서 이 대두산성의 기능은 마한의 맹주국이었던 목지국의 저항을 제압하는 군사적인 성격이 강하였을 것이다. 때문에 그 위치는 목지국의 국읍과 가까운 거리에 있었을 것이다. 그리고 온조왕 36년에는 "탕정성을 쌓고 대두성의 민호를 나누어 있게 하였다"[76]라고 되어

---

71) 盧重國, 1978, 앞의 논문, p.102.

72) "王田於國西泗沘原 拜燕突爲達率"(『三國史記』 百濟本紀 東城王 12년).

73) 李鍾旭, 1978, 앞의 논문, p.43.

74) 李基白, 1982, 앞의 논문, pp.39~41.

75) "夏四月 二城降 移其民於漢山之北 馬韓遂滅 秋七月 築大豆山城"(『三國史記』 百濟本紀 溫祚王 27년).

76) "築湯井城 分大豆城民戶 居之"(『三國史記』 百濟本紀 溫祚王 36년).

있다. 이를 통해 볼 때 대두산성과 탕정성은 서로 근접된 지역에 위치하고 있었으며, 영토 확장 과정상 대두산성이 탕정성보다 한성에 가까운 곳이었음을 짐작케 한다.[77] 결국 일찍부터 백제가 중요시하여 관할하고 있던 대두산성과 탕정성이 연씨 세력의 근거지로 보기에는 한계가 있다고 하겠다.

그렇다면 연씨의 정체는 무엇일까? 이에 대한 해답을 얻기 위해서는 웅진 천도 이후 권력의 중심에 보이고 있는 사씨 등이 이전부터 중앙정계에 중용되고 있던 세력이었음을 고려해야만 한다. 이럴 경우 연씨 또한 기록이 없어 자세한 사정을 알기 어려우나 웅진 천도 이후 권력의 전면에 등장하기 위해서는 사씨 등과 같이 이전부터 중용되고 있었던 세력으로 보아야만 하겠다.

백(苩)씨는『삼국사기』에 따르면 동성왕 8년에 백가가 위사좌평으로 임명되면서 본격적으로 등장하고 있다.[78] 그리고 기존의 연구에서는 이 점에 주목하였다. 위사좌평이란 "왕궁을 지키는 군사에 관한 일을 맡았다"[79]라는 사실에서 보듯이 왕이 가장 신뢰할 수 있고, 또한

---

77) 大豆山城의 위치는 충남 아산시 음봉면 水漢山城으로 비정하는 견해(李基白, 1982, 앞의 논문, pp.39~41), 충남 아산시 영인면 靈仁山城으로 보는 견해(兪元載, 1992,「百濟 湯井城 研究」『百濟論叢』 3, pp.80~86) 등이 있다. 그러나 馬韓의 맹주국이었던 目支國의 위치가 천안 일대로 비정되고 있으므로(權五榮, 1995,「백제의 성립과 발전」『한국사』 6, 국사편찬위원회, pp.22~23), 大豆山城도 이곳에서 그리 멀지 않은 곳에 위치하였을 것으로 보여진다. 그리고 웅진 천도 이후 한강 유역의 지명이 다수가 나오고 있는데, 대두성도 그러한 城 가운데 하나이므로 아산 방면으로 보기는 어려울 것 같다.

78) "拜苩加爲衛士佐平"(『三國史記』 百濟本紀 東城王 8년).

<표 3-3> 백(苩)씨 인물과 그 활동

연 대	인 명	관 직	출 전	주요 활동
진구기 62년(382)	백구지(百久至)		일본서기	가라국왕 기본한기와 함께 백제에 투항함
동성왕 8년(486)	백가(苩加)	위사좌평	삼국사기	백가를 위사좌평으로 삼았다.
동성왕 23년(501)	백가(苩加)	가림성주	삼국사기	가림성을 쌓고 지키게 하였다.… 이로 말미암아 왕을 원망하였는데 이 때에 사람을 시켜 왕을 칼로 찔렀다.
무령왕 1년(501)	백가(苩加)	좌평	삼국사기	백가가 가림성을 근거로 반란을 일으켰다.
무 왕 17년(616)	백기(苩奇)	달솔	삼국사기	신라 모산성을 공격

친밀한 관계에 있는 인물에게 부여되는 직책이라 할 수 있다. 따라서 수도가 웅진으로 천도한 이상, 웅진의 지리적 위치라든가 사회적·경제적 배경 등을 잘 알 수 있는, 곧 웅진을 근거지로 하는 백가를 위사좌평에 임명하였다는 것이다. 그렇기 때문에 백가는 그의 근거지인 웅진을 떠날 수 없었고, 부여 남쪽 임천지방의 가림성을 지키게 한 명령에 원망을 품고 있다가 동성왕을 시해[80]한 것으로 보고 있다.[81]

　백(苩)씨의 대표인 백가는 동성왕 8년에 위사좌평으로 임명되면서 중앙 정치무대에서 발언권을 높여가고 있었다. 따라서 백가는 동성왕대에 시배세력의 재편으로 중용되었고, 당시 정국운영의 중심에 있었

---

79) "衛士佐平掌宿衛兵事"(『三國史記』 百濟本紀 古爾王 27년).

80) 東城王의 시해를 王 末年에 佐平制에서 22部를 중심으로 한 정치 조직이 개편된 데 따른 반발로 보는 견해도 있다(李鍾旭, 1978, 앞의 논문, p.47).

81) 李基白, 1982, 앞의 논문, pp.41~43 ; 盧重國, 1988, 앞의 책, p.161 ; 兪元載, 1996, 「百濟 加林城 研究」 『百濟論叢』 5, pp.79~83.

던 인물이라고 할 수 있다.

그런데 백가는 오히려 그의 정치적 구심점인 동성왕을 살해하였다. 왜 그랬을까? 이는 동성왕 말년의 정국 운영과 밀접한 관련이 있다. 『삼국사기』에는 동성왕이 신하들의 간언에도 불구하고 대궐 동쪽에 높다란 임류각을 세웠을 뿐만 아니라, 간언을 올리지 못하도록 대궐문을 닫아버리는 조치를 취하였다고 전하고 있다.[82] 또 동성왕이 연일 임류각에서 측근들과 주지육림(酒池肉林)에 빠졌던 것으로 되어 있다. 측근 위주의 전횡으로 언로가 차단되었고 흉년으로 민심마저 이반되고 있었던 것이다.

이처럼 동성왕 말년의 정국은 상당히 불안하였다. 이는 동성왕의 극단적인 왕권 행사에서 기인한 것으로 보인다.『삼국사기』에는 동성왕 23년, 백가가 사비 남쪽 임천지방의 가림성을 지키라는 동성왕의 명령에 불만을 품고, 왕을 살해한 것으로 되어 있지만, 동성왕의 죽음은 동성왕과 백가만의 문제가 아닌 동성왕과 국인(國人), 즉 왕과 귀족의 내분이라는 보다 거시적인 측면에서 접근해 볼 필요가 있다.

동성왕은 중반 이후 어느 정도 안정된 정국을 이용하여 더욱 왕권을 강화해 나갔다. 귀족들의 반대에도 불구하고 세운 임류각은 높아진 왕권의 위상을 과시하기 위한 상징물이었다. 또 위사좌평이었던 백가를 지방으로 좌천하는 등 동성왕 초기에 왕을 보좌한 세력들을 숙청하는 일대 체제 개편을 단행했던 것으로 보인다. 이러한 변화를 귀족들

---

82) "起臨流閣於宮東 高五丈 又穿池養奇禽 諫臣抗疏不報 恐有復諫者 閉宮門 五月 王與左右宴臨流閣 終夜極歡"(『三國史記』百濟本紀 東城王 22년).

부여 성흥산성 | 백가가 반란을 일으킨 근거지. 백제가 위사좌평을 지냈던 백가로 하여금 성흥산성을 지키게 한 것은 이 성의 전략적 중요성을 말해준다. 이곳에서 보이는 논산의 넓은 평야와 멀리 전라북도 부안·군산의 금강 하구는 장관을 이룬다.

은 개로왕대의 재현으로 받아들였고, 결국 백가의 동성왕 시해라는 극단적인 사건으로 표출되었다고 생각된다.

중앙정계에서 밀려나고 있던 백가를 위시한 귀족세력은 동성왕을 대신할 새로운 인물을 물색하였을 것이다. 이를 계기로 하여 개로왕의 아들이면서 동성왕에게 밀려 왕위에 오르지 못한 무령왕의 존재가 새롭게 주목되었을 것이다. 이는 『일본서기』에 "백제 동성왕(末多王)이 무도(無道)하여 백성들에게 포학하였으므로 국인이 마침내 제거하여 도왕(嶋王)을 세우니 이가 무령왕이다"[83]라고 되어 있고, 『삼국사기』에 무령왕은 "인자하고 너그러워 민심이 따랐다"[84]라는 기사를

---

83) "是歲 百濟末多王無道 暴虐百姓 國人遂除 而立嶋王 是爲武寧王"(『日本書紀』武烈紀 4년).

84) "仁慈寬厚 民心歸附"(『三國史記』百濟本紀 武寧王 즉위년).

통해서도 알 수 있다. 동성왕은 거듭된 전횡으로 국가의 위기가 증폭되자, 무령왕이 정국 안정을 위해 동성왕의 시해를 준비하고, 이에 동성왕의 근신세력이면서 중앙 권력에서 배제되어간 백가를 끌어들여 그의 목적을 실현하였을 가능성도 충분히 있다.[85] 그러나 백가가 동성왕을 시해하자 왕위에 오른 무령왕이 제일 먼저 한 것은 백가세력의 제거였다.

백가가 반란을 일으킨 이유는 분명하지 않으나 두 가지의 가능성을 생각해 볼 수 있다. 하나는 백가가 동성왕을 죽인 핵심 역할을 하였음에도 불구하고 실권을 장악하지 못하고 권력에서 소외되었기 때문에 반란을 일으켰을 가능성이다. 다른 하나는 무령왕이 즉위 후 동성왕을 죽인 책임을 모두 백가에게 뒤집어 씌우려 하자 이에 반발하여 반란을 일으키지 않았을까 하는 것이다.[86] 이 두 가지 가능성 중에서 어느 것이 백가가 반란을 일으킨 원인이라고 단정하기는 어렵다. 그렇지만 무령왕의 즉위 후 상황은 백가에게 불리하게 전개되어간 것은 분명하다. 이에 백가는 불리해진 상황에 반발하여 반란을 일으킨 것이다.

---

85) 盧重國, 1991,「百濟 武寧王代의 集權力 强化와 經濟基盤의 擴大」『武寧王陵의 研究現況과 諸問題』, pp.10~12.

86) 동성왕은 23년 11월에 泗沘 서쪽에서 사냥하다가 큰 눈 때문에 馬浦村에 묵고 있다가, 백가가 보낸 자객에 의해 저격당하여 12월에 죽고 있다. 그런데 자객을 보내 동성왕을 시해한 백가를 바로 잡아 죽이지 못하고 있다가, 다음해 무령왕이 즉위한 이후에 백가가 반란을 일으키자 이를 진압하고 나서야 처단하고 있다. 이러한 상황은 당시 무령왕과 백가가 모종의 밀약을 맺었다가, 그 밀약이 깨지자 백가가 반란을 일으킨 것으로 보기도 한다(鄭載潤, 1997,「東城王 23年 政變과 武寧王의 執權」『韓國史研究』99·100, pp.102~113).

<표 3-4> 국(國)씨 인물과 그 활동

연 대	인 명	관직	출 전	주요 활동
진구기 62년(382)	국사리(國沙利)		일본서기	가라국왕 기본한기와 함께 백제에 투항함
긴메이기 4년(543)	국수다(國雖多)	덕솔	일본서기	성명왕과 임나 부흥 논의
무왕 12년(611)	국지모(國智牟)		삼국사기	수에 사신으로 감
사이메이기 6년(660)	국변성(國辨成)	대좌평	일본서기	의자왕과 포로로 잡힘
고닌기 5년(774)	국골부(國骨富)	덕솔	속일본기	백제계 후손 국중연공마려(國中連公麻呂)

　백가가 가림성을 근거로 하여 난을 일으키자 무령왕은 친히 군사를 거느리고 우두성으로 출정한 후 한솔 해명에게 명령을 내려 반란군을 토벌하도록 하였다. 무령왕의 공격을 받은 백가는 항복을 하고 참형을 당함으로써 그의 반란은 평정되었다.[87]

　한편 백(苩)은 백(百) 또는 백(白)과 음운상으로 공통되는 것으로 볼 수 있는데, 모두 밝다는 뜻을 가지고 있기 때문이다.[88] 그렇다면 <표 3-3>에서 보듯이 『일본서기』의 진구기 62년조의 가라국왕 기본한기(己本旱岐)의 아들로 백제에 투항한 백구지(百久至)란 인물이 주목된다. 백씨 역시 일찍부터 백제의 왕실세력과 연계성을 가지고 있었다고 볼 수 있지 않을까 한다.

　국(國)씨 또한 <표 3-4>에서 보듯이 근초고왕의 가야원정을 기록하

---

87) "春正月 佐平苩加據加林城叛 王帥兵馬 至牛頭城 命扞率解明討之 苩加 出降 王斬之 投於白江"(『三國史記』 百濟本紀 武寧王 즉위년).

88) 李弘稙, 1987, 「百濟人名考」 『韓國古代史의 硏究』, p.358 ; 장세경, 1988, 「『日本書紀』에 실린 한국 인명 중 동일인 인명의 이표기에 대한 연구」 『韓國學論集』 14 , p.521.

고 있는 진구기 62년에 가라국(加羅國)인 국사리(國沙利)의 투항으로
처음 사서에 나오고 있는 것으로 볼 때, 일찍부터 이 지역과 연관성을
가지고 있었을 것이다. 그러다가 웅진 천도 이후 가야지역으로의 진출
이 확대되면서 유력한 세력으로 등장하게 되지 않았을까 한다. 이는
국씨가 한동안 사서에 보이지 않다가 성왕 때 임나 부흥을 논의하는
자리에 국수다(國雖多)가 나오고 있는 것으로도 추론된다 하겠다.[89]

　이와 같이 사씨·국씨·백씨 등은 웅진 천도 이후 갑작스럽게 등장
하는 신진 지방정치세력이 아니라, 일찍부터 백제의 왕실세력과 연계
를 가지고 있다가 웅진 천도 이후 정치적 환경과 정치세력의 변동에
따라 등장한 것으로 볼 수 있지 않을까 한다. 특히 이들은 근초고왕·
근구수왕대 정복전쟁의 수행과 영역의 확대 과정에서 왕권의 기반
및 연관성을 갖고 있던 세력들이다.[90] 그런데 이들이 한동안 사서에
보이지 않다가, 이 때에 다시 등장하고 있는 것을 어떻게 보아야 할까?
이것은 이들이 웅진 천도 이후 갑자기 등장할 수 없다는 점에 주목할
필요가 있겠다. 즉 사서에 이들에 대한 내용이 소략하다고 해서 부정
하기는 어렵다. 왜냐하면 『삼국사기』는 구이신왕과 같이 즉위와 사망

---

89) “十二月 百濟聖明王 復以前詔 普示群臣曰 天皇詔勅如是 當復何如 上佐
平沙宅己婁·中佐平木刕麻那·下佐平木尹貴·德率鼻利莫古·德率東
城道天·德率木刕眯淳·德率國雖多·奈率燕比善那等 同議曰 臣等稟性
愚闇 都無智略 詔建任那 早須奉勅 今宜召任那鎌事·國國旱岐等 俱謀同
計 抗表述志 又河內直·移那斯·麻都等 猶住安羅 任那恐難建之 故亦幷
表 乞移本處也 聖明王曰 群臣所議 甚稱寡人之心 是月 乃遣施德高分 召
任那執事與日本府執事 俱答言 過正旦而往聽焉”(『日本書紀』 欽明紀 4
년).

90) 文東錫, 1996, 앞의 논문, pp.198~204.

기사만 실려 있고,[91] 지배층의 동향이 보이지 않고 있는 등 사료적인 한계를 가지고 있기 때문이다. 따라서 사씨, 국씨, 백씨 등이 한동안 사료에 나타나지 않는 것은 진씨·해씨 등에 비해 상대적으로 위축되어 보이지 않을 수 있다. 이러한 점을 고려할 때 웅진 천도 이후에 가야지역에 대한 중요성이 커지면서, 이 지역에 대한 영향력을 행사할 수 있었던 세력들을 재등용한 것으로 볼 수 있지 않을까 한다. 그렇다면 이들이 정국의 핵심으로 등장하게 되면서 동성왕·무령왕대의 정치적 환경은 어떠한 변화를 겪게 되는지 살펴보도록 하겠다.

3. 동성왕·무령왕대 지배세력의 재편성

1) 왕후제의 변화

웅진 천도 이후 가야지역에 대한 영향력을 가지고 있던 사씨 등의 등장, 그리고 그들의 정국운영에서의 영향력 확대는 정치환경의 변화를 가져올 수밖에 없었다. 그렇다면 이러한 정치환경 변화의 단초를 보여주는 것은 무엇일까? 그것은 왕후제와 좌평제가 아닐까 한다. 왜냐하면 정국운영 변화의 중심 세력인 사씨, 목씨 등이 왕후제(王侯制)의 시행과 좌평제(佐平制)의 변화와 더불어 맞물려가면서 재편되고 있기 때문이다.

왕후제는 개로왕대에 왕족 중심의 정치체제를 확립하기 위해 왕족들을 왕과 후에 임명하여 시행되었다. 그렇지만 동성왕대의 왕후제는

---

91) ① "腆支王長子 腆支王薨 卽位" ② "八年 冬十二月 王薨"(『三國史記』 百濟本紀 久爾辛王).

개로왕대의 그것과는 질적인 차이를 보이고 있다.

① 공에 대하여 보답하고 부지런히 힘쓴 것을 위로하는 일은 실로 그 명성과 공업을 보존시키는 것입니다. 가행녕삭장군(假行寧朔將軍) 신(臣) 저근(姐瑾) 등 4인은 충성과 힘을 다하여 나라의 환란을 쓸어 없앴으니 그 뜻의 굳셈과 과감함이 명장의 등급에 들 만하며 나라의 한성(扞城)이요 사직의 튼튼한 울타리라 할 만 합니다. 그들의 노고를 헤아리고 공을 논하면 환히 드러나는 지위에 있어야 마땅하므로 지금 전례에 따라 외람되이 임시 행직(行職)을 주었습니다. 엎드려 바라옵건대 은혜를 베푸시어 임시로 내린 관직을 정식으로 인정하여 주십시오. 영삭장군(寧朔將軍) 면중왕(面中王) 저근(姐瑾)은 정치를 두루 잘 보좌하였고 무공 또한 뛰어났으니 이제 가행관군장군(假行冠軍將軍) 도장군(都將軍) 도한왕(都漢王)이라 하였고, 건위장군(建威將軍) 팔중후(八中侯) 여고(餘古)는 젊을 때부터 임금을 도와 충성과 공로가 진작 드러났으므로 이제 가행장군(假行將軍) 아착왕(阿錯王)이라 하였고, 건위장군(建威將軍) 여력(餘歷)은 천성이 충성되고 정성스러워 문무가 함께 두드러졌으므로 이제 가행용양장군(假行龍驤將軍) 매로왕(邁盧王)이라 하였으며, 광무장군(廣武將軍) 여고(餘固)는 정치에 공로가 있고 국정을 빛내고 드날렸으므로 이제 가행건위장군(假行建威將軍) 불사후(弗斯侯)라 하였습니다.……이 해에 위(魏) 오랑캐가 또다시 기병 수십 만을 동원하여 백제(百濟)를 공격하여 그 지경(地境)에 들어가니, 모대(牟大)가 장군 사법명(沙法名)·찬수류(贊首流)·해례곤(解禮昆)·목간나(木干那)를 파견하여 무리를 거느리고 오랑캐군을 기습 공격하여 그들을

176

크게 무찔렀다.92)

② 건무(建武) 2년 모대(牟大)가 사신을 보내어 표문을 올려 말하기를, 신(臣)은 봉작(封爵)을 받은 이래 대대로 조정의 영예를 입었고, 더욱이 절부(節符)와 부월(斧鉞)을 받아 모든 변방을 평정하였습니다. 앞서 저근(姐瑾) 등이 모두 영광스러운 관작을 제수받아 신민(臣民)이 함께 기뻐하였습니다. 지난 경오년(庚午年)에는 험윤(獫狁)이 잘못을 뉘우치지 않고 군사를 일으켜 깊숙이 쳐들어 왔습니다. 신(臣)이 사법명(沙法名) 등을 파견하여 군사를 거느리고 역습케 하여 밤에 번개처럼 기습 공격하니, 흉리(匈梨)가 당황하여 마치 바닷물이 들끓듯 붕괴되었습니다. 이 기회를 타서 쫓아가 베니 시체가 들을 붉게 했습니다. 이로 말미암아 그 예기가 꺾이어 고래처럼 사납던 것이 그 흉포함을 감추었습니다. 지금 천하가 조용해진 것은 실상 명(名) 등의 꾀이니 그 공훈을 찾아 마땅히 표창해 주어야 할 것입니다. 이제 사법명(沙法名)을 가행정로장군(假行征虜將軍) 매라왕(邁羅王)으로, 찬수류(贊首流)를 가행안국장군(假行安國將軍) 벽중왕(辟中王)으로, 해례곤(解禮昆)을 또 가행무위장군(假行武威將軍) 불중후(弗中侯)로 삼고, 목간나(木干那)는 과거에 군공(軍功)이 있는데다 또 성문(城門)과

---

92) "報功勞勤 實存名烈 假行寧朔將軍臣姐瑾等四人 振竭忠効 攘除國難 志勇果毅 等威名將 可謂扞城 固蕃社稷 論功料勤 宜在甄顯 今依例輒假行職 伏願恩愍 聽除所假 寧朔將軍 面中王姐瑾 歷贊時務 武功竝列 今假行冠軍將軍 都將軍 都漢王 建威將軍 八中侯 餘古 弱冠輔佐 忠効夙著 今假行寧朔將軍 阿錯王 建威將軍 餘歷 忠款有素 文武列顯 今假行龍驤將軍 邁盧王 廣武將軍 餘固 忠効時務 光宣國政 今假行建威將軍 弗斯侯…… 是歲 魏虜又發騎數十萬攻百濟 入其界 牟大遣將沙法名 贊首流 解禮昆 木干那率衆襲擊虜軍 大破之"(『南齊書』 권58 列傳 제39 百濟國).

선박을 때려 부수었으므로 행광위장군(行廣威將軍) 면중후(面中侯)로 삼았습니다. 엎드려 바라옵건대 천은을 베푸시어 특별히 관작을 제수하여 주십시오.93)

위 기록에서 보듯이 동성왕 12년(490)에는 영삭장군 면중왕(面中王) 저근(姐瑾)을 가행관군장군 도장군(都將軍) 도한왕(都漢王)으로, 건위장군 팔중후(八中侯) 여고(餘古)를 가행장군 아착왕(阿錯王)으로, 건위장군 여력(餘歷)을 가행용양장군 매로왕(邁盧王)으로, 광무장군 여고(餘固)를 가행건위장군 불사후(弗斯侯)로 제수해줄 것을 요청하고 있다. 또한 왕 17년(495)에는 위(魏) 공벌에 공이 있는 사법명(沙法名), 찬수류(贊首流), 해례곤(解禮昆), 목간나(木干那) 등의 4인에게 각각 가행정로장군 매라왕(邁羅王), 가행안국장군 벽중왕(辟中王), 가행무위장군 불중후(弗中侯), 행광위장군 면중후(面中侯)의 작호를 내려주기를 요청하고 있다. 그런데 중국으로부터 왕·후호 등의 관작을 제수받은 사람의 구성을 보면, 490년에는 왕족인 여(餘)씨가 3인이고 1명은 저근(姐瑾)이다. 495년에는 사법명(沙法名)·찬수류(贊首流)·해례곤(解禮昆)·목간나(木干那) 등의 4인이 왕(王)·후(侯)호를 받고 있는데 왕족인 여(餘)씨가 1인도 보이지 않는 특징을 보이고 있다.

---

93) "建武二年 牟大遣使上表曰 臣自昔受封 世被朝榮 忝荷節鉞 剋攘列辟 往姐瑾等竝蒙光除 臣庶咸泰 去庚午年 獫狁弗悛 擧兵深逼 臣遣沙法名等領軍逆討 宵襲霆擊 匈梨張惶 崩若海蕩 乘奔追斬 僵尸丹野 由是摧其銳氣 鯨暴韜凶 今邦宇謐靜 實名等之略 尋其功勳 宜在襃顯 今假沙法名行征虜將軍 邁羅王 贊首流爲行安國將軍 辟中王 解禮昆爲行武威將軍 弗中侯 木干那前有軍功 又拔臺舫 爲行廣威將軍 面中侯 伏願天恩特愍聽除"(『南齊書』 권58 列傳 제39 百濟國).

이것은 왕후제의 임명에서 왕족이 차지하는 비중이 상대적으로 감소하고 있었음을 보여주는 것이라고 할 수 있겠다.

이와 같은 백제 왕·후호의 역사적 의미를 밝히려고 많은 연구자들이 노력하였으나, 주로 지방통치 조직과 연관시켜 이해해 왔다.[94] 그러나 백제의 왕후제를 지방통치 조직인 담로의 장으로 보는 견해에는 한계가 있다. 왜냐하면 왕과 후에 사여되는 대상이 왕족을 비롯한 중앙 정치세력이라는 점이다. 그리고 일반적으로 중국사에서 왕후제는 황제의 신하로서 관료체계의 원리에 의해 조직화된 황제의 '공(公)'의 세계가 아니라 '작(爵)'의 원리에 의해 질서 지워진 '사(私)'의 세계에 포함되어 있었다.[95] 이는 주대의 봉건제를 극복하면서 정치의 기본이념인 '공(公)'의 원리와 황제의 절대성을 확인하기 위한 혈연의 원리가 동시에 작용하는 동아시아적 국가관의 특징으로 파악할 수 있다. 이와 같은 중국의 제도와 의미를 백제사에 그대로 적용하기에는 한계가 있으나, 중국과의 잦은 교류에서 미루어 볼 때 '작제(爵制)'가 갖는 의미는 어느 정도 파악하고 있었다고 보여지기 때문이다.

그렇다면 동성왕이 왕후제를 채택한 이유는 명확해 진다고 하겠다. 동성왕은 즉위 이후 왕권을 중심으로 하는 중앙 정치체제를 확립하기 위해 한성시기에 미약하였던 세력들을 중용하여 지배층의 재편성을 행하고 있었다. 따라서 동성왕의 왕권강화에 적극적으로 기여하였던 세력들의 상층부를 '왕'·'후'에 봉하여 그들의 독자적 세력기반, 즉

---

94) 문동석, 2006, 「百濟 腆支王·蓋鹵王代 王族의 擡頭와 王權强化」『慶熙史學』24, pp.3~25.

95) 李成珪, 1993, 「中國 古代 皇帝權의 性格」『東亞史上의 王權』, pp.7~65.

사적 세력기반을 일정 부분 인정하고, 국가의 공적 질서체계로 편입함
으로써 백제 영역 내의 모든 공적·사적 질서체계를 주재하려고 하였
던 것으로 보여진다. 즉 동성왕은 웅진 천도 이후 귀족들의 현실적
세력을 인정하면서도 실제로는 중앙권력을 강화하려는 의도에서 작
(爵)제로서의 성격을 가지고 있던 왕후제를 적극적으로 확대 실시하
였던 것이다. 이것이 개로왕대에 왕족만을 편제의 대상으로 도입되었
던 왕후제와 차이점이라 하겠다.

2) 좌평제의 변화

『삼국사기』에 의하면 좌평제는 고이왕 27년 3월 내신좌평 임명
기사를 필두로 직장이 관칭된 좌평 임명 기사가 계속되다가, 무령왕
23년 이후부터는 직장이 명기되지 않은 채 ‘좌평 □□’라는 표현이
나오고 있다. 그러나 『삼국사기』의 기록과 달리 백제의 좌평은 여러
지역의 수장층을 중앙 귀족화하면서 나타나고 있었고, 처음부터 다수
의 좌평이 존재하였다.[96] 따라서 『삼국사기』의 6좌평에 대한 기록을
그대로 믿기는 어렵다. 그런데 5세기 후반의 역사적 사실을 보여주는
『일본서기』 겐조기(顯宗紀) 3년(487)에 처음으로 직장을 띤 백제 좌평
기사가 나오고 있다. 이것은 487년을 전후한 시기에 좌평제가 어떠한
변화를 동반하였다고 보여진다. 정무를 직능적으로 분담한 6좌평이
설치되었다는 것은 왕의 권력에 편제된 관료로서의 역할의 수행, 즉
백제 관료제도의 발전을 보여주는 것이라 할 수 있다.

---

96) 문동석, 2001, 「4세기 백제의 지배체제와 좌평」 『역사와 현실』 42,
   pp.91~104.

한편 무령왕 23년 이후의『삼국사기』기록에는 직장명이 명기되지 않은 좌평만이 등장하고 있다. 이를 근거로 무령왕대부터 좌평제의 변화를 상징하는 여러 가지 견해가 제기되어 왔다.[97] 즉 무령왕 즉위 년에 "좌평 백가가 가림성에서 반란을 일으켰다(佐平苩加據加林城叛)" 에서 보이는 것처럼 '좌평 백가'로 인하여 이때부터 좌평제가 변화하는 것으로 보고 있다. 그러나 무령왕 즉위년의 내용은 동성왕 23년의

---

97) 무령왕대 이후의 좌평제 변화에 대해서는 크게 두 가지 견해가 존재한 다.
① 6좌평제의 실시 이후 上佐平이 설치되었고, 무령왕대 전후의 어느 시기에 새로운 정치조직이 출현함에 따라 6좌평제는 정치적 의의를 상실하고 좌평은 명예직 또는 관등적 성격으로 변화했다고 보는 견해 이다. 먼저 이종욱은 동성왕 말년 22部를 중심으로 한 정치조직의 개 편으로 6좌평제가 정치적 의의를 잃게 됨에 따라 좌평은 실무를 담당 하기보다 명예직화했으며, 上佐平도 좌평집단의 상징적 대변자로 존재 했으나 권력은 22部의 長만 못하였다고 하였다(李鍾旭, 1978, 앞의 논 문, pp.47~51). 양기석은 職掌이 없는 佐平의 출현과 좌평 가운데 최고 집정관에 해당하는 上佐平의 上·中·下佐平으로의 분화로 볼 때, 좌평제가 종래 유력한 귀족세력들의 이익을 대변하는 최고 합좌기 구로서의 기능 이외에 지배귀족들의 신분서열을 나타내는 관등적 성 격으로 변모하였다고 하였다(梁起錫, 1991, 「百濟 熊津時代와 武寧王」 『百濟武寧王陵』, p.29).
②『周書』나『隋書』단계의 5좌평은 사비시대 전기까지는 5좌평제로 대변되는 귀족회의체가 구성되어 있었음을 반영한 것으로, 漢城時代에 는 적어도 上·中·下佐平으로 분화되었기 때문에 이들이 5좌평명일 가능성이 있으며 議長의 기능은 上佐平이 수행하였다. 좌평이 上· 中·下佐平으로 분화되어 신분서열을 갖게 되면서 점차 고유 직능도 갖게 되었는데 무왕초까지는 5좌평제가 유지되었으며, 무왕 즉위 이후 唐 6典조직의 영향을 받아 구체적인 직명인 갖춰진 6좌평제가 성립되 었다고 보았다(盧重國, 1988, 앞의 책, pp.173~191).

"가림성을 축조하고 위사좌평 백가로 지키게 하였다(築加林城 以衛士 佐平苩加鎭之)"와 연장선상에 있는 기사이다. 그러므로 '좌평백가'는 '위사좌평 백가'를 표현한 것이다. 따라서 단순히 무령왕 즉위년부터 좌평제가 변화한다고 보기보다는 백제 좌평제의 변화 속에서 파악되어야 할 문제라고 하겠다. 무령왕 이후부터 백제 멸망 때까지『삼국사기』에 등장하는 좌평은 다음〈표 3-5〉와 같다.

〈표 3-5〉에서 특징적으로 드러나는 것은 좌평명 앞에 직장명이 표기된 사례가 단 1건도 등장하지 않는다는 것이다. 좌평이 점차 명예직화 하였기 때문이라는 견해도 있지만,[98] 중국 사서에서 6좌평 관련 내용을 가장 자세히 기록하고 있는『주서』이역전의 기사와『구당서』백제전은 사비시대의 사정을 전하고 있어 따르기 어렵다. 무령왕대 이후『삼국사기』에 등장하는 인물은 사씨, 연씨, 백씨, 왕씨, 국씨 등 대부분 지배세력의 재편성에 의한 것으로서 동성왕대의 연장선상에 있다. 따라서 무령왕 23년 이후 직장명이 명기되지 않은 좌평만이 등장하는 것은『삼국사기』백제본기 찬자들이 이용하였던 사료에 문제가 있었던 것은 아닐까 한다. 즉 찬자들은 당시의 정황을 정확하게 전하는 사료를 확보하지 못하고, 정리되지 않은 사료를 이용하여 서술하였다고 보여지기 때문이다. 또한 무령왕 직전의 시대를 기록하고 있는『일본서기』겐조기의 기사를 볼 때에도 그렇게만 볼 수는 없겠다.

『일본서기』에서 관명을 가진 백제 관인의 존재가 최초로 등장하는 것은 겐조기(顯宗紀) 3년(487)조이다.

---

98) 李鍾旭, 1978, 위의 논문, pp.44~51.

<표 3-5> 『삼국사기』 무령왕 이후에 보이는 좌평

연 대	『삼국사기』 소재 좌평명		비 고
	인명 명기 좌평	인명 불기(不記) 좌평	
무령왕 23년(523)	좌평 인우(因友)		
성 왕 7년(529)	좌평 연모(燕謨)		
무 왕 3년(602)	좌평 해수(解讎)		
무 왕 8년(607)	좌평 왕효린(王孝鄰)		
진덕여왕2년(648)	좌평 중상(仲常) 좌평 은상(殷相) 좌평 정복(正福)		김유신 열전
무열왕 1년(654)	좌평 임자(任子)		김유신 열전
의자왕 16년(656)	좌평 성충(成忠)		
의자왕 17년(657)		좌평 왕서자 41인	
의자왕 19년(659)		상좌평	
의자왕 20년(660)	좌평 의직(義直) 좌평 흥수(興首) 좌평 충상(忠常)* 좌평 상영(常永)* 좌평 각가(覺伽)* 대좌평 천복(千福)* 좌평 정무(正武)*	상좌평*	*신라본기 태종무열왕 7년
문무왕 2년(662)	좌평 도동음률(徒冬音律)		신라본기

기노오히하노 스쿠네(紀生磐宿禰)가 임나(任那)를 점거하고 고려
(高麗)와 교통하였으며, 서쪽에서 장차 삼한(三韓)의 왕 노릇하려고
관부(官府)를 정비하고 스스로 신성(神聖)이라고 칭하였다. 임나(任
那)의 좌로(左魯)·나기타갑배(那奇他甲背) 등이 계책을 써서 백제의
적막이해(適莫爾解)를 이림(爾林)에서 죽이고 대산성(帶山城)을 쌓
아 동쪽 길을 막고 지켰으며, 군량을 운반하는 나루를 끊어 군대를

굶주려 고생하도록 하였다. 백제의 왕이 크게 화가 나, 영군(領軍) 고이해(古爾解)·내두(內頭) 막고해(莫古解) 등을 보내 무리를 거느리고 대산성(帶山城)에 나아가 공격하게 하였다.99)

위 기사는 『백제본기』 계통의 사료가 아니고 왜의 기노오히하노 스쿠네(紀生磐宿禰) 계통의 씨족 전승으로 그 편년이나 표현을 그대로 이용하기는 어려우나 사건의 줄거리는 받아들일 수 있다. 즉 기노오히하노 스쿠네 사건은 웅진시대에 백제의 어떤 귀족세력이 다른 지방세력과 연합하여 백제 왕권에 모반을 일으켰다가 실패하여 토벌되는 것을 나타낸 기사로 이해된다.100) 동성왕은 즉위하면서 실추된 왕권의 회복을 위하여 강력한 정책을 추진하는 과정에서 귀족세력들이 반발을 일으키고 있다.101) 따라서 이러한 점을 고려하여 절대 연대를 어느 정도 가감을 하더라도 대체로 동성왕대의 사실로 보인다.

동성왕대의 상황을 나타내고 있는 위 기록에서 '영군(領軍) 고이해(古爾解)·내두(內頭) 막고해(莫古解)'란 표현이 주목된다. 영군(領軍)102)이 관직명이라는 점을 감안하면 내두(內頭) 또한 관직명으로

---

99) "紀生磐宿禰 跨據任那 交通高麗 將西王三韓 整脩官府 自稱神聖 用任那左魯·那奇他甲背等計 殺百濟適莫爾解於爾林 築帶山城 距守東道 斷運粮津 令軍飢困 百濟王大怒 遣領軍古爾解·內頭莫古解等 率衆趣于帶山城"(『日本書紀』 顯宗紀 3년 是歲條).

100) 金泰植, 1993, 앞의 책, pp.242~244.

101) "八月 築加林城 以衛士佐平苩加鎭之 冬十月 王獵於泗沘東原 十一月 獵於熊川北原 又田於泗沘西原 阻大雪 宿於馬浦村 初王以苩加鎭加林城 加不欲往 辭以疾 王不許 是以怨王 至是使人刺王 至十二月乃薨"(『三國史記』 百濟本紀 東城王 23년).

184

보는 것이 타당하기 때문이다. 내두(內頭)가 관직명일 때 이것은 6좌평 중의 하나인 내두좌평임을 알 수 있다.[103] 따라서 '내두(內頭)'는 『일본서기』 최초의 좌평 기사로 인식된다. 『일본서기』에서 좌평 관련 기사가 겐조기(顯宗紀) 3년(487)에 처음 보인다는 것은 5세기 말엽경에 직명을 띤 좌평이 나타나고 있음을 보여주는 것이라 하겠다. 이는 369년 왜에 사신을 보낸 이후 정치적·군사적으로 밀접한 관계를 맺고 있는 양국의 관계로 볼 때, 겐조기 이전에 좌평에 관한 기사가 나오지 않는 것을 단순히 기록의 누락으로만 볼 수 없기 때문이다. 또한 『일본서기』의 백제관계 기사는 소위 『백제기』『백제신찬』『백제본기』의 '백제삼서'를 주로 인용한 것으로 이해되고 있다.[104] 그런데

---

102) 領軍은 魏 曹操가 처음 설치한 것으로 남북조시대에는 禁衛軍의 지휘를 담당하였다(金英心, 1997, 앞의 논문, p.87). 백제에서 領軍의 실체는 밝혀져 있지 않지만 중국의 사례에 비추어 볼 때 숙위병사를 담당한 衛士佐平의 연원이 되는 관직으로 추정된다(梁起錫, 1997, 「百濟 泗沘時代의 佐平制 硏究」『忠北史學』 9, p.11).

103) 鬼頭淸明, 1978, 「日本 律令官制の成立と百濟の官制」『日本 古代の社會と經濟』上, pp.180~221. 그러나 양기석은 『日本書紀』 欽明紀 4년(543) 11월에 三佐平과 內頭 및 여러 신하에게, "조칙이 이와 같으니 또한 어떻게 해야 하겠는가"라는 기사를 들어, 내두는 삼좌평보다 하위에 있고 덕솔보다 상위에 있으면서 군사권을 행사할 수 있는 관등인 달솔에 해당하는 보았다(梁起錫, 1997, 위의 논문, p.12). 한편 '內頭'를 22부사제 중 내부에 속해 있는 前內部의 장관으로 보는 견해도 최근에 제기되었다(이문기, 2005, 「泗沘時代 百濟 前內部體制의 運營과 變化」『백제연구』 42). 그러나 『日本書紀』 欽明紀의 기사가 보여주는 '內頭'는 6좌평제로 분화가 진행 중에 있을 때의 사건이며, '三佐平'은 신분적 서열을 보여주는 上·中·下 佐平을 나타낸 것이다. 따라서 '內頭'를 양기석, 이문기와 같이 보기는 어려울 것 같다.

『일본서기』는 5세기까지 백제의 관등에 대해 언급하고 있지 않다. 이는 당시까지 백제의 관등제가 아직 정비되지 않았음을 보여준 것이라 생각된다.

이와 더불어 백제가 5세기 후반에 '주례'를 정치이념으로 채택하고 있음을 주목할 필요가 있겠다.[105] 백제에서 『주례』가 정치이념으로 채택되었음을 보여주는 것은 '좌평'이란 명칭이다.[106] 좌평이란 명칭 자체는 하관사마(夏官司馬)의 '장방정(掌邦政) 이좌왕(以佐王) 평방국(平邦國)'에서 유래되었으며, 국가의 병마를 관장할 뿐만 아니라 6관 가운데 최고의 정무관의 직능을 갖는 하관사마의 직무 규정에서 백제

---

104) 백제의 三書에 대해서는 다음의 글이 참조된다. 金銀淑, 1991, 「日本書
紀의 百濟關係記事의 基礎的 檢討」『百濟研究』21 ; 李根雨, 1994, 「『
日本書紀』에 引用된 百濟三書에 관한 研究」, 韓國精神文化研究院 博士
學位論文.

105) 『周禮』는 周의 관직제도와 戰國時代 각국의 제도를 기록한 책으로, 天
地春夏秋冬의 六象에 따라 직제를 크게 天官·地官·春官·夏官·秋
官·冬官의 여섯으로 나누고 그 아래에 각 관직과 직무를 서술하는 형
태로 되어 있다. 이에 따라 전체가 天官冢宰·地官司徒·春官宗伯·夏
官司馬·秋官司寇·冬官考工記의 여섯편으로 구성되어 있다. 각 편마
다 첫머리에 經文을 두어 해당 관직과 그 관장하는 직무의 요점을 총괄
하여 서술하였다. 즉 天官에서 통치 일반을, 地官에서 교육을, 春官에
서 사회적·종교적 제도를, 夏官에서 군사를, 秋官에서 법무를, 冬官에
서 인구·영토·농업을 다루었으며, 그 아래에 관직과 직무를 등급에
따라 차례로 배열하였다(儒敎辭典編纂委員會, 1990, 『儒敎大辭典』, 박
영사).

106) '佐平'과 같은 漢化된 표현이 좌평 설치 초기부터 칭해진 명칭은 아니었
다. 당시에는 다른 명칭으로 불리었으나 어느 시기에 佐平으로 정리되
었다.

186

의 최고 정무관 직명인 좌평을 도출하여, 이를 소관 업무가 다른 6명의 장관 직명에 일률적으로 적용했다는 것이다.107) 이 같은 '주례'적 정치 이념은 백제가 475년 한성의 함락과 웅진 천도로 인한 왕권의 실추를 극복하기 위해 채택하였다고 보고 있다.108) 이러한 점을 고려하여 볼 때 동성왕대부터는 직장명을 띤 좌평이 나타나기 시작한 것이다. 이것은 백제의 좌평제가 5세기 말엽에 서정을 분리하는 과정을 밟았음을 의미한다고 하겠다. 동성왕대 좌평 직능의 분화는 업무 분장을 통한 효율적인 통치체제를 확립하기 위해 필요 불가결한 것이었다. 그리고 이것은 바로 관료화의 진전을 나타내는 것이라 하겠다. 결국 이 같은 발전 방향을 고려한다면 『삼국사기』에 무령왕 23년 이후의 '좌평□□'으로 기록된 것은 오히려 좌평 앞에 직장이 생략된 것으로 보아야 하겠다. 따라서 동성왕대의 국가권력은 좌평의 직능을 분화시켜 관료제를 진전시키고 있었으며, 다른 한편으로는 웅진 천도 이후 귀족들의 현실적 세력을 인정하면서도 실제로는 중앙권력을 강화하려는 의도에서 작제(爵制)로서 성격을 가지고 있던 왕후제(王侯制)를 적극적으로 활용하고 있었던 것이다.

이상에서 살펴본 바와 같이 동성왕은 즉위 이후 왕권을 중심으로

---

107) 한편 양기석은 좌평은 1품관이고 백제 초기의 최고관직인 左·右輔를 개편하여 설치된 점으로 미루어 보아 총재 또는 재상의 직장을 뜻하는 '以佐天子理陰陽 平邦國'과 결부시키고 있으며, 이러한 좌평은 사비시대 후기에 중국의 6전체제를 수용하면서 본격적으로 분화되기 시작한 것으로 보고 있기도 하다(梁起錫, 1997, 앞의 논문, pp.1~30).

108) 李基東, 1990, 「百濟國의 政治理念에 대한 一考察－特히 '周禮'主義的 정치이념과 관련하여－」 『震檀學報』 69, pp.1~15(1996, 『百濟史研究』에 재수록).

하는 중앙정치체제를 확립하기 위해 한성시기에 미약하였던 세력들을 중용하여 지배층의 재편성을 행하고 있었다. 동성왕대에는 좌평의 직능 분화의 과정을 통해 관료제가 진전되기 시작하였다. 그리고 동성왕은 지배층 재편성을 완성시키고 왕권을 강화하기 위해서 작제(爵制)적 성격의 왕후제(王侯制)를 적극 활용하고 있었다. 이러한 동성왕대 좌평제의 분화는 무령왕대에도 지속적으로 추진되고 있었다. 그 결과 무령왕대에는 이러한 정치적 안정을 바탕으로『양서』백제전에서 보듯이 '다시 강국이 되었다(更爲强國)'를 칭할 수 있게 되었던 것이다. 이러한 상황 전개는 성왕대에 새로운 정치를 전개할 수 있는 한 요인으로 작용하였다.

제4장

성왕·위덕왕대 대성팔족의 성립

부여 항공사진 전경

1. 사비 천도의 배경

고대국가의 수도는 단순히 정치·행정의 중심지 역할에만 그치지 않는다. 수도는 당시 지배층 대부분의 거주지이기도 하다. 고대국가에서는 수도(왕경)에 거주한다는 것 자체가 하나의 특권으로, 왕경인과 지방민 사이에는 상당한 신분적 차별이 존재하였다. 그러므로 군사방위체계는 물론 교통과 통신·조세징수제 등 사회 전반의 모든 시스템이 수도 중심으로 편제되기 마련이다. 따라서 천도를 한다는 것은 단지 왕궁을 옮기고 지배층의 거주지를 옮기는 문제만이 아니라, 물자 유통과 방위체계 등 여러 사회적 시스템을 새로이 재편하는 커다란 변화인 것이다.

그런데 백제는 웅진 천도 후 64년이 경과한 성왕 16년(538)에 도읍지를 사비로 옮기고 있으나, 『삼국사기』에 기록된 사비 천도의 내용은 너무 소략하다.[1] 따라서 이 기록만으로는 성왕이 사비로 천도했다는 사실과 함께 국호를 남부여(南扶餘)로 바꾸었다는 것 이외에는 알 수가 없다.[2] 그러나 웅진에서 사비로의 천도는 타율적인 외부의 힘에 밀려서 이루어진 것이 아니라, 백제가 자발적으로 천도한 것이다. 따라서 상당한 정치적 변화 내지는 결단을 동반하지 않고는 천도가

---

1) "春 移都於泗沘 一名所夫里 國號南扶餘"(『三國史記』百濟本紀 聖王 16년).

2) 사비 천도에 대한 기록의 소략함은 천도에 대한 정치사적 배경 연구를 제약하는 요소로 작용하였다. 따라서 온전히 사비 천도만을 다루기보다는 사비시대의 정치사의 전개나 사비도성의 축조를 다루면서 언급하고 있다.

盧重國, 1988, 『百濟政治史研究』, 일조각 ; 梁起錫, 1990, 「百濟專制王權成立過程研究」, 단국대학교 박사학위논문 ; 金周成, 1990, 「百濟 泗沘時代 政治史 研究」, 전남대학교 박사학위논문 ; 李鍾旭, 1990, 「百濟 泗沘時代 中央政府組織」『百濟研究』21 ; 田中俊明, 1990, 「王都로서의 泗沘城에 대한 豫備的 考察」『百濟研究』21 ; 兪元載, 1995, 「熊津時代의 泗沘經營」『百濟文化』24 ; 윤수희, 2001, 「백제 사비천도의 배경과 성격」『삼국시대연구』1 ; 이병호, 2002, 「백제 사비도성의 조영과정」『한국사론』47 ; 김수태, 2004, 「백제의 천도」『한국고대사연구』36.

단행되기 어려웠던 것으로 볼 수 있다.

그렇다면 백제가 사비 천도를 단행한 정치적 이유와 배경은 무엇이었을까? 이 문제에 대해서 기존의 연구에서는 한성 함락으로 인하여 실추된 왕실의 권위 회복과, 웅진시대에 연이어 일어난 왕의 피살과 반란 등의 내분에 종지부를 찍고 왕권을 강화하기 위해서 사비지역을 근거지로 하고 있는 사씨 세력과 연계되어 천도하였다고 보고 있다.[3] 또한 성왕의 즉위 이후 왕과 귀족세력 사이에 갈등이 재현되고 있어서, 이들 귀족세력으로부터 벗어나 강력한 전제왕권을 형성하기 위해 천도하였다고 보기도 한다.[4]

이와 같이 불안정한 왕권을 강화시키기 위해 사씨라는 특정한 세력과 연계되어 사씨의 거점으로 수도를 옮기는 것이 가능한 것이며, 웅진에서 아주 가까운 거리인 사비로 천도한다고 하여서 웅진지역을 근거지로 하였던 세력들의 정치적 영향력이 감소하는 것인지, 그리고 사비를 사씨의 근거지로 보는 것이 타당한지 의문이다.

사비를 사씨의 주요한 근거지로 들고 있는 근거는 사비와 사씨의 음의 유사성과 사택지적비가 부여에서 발견되었기 때문이다. 그러나 사택지적비가 부여지역에서 발견되었다고 사씨의 근거지로 보는 것은 한계가 있다.[5] 왜냐하면 사택지적비의 발견은 왕도 5부제의 실시

---

3) 盧重國, 1988, 앞의 책, p.147.

4) 金周成, 1990, 앞의 논문, p.45.

5) 사택지적비의 발견과 그 내용을 보면 사비를 사씨의 근거지로 보는 것을 주저하게 만든다. 즉 1937년 일제는 충남 부여군 부여읍 부소산 남쪽 기슭, 현재 三忠祠가 있는 곳에 한반도에서 가장 큰 神宮을 세우려고 공사를 시작하면서, 신궁 진입 도로를 포장하려고 부여군 각지에서

로 인한 귀족세력의 거주 지역 편제와 연관시켜 보아야 한다고 여겨지기 때문이다.

한편 수도 천도의 문제는 여러 정치세력의 이해관계가 복잡하게 얽혀 있으므로, 이들의 이해관계가 어느 정도 합일될 때 가능하다고 볼 수 있다. 따라서 왕권이 불안정한 상태에서 더구나 이해관계가 대립되는 천도와 같은 중요한 문제를 실행에 옮길 수는 없었을 것이다. 결국 천도와 같은 국가의 중대사를 실천하기 위해서는 강력한 왕권이 확립되어 있어야 하고, 또한 여러 정치세력의 이해관계가 합치될 때만 가능한 것이라 할 수 있겠다.

백제는 동성왕의 즉위를 계기로 웅진 천도 직후인 문주왕과 삼근왕대의 정정의 불안을 수습하며, 새로운 발전의 토대를 마련하게 된다. 동성왕대에는 웅진 초기의 정치적 혼란을, 한성시기에 미약하였던 세력들을 중용하여 수습하면서 왕권을 강화시키고 있었다. 이는 동성왕의 왕권강화에 적극적으로 기여하였던 세력들의 상층부를 '왕'·'후'에 봉하고 있는 것에서도 알 수 있다. 즉 동성왕은 웅진 천도 이후

돌을 모아 삼충사 남쪽에 있던 옛 익생병원 자리 옆에 쌓아두었다. 그러나 이런 일제의 야심찬 계획은 태평양전쟁의 패배와 함께 중단되었고, 신궁 공사를 위해 모아두었던 돌들도 그대로 방치되었다. 그로부터 10여 년 후인 1948년 마지막 백제인으로 불렸던 홍사준 선생이 황수영 선생을 안내하여 부여를 답사하던 중 이 돌더미에서 비석 하나를 발견하고는 바로 부여박물관으로 옮겼다. 그러나 발견된 비석은 비의 일부로서 당시에는 그 가치가 밝혀지지 않았다. 그러다가 문헌 사료와 여러 방증 자료를 검토한 결과 당시로서는 백제 유일의 금석문임이 드러났다(문동석, 2003, 「백제 노귀족의 불심, 사택지적비」『고대로부터의 통신』, pp.249~264 ; 문동석, 2005, 「5~6세기 백제의 지배세력 연구」『역사와 현실』 55, p.191).

194

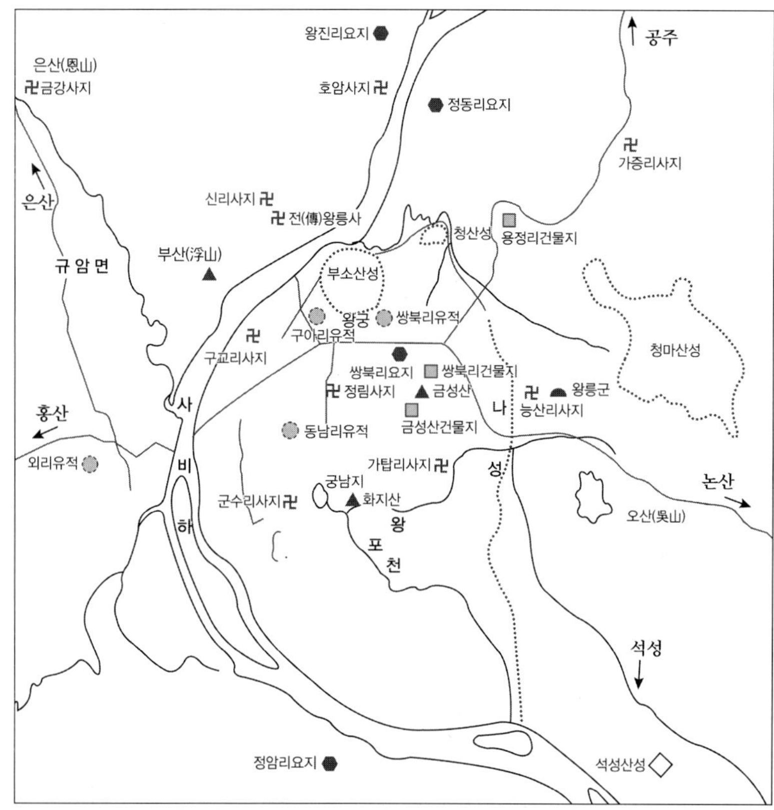

부여 유적 분포도

귀족들의 현실적 세력을 인정하면서도 실제로는 중앙권력을 강화하려는 의도에서 작제(爵制)로서의 성격을 가지고 있던 왕후제를 적극적으로 실시하였다.6) 이것은 개로왕대에 왕족만을 편제의 대상으로 도입되었던 왕후제와의 차이점이라 하겠다.7)

---

6) 문동석, 2005, 앞의 논문, pp.181~188.

7) 개로왕대의 왕후제에 대해서는 본서 제2장 참조.

동성왕의 즉위로 정국의 안정을 기한 백제는 한성의 함락으로 물적·인적 기반인 한강 유역 상실을 만회하기 위해 남부지방으로 세력을 확장하였다. 마한의 잔존 세력이 남아 있던 영산강 유역으로 세력을 확장하게 되면서 한강 유역의 상실에서 온 경제적 손실을 회복할 수 있게 되었다. 그리고 웅진 천도 이후 백제의 영향력으로부터 이탈을 꾀하면서 독자노선을 추구하던 가야를 견제하기 시작하였다. 이러한 동성왕대의 정책은 무령왕에 의해 직접적인 행동으로 변모해 나갔다.

백제의 직접적인 군사 행동 결과 무령왕은 섬진강 유역의 지리적 요충지인 기문(基汶)과 대사(帶沙)지역을 확보하여 가야 서남부 지역에 대한 영향력을 행사할 수 있게 되었다.[8] 이러한 사실은 『일본서기』 게이타이(繼體) 6년(512)의 임나 4현, 즉 상다리(上哆唎)·하다리(下哆唎)·파타(婆陀)·모루(牟婁)를 백제에게 양도하였다는 기사에서도 알 수 있다.[9] 이 임나 4현 양도 기사는 결과적으로 백제가 임나국(任那國)의 4현을 빼앗은 것이다. 따라서 원래 그곳이 임나, 즉 가야의 범위에 해당된다고 하겠다. 임나 4현은 기문과 대사지역을 공략하기 위한 일종의 교두보 역할을 하였으므로 기문·대사와 가까운 지역이다. 백제와 대가야 사이에 공방이 치열하던 기문이 남원지역이고 대사

---

8) 문동석, 2005, 앞의 논문, pp.181~188.

9) "冬十二月 百濟遣使貢調 別表請任那國上哆唎·下哆唎·婆陀·牟婁 四縣 哆唎國守穗積臣押山奏曰 此四縣 近連百濟 遠隔日本 旦暮易通 鷄犬難別 今賜百濟 合爲同國 固存之策 無以過此 然縱賜合國 後世猶危 況爲異場 幾年能守……由是 改使而宣勅 付賜物幷制旨 依表賜任那四縣"(『日本書紀』 繼體紀 6년).

순천 검단산성 전경 | 전남 동부지역인 순천에 있는 검단산성은 6세기 초 백제가 가야 쪽으로 진출하는 데 교두보 구실을 했을 것으로 추정되고 있다.

가 하동지역이라고 보는 것이 일반적이다. 그렇다면 임나 4현도 기문·대사와 인접해 있는 곳일 가능성이 높기 때문에 섬진강 하구의 서안, 즉 전남 동부지역의 여수반도(上哆唎), 여수 돌산도(下哆唎), 순천(婆陀), 광양(牟婁, 馬老縣)으로 추정하고 있다.[10] 백제가 이 지역에 진출한 시기는 6세기 전반이라 할 수 있다. 이는 광양 용강리 고분군, 순천 검단산성, 광양 마로산성, 여수 고락산성 등에서 출토된 백제계 유물의 편년이 대략 6세기 전반이라는 것을 통해서도 반증된다고 하겠다.[11]

---

10) 전영래, 1985,「백제 남방경역의 변천」『천관우선생환력기념한국사학기념논총』, p.146 ; 김태식, 2000,「역사학에서 본 고령 가라국사」『가야각국사의 재구성』, p.75 ; 문안식, 2002,『백제의 영역확장과 지방통치』, p.264.

순천 검단산성 성벽

이와 같이 백제가 한성 함락이라는 충격을 극복하고 전라도 지역과 가야 서남부 지역으로 팽창하는 과정에서 새로운 세력들이 중앙으로 편제되면서 왕도(王都)의 규모는 점차 확대되어 갔을 것이다. 그러나 웅진의 주변지역은 이렇게 커져가는 왕도와 늘어가는 귀족세력을 뒷받침할 수 있는 경제적·인적 기반에 한계가 있었다. 따라서 풍부한 경제기반을 갖는 다른 지역에 주목하게 되었음이 쉽게 예상된다.

백제의 웅진은 차령산맥과 노령산맥 사이에 위치하는 지역으로 하천유역을 제외하고는 평야가 거의 없는 산지 지형으로 천혜의 요새를 이루고 있었으나, 외부세계와의 통교에는 오히려 그 점이 거꾸로 제약이 되었다. 웅진은 금강 변에 자리 잡고 있어 금강 수로를 이용할 수 있다는 교통상의 이점도 없지는 않았으나, 계속 남쪽으로 확대되는 백제 영역을 통제하는 중심지로서는 아무래도 적절치 못한 지리적 환경이었다.

웅진이 수도로서 갖는 제약과는 반대의 조건을 갖추고 있는 곳이 바로 사비지역이었다. 사비지역은 자연습지와 강으로 둘러싸여 있어

---

11) 이동희, 2005, 「전남 동부지역 복합사회 형성과정의 고고학적 연구」, 성균관대학교 박사학위논문, pp.232~267.

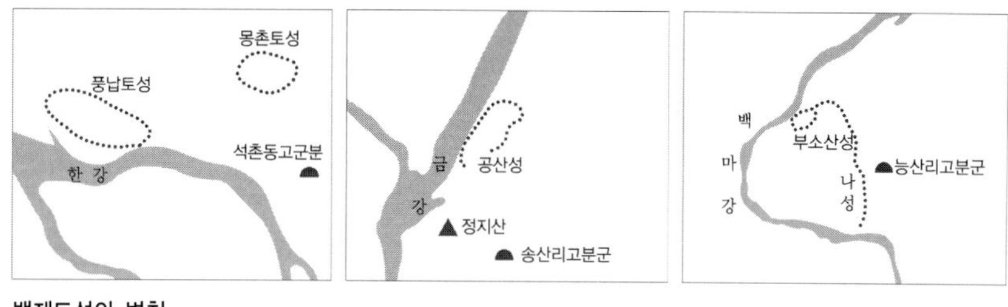

백제도성의 변천

방어에 유리하고,[12) 또한 넓은 평지를 끼고 있어 쉽게 고립되지 않는 장점을 가지고 있다. 또한 웅진과 달리 사비지역은 교통의 요지에 자리 잡고 있다. 사비는 백제가 한반도 남부지역 통치를 원활하게 할 수 있는 지리적 이점을 갖고 있었다. 그리고 중국과 왜를 연결하는 해상교통의 요충지로 바닷길로 국제무대에 진출할 수 있는 중심지이기도 하였다.[13)

---

12) 부여군은 대체적으로 북쪽과 서쪽이 높고, 남쪽과 동쪽은 낮은 北西高南東底型의 지형분포를 보인다. 이중 부여읍의 지형은 동쪽과 남쪽의 丘陵性 低山地 및 중부의 削綠浸蝕面, 그리고 금강변의 沖積低地로 대별된다. 丘陵性 低山地 및 削綠浸蝕面은 鹽倉川, 旺浦川 등의 소하천이 開折을 막고 있고 그 연변에는 좁은 충적지가 발달하여 있다. 부여읍의 북단에서 남단에 이르는 금강 분류의 연안에는 규모가 큰 범람원 등이 발달하여 있는데, 自旺里 북쪽, 井洞里·佳增里 일대, 舊校里에서 縣北里에 이르는 지역 등이 대표적이다. 따라서 부여시가지는 범람원상에 위치한 汎濫原 도시이다(扶餘郡誌編纂委員會, 1987, 『扶餘郡誌』, p.25).

13) 대동여지도를 비롯한 조선시대 고지도를 보면 부여 인근의 큰 도시로는 공주, 청양, 논산, 강경 등이 있는데 모두 금강의 수운으로 연결되어 있다. 또한 부여읍은 동서대로가 관통하고 있다. 이 동서대로는 부여의 동북쪽에서 利仁～灘川을 거쳐 공주에 이르는 길과 부여 동쪽 草村이나 石城을 거쳐 논산으로 이르는 길이 합류하면서 서쪽으로 이어진다.

이와 같이 수도 입지 구조로서의 뛰어난 장점을 지니고 있는 사비 도성은 오랫동안에 걸쳐 조성되었을 것으로 추정된다. 왜냐하면『일본서기』긴메이기 2년(541)조에 기록된 성왕대의 2차에 걸친 임나부흥회의의 장소는 새로운 수도인 사비의 왕궁일 것으로 생각되기 때문이다. 이러한 사실로 보아 538년 천도 이전에 이미 왕궁과 행정관청 등 여러 사회적 기반 시설이 정비되어 있었음을 추정해 볼 수 있다.

〈표 4-1〉 무령왕 · 성왕대의 양(梁)과의 교섭

연 도	내 용	삼국사기	중국사서
502년	봉책		양서 천감(天監) 1년
512년	조공	무령왕 12년	양서 천감(天監) 11년
521년	조공	무령왕 21년	양서 보통(普通) 2년
521년	봉책	무령왕 21년	양서 보통(普通) 2년
522년	조공		책부원귀 보통(普通) 2년
524년	봉책	성 왕 2년	양서 보통(普通) 5년
534년	조공	성 왕 12년	양서 중대통(中大通) 6년
541년	조공	성 왕 19년	양서 대동(大同) 7년
541년	기타청구	성 왕 19년	양서 대동(大同) 7년
541년	허가	성 왕 19년	양서 대동(大同) 7년
549년	조공	성 왕 19년	양서 태청(太淸) 7년

백마강 서쪽의 규암면 일대에서 도로는 다시 여러 갈래로 나누어지는데 남쪽으로는 場岩~林川으로, 서쪽으로는 九龍~鴻山으로, 북쪽으로는 恩山 · 定山~靑陽 등지로 연결된다. 남쪽의 임천은 가림성이 위치하고 있어 방어상으로 중요한 지역이며, 북서쪽의 은산에는 金剛寺址가 위치한다. 그리고 청양은 중국과의 교통로 상에 위치하면서 홍성~예산~서산 · 태안과 연결되고 있다(이병호, 2003, 「백제 사비도성의 구조와 운영」『한국의 도성』, 서울학연구소, p.35).

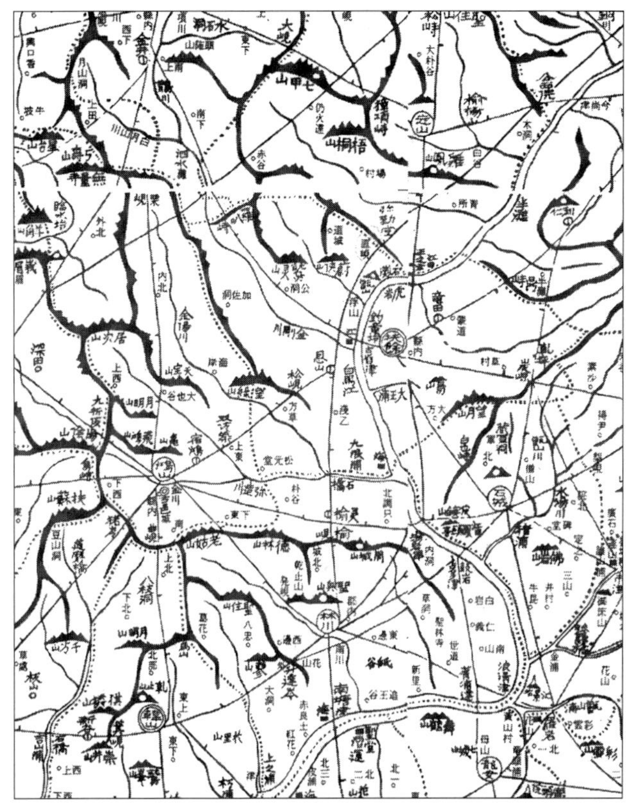

대동여지도의
부여 부근 지도

그렇다면 백제는 언제부터 사비 도성 공사 작업에 착수하였을까?

이에 대한 단서를 백제와 양나라의 관계에서 찾아보고자 한다.

양 무제의 재위 기간은 502~549년까지이다. 이 기간은 백제의 중흥기인 무령왕과 성왕대와 겹치고 있다. 그리고 백제는 이 기간 동안 총 11회의 사신을 보내고 있다.

〈표 4-1〉에서 보듯이 무령왕은 501년 왕위 즉위 이후인 502년 양에 사신을 보내 그의 등극을 알리고 있었으며, 이후에도 지속적으로

조공을 하고 있다. 백제와 양나라의 관계에서 중요한 시기는 521년이다. 무령왕은 521년 11월에는 사신에게 표문을 보내어 고구려를 여러 차례 격파했으며, 비로소 우호를 통하여 다시 강국이 되었음을 알리고 있다. 이에 양 무제는 동년 12월에 백제가 '다시 강국이 되었음'을 인정하고, 무령왕에게 영동대장군(寧東大將軍)의 봉책을 행하였다.14) 따라서 521년은 백제에게 있어서 한성 함락 이후 웅진 천도와 함께 위축되었던 국가의 중흥을 도모하기 위한 계획을 실천에 옮긴 아주 중요한 해였을 것이다.

먼저 무령왕은 521년을 기점으로 475년 한성 함락 이후 어쩔 수 없이 옮겨온 웅진에서 벗어나 국가중흥을 도모하기 위해 사비지역으로 천도를 실천에 옮겼을 가능성이 높다. 백제 왕실의 사비지역에 대한 관심은 동성왕대부터 나타나고 있었다.

동성왕 12년 9월에 왕은 나라 서쪽의 사비(泗沘) 벌판에서 사냥하였다.15)

동성왕 23년 10월에 왕이 사비(泗沘)의 동쪽 벌판에서 사냥하였다. 11월에 또 사비의 서쪽 벌판에서 사냥하였는데 큰 눈에 막혀 마포촌에서 묵었다.16)

---

14) "冬十一月 遣使入梁朝貢 先是爲高句麗所破 衰弱累年 至是上表 稱累破 高句麗 始與通好 而更爲强國 十二月 高祖詔冊王曰 行都督百濟諸軍事鎭 東大將軍百濟王餘隆 守藩海外 遠修貢職 迺誠款到 朕有嘉焉 宜率舊章 授玆榮命 可使特節都督百濟諸軍事寧東大將軍"(『三國史記』 百濟本紀 武寧王 21년).

15) "九月 王田於國西泗沘原"(『三國史記』 百濟本紀 東城王 12년).

16) "冬十月 王獵於泗沘東原. 十一月 又田於泗沘西原 阻大雪宿於馬浦村"

임진년작 명문전

위 기록에서 보듯이 동성왕은 3회에 걸쳐 사비지역에서 전렵(田獵)을 행하고 있다. 고대사회에서 전렵은 국가적으로 매우 중요한 행사로 왕은 전렵 때 군사훈련을 통해 유능한 인재 등을 선발하기도 하였다.[17] 따라서 전렵이 이루어지는 장소도 정치적으로 매우 중요한 의미를 가진다고 할 수 있겠다. 결국 동성왕이 사비지역으로 빈번히 전렵을 간 것은 이곳이 왕도로서 어울리는 장소인가 아닌가 하는 예비조사를 겸하고 있었다고 하겠다.

무령왕의 사비지역에 대한 관심은 기록이 없어 자세한 것은 알 수가 없으나 동성왕 못지 않았다고 여겨진다. 이는 웅진시대 대표적 전축분인 송산리 6호분과 무령왕릉의 축조에 사용된 벽돌에서 그 단서를 찾을 수 있겠다. 즉 무령왕릉의 축조에는 모두 28종류 이상의 다양한 벽돌이 사용되었고, 이 중 주목되는 벽돌은 '임진년작(壬辰年

(『三國史記』 百濟本紀 東城王 23년).

17) 金瑛河, 1988, 「三國時代 王의 統治形態 研究」, 고려대학교 박사학위논문.

作)'명이 새겨진 것과 '대방(大方)' '중방(中方)' '급사(急使)'명이 압출(壓出)된 벽돌과 문양 있는 벽돌이다. 문양 있는 벽돌에는 각각 짧은 변과 긴 변에 문양이 있는 것이 있는데 짧은 변은 연화문(蓮花紋)과 인동연화문(忍冬蓮花紋)으로 장식되고, 긴 변은 연화사격자문(蓮花斜格子紋)과 사격자문(斜格子紋)으로 장식되었다. '임진년(壬辰年)'명의 임진년은 무령왕 12년(512)이다. 따라서 무령왕릉에 소요된 벽돌의 일부를 이미 512년에 만들었음이 분명하다.[18]

연화사격자문 | 벽돌은 건축재료로서 그 쓰임새와 모양 그리고 장식문양은 시대에 따라 다양하게 변화하였다. 무령왕릉에 사용된 벽돌은 모두 28종으로 크게 명문전(銘文塼)과 문양전(文樣塼)으로 구분된다.

---

18) '士壬辰年作'의 명문을 근거로 무령왕릉은 523년에 왕이 사망하기 11년 전에 왕릉구축용 벽돌이 생산되어 사전에 무덤이 축조되었을 가능성이 높다고 본 견해(李漢祥, 1997, 「5∼7世紀 百濟의 帶金具」『古代研究』 5)와, 백제 왕실에서 재위 중에 미리 무덤을 만드는 壽陵의 풍습이 확인되지 않기 때문에 선뜻 수긍하기 어렵다는 견해로 나누어져 있다(권오영, 2005, 『고대 동아시아 문명 교류사의 빛, 무령왕릉』, p.127).

사비시기 백제 삼족기

그런데 무령왕릉에 사용된 벽돌들은 부여 정동리 요지(窯址)에서도 출토되고 있으며, 정동리 요지에서는 연화문전(蓮花紋塼)과 명문전(銘文塼)이 출토되었는데, 연화문전은 2매를 조합하는 연화문이 새겨진 것과 2개의 연화문을 나란히 배치한 것 등 두 종류가 출토되었다. 그리고 명문전은 '대방'과 '중방'이 새겨져 있는 두 종류가 출토되었다. 이 문양전과 명문전은 송산리 6호분의 연도와 무령왕릉을 축조한 벽돌들과 같은 것이다.[19] 따라서 왕릉구축용 벽돌이 부여지역에서 생산되었다는 것은 무령왕이 이곳에 대하여 갖는 관심 정도를 보여주는 증거로 이해하기도 한다.

한편 사비지역 백제 토기는 한성 양식의 맥을 잇는 직구단경호(直口短頸壺), 삼족기(三足器), 개배(蓋杯), 고배(高杯), 기대(器臺) 등과 함께 고구려 토기 계통인 시루, 자배기, 양이옹, 사이옹, 연가 등이 함께 출토되고 있다. 특히 고구려 계통 토기는 주로 취사와 직접적 관련이

---

19) 金成龜, 1990, 「扶餘의 百濟窯址와 出土遺物에 대하여」『百濟研究』21.

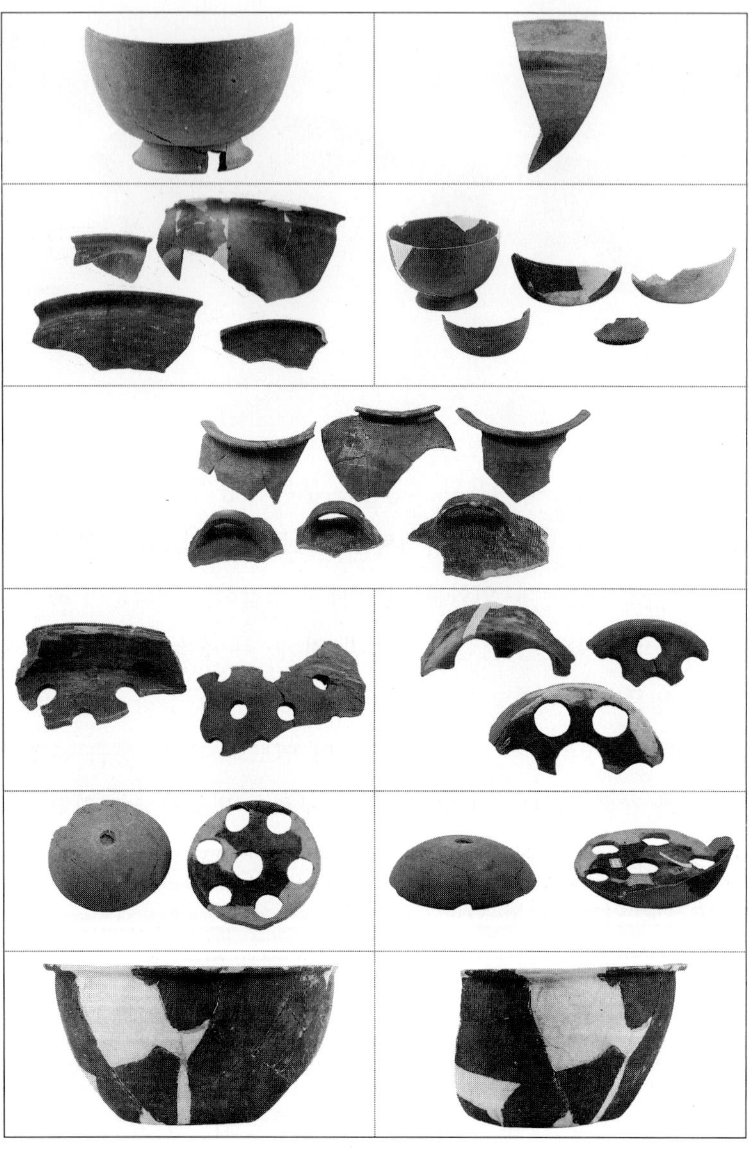

사비 출토 고구려계통 토기 | 사비지역 백제 토기는 한성 양식의 맥을 잇는 직구단경호, 삼족기, 개배, 고배, 기대 등과 함께 고구려 토기 계통으로 취사와 관련이 있는 시루, 자배기, 양이옹, 사이옹, 연가 등이 함께 출토되고 있다.

있는 부엌살림 용품들인 점이 주목받고 있다. 부엌살림이 고구려계라
는 사실은 그것을 만들어 사용한 이들이 고구려지역 또는 고구려 영역
에 편입된 지 오래되어 고구려 주생활 및 식생활에 익숙한 집단임을
말해준다고 할 수 있다.

따라서 사비지역에 고구려계 토기가 나오는 것은 백제의 동성왕과
무령왕대에 구백제지역의 일부를 회복하면서,[20] 사비지역으로 구백
제주민들을 대거 이주시켜서 나타난 것이라 할 수 있다. 이들의 이주
배경은 사비 도성 조성 이전 저습지가 대부분이었던 사비지역의 개발
및 신도시 조성을 위한 것이었으며, 신도시가 완성된 이후에도 이들은
사비 도성의 주민구성의 다수를 점하게 되었다. 이러한 사정을 감안하
여 성왕은 천도와 동시에 국호를 남부여로 개칭하였다. 이는 고구려
치하에서 1세대(世代) 이상 지배받았던 구백제민들에게 백제라는 국
가 귀속감을 조기에 부여하려고 하였던 것으로 볼 수 있다.[21]

---

20) "秋九月 靺鞨襲破漢山城 虜三百餘戶以歸"(『三國史記』 百濟本紀 東城王
    4년) ; "春 王以獵出 至漢山城 撫問軍民 浹旬乃還"(東城王 5년) ; "秋七
    月 徵北部人年十五歲已上 築沙峴·耳山二城"(東城王 12년) ; "秋八月
    高句麗來圍雉壤城 王遣使新羅請救 羅王命將軍德智 帥兵救之 麗兵退
    歸"(東城王 17년) ; "夏 大旱 民饑相食 盜賊多起 臣寮請發倉賑救 王不
    聽 漢山人亡人高句麗者二千"(東城王 21년) ; "冬十一月 遣達率優永 帥
    兵五千 襲高句麗水谷城"(『三國史記』 百濟本紀 武寧王 1년) ; "冬十一月
    遣兵侵高句麗邊境"(武寧王 2년) ; "秋九月 靺鞨燒馬首柵 進攻高木城 王
    遣兵五千 擊退之"(武寧王 3년) ; "秋七月 靺鞨來侵 破高木城 殺虜六百
    餘人"(武寧王 6년) ; "夏五月 立二柵於高木城南 又築長嶺城 以備靺鞨
    冬十月 高句麗將高老 與靺鞨謀欲攻漢城 進屯於橫岳下 王出師 戰退之"
    (武寧王 7년) ; "秋九月 高句麗襲取加弗城 移兵破圓山城 殺掠甚衆 王帥
    勇騎三千 戰於葦川之北 麗人見王軍少 易之不設陣 王出奇急擊 大破之"
    (武寧王 12년).

결국 이러한 관심을 바탕으로 521년 무령왕은 백제가 다시 강국이 되었음을 대내외에 선포하면서, 국가적 위상의 제고를 위해 사비 도성 건설 사업에 착공하였을 것이다.[22) 그러나 523년 무령왕의 사망으로 잠시 도성 건설 사업은 중단되었다가, 525년 무령왕의 3년 상을 치른 이후 성왕에 의해 다시 추진되었고, 538년 사비로 천도를 단행하게 되었다.

한편 521년 국가 중흥의 상징인 사비 도성 조성 작업을 뒷받침하기 위해 백제는 양으로부터 새로운 불교사상인 법화사상을 수용하였을 것이다.[23) 521년 양에 파견되었던 백제 사신이 귀국하여 무령왕에게 양 무제의 법화사상에 근거한 불교적 행위에 대하여 보고하였을 것으로 추측할 수 있다.[24) 그리고 사신이 귀국할 때 백제 출신으로 양나라

---

21) 박순발, 2005,「高句麗와 百濟－泗沘樣式 百濟土器의 形成 背景을 中心으로－」『고구려와 동아시아－문물교류를 중심으로－』, 고려대학교 박물관·고려사학회, pp.33~39.

22) 백제의 사비 천도 문제에 대하여 기존에는 東城王代 3회에 걸친 田獵記事와 同王 23년(501)의 加林城 築城記事 등으로 볼 때 6세기 전반에 계획되어 일정한 준비를 거쳐 이루어졌다고 보았다(盧重國, 1988, 앞의 책). 그리고 구체적인 도성 축조시기에 대해서는 東城王代 축조설(沈正輔, 2000,「百濟 泗沘都城의 築造時期에 대하여」『泗沘都城과 百濟의 城郭』), 東城王代~武王代 연차적 축조설(成周鐸, 1982,「百濟泗沘都城研究」『百濟研究』13), 6세기 전반 축조설(朴淳發, 2000,「泗沘都城의 構造에 대하여」『百濟研究』21) 등으로 견해가 나뉘어져 있다.

23) 백제의 법화사상에 대해서는 다음의 연구들이 참조가 된다.
安啓賢, 1977,「百濟佛敎에 關한 諸問題」『百濟研究』8 ; 金煐泰, 1979,「百濟의 觀音思想」『馬韓百濟文化』8 ; 趙景徹, 1999,「百濟의 支配勢力과 法華思想」『韓國思想史學』12.

24) 양 무제의 불교정책에 대해서는 다음의 논문을 참조하기 바란다(문동

208

대통명 기와 | 충남 공주시 반죽동에 자리하고 있는 대통사는 백제 성왕 5년(527)에 창건된 사찰로 전해진다. 이곳에서 '대통'이라는 글자가 새겨진 기와가 출토되어 대통사임을 알 수 있게 되었다. 대통사는『법화경』의 대통지승여래(大通智勝如來)와 관련이 있는 사찰이다.

에서 법화사상을 중심으로 활동하던 발정(發正)이 함께 귀국하였을 가능성이 높다.[25] 발정은 귀국하여 무령왕에게 양의 법화사상에 대하여 강연을 하였을 것이다. 이후 백제 말기까지 법화사상이 지속되었다. 이는 위덕왕과 무왕 때 활동한 현광(玄光)[26]과 혜현(惠現)[27]을 통해서도 알 수 있다.

백제 왕실과 법화사상의 관련을 보여주는 중요한 유적이 있다. 충남 공주시 반죽동에서 '대통'이라는 명문이 새겨진 백제 기와가 발견된

석, 2006, 「梁武帝의 佛敎政策－백제와 연관성을 중심으로－」『東亞考古論壇』 2).

25) "百濟沙門釋發正 梁天監中 負笈西渡 尋師學道 頗解義趣 亦修精進 在梁三十餘年 不能頓忘桑梓 歸本土發正自道聞他說……"(『法華傳記』 卷6 大正藏 51-72).

26) "釋玄光者 海東熊州人也 少而穎悟頓厭俗塵 決求名師專修梵行 迨夫成長 願越滄溟求中土禪法 於是觀光陳國利往衡山 見思大和尙開物成化 神解相參 思師察其所由 密授法華安樂行門 光利若神錐無堅不犯 新猶劫貝有染皆鮮……"(『宋高僧傳』 卷18).

27) "釋慧顯 伯濟國人也 少出家 苦心精專 以誦法華爲業 祈福請願 所遂者多 聞講三論便從聽受 法一染神彌增其緒 初住本國北部修德寺有衆則講無便 清誦 四遠聞風造山誼接 便往南方達拏山……"(『續高僧傳』).

중국 육조시대 남경 조감도

옛 절터, 곧 대통사(大通寺) 절터가 그것이다. 백제 성왕 때 창건된 사찰로 전해지는 대통사는, 유적을 확인할 수 있는 최초의 백제 사찰이다. 우리나라 사찰의 이름은 불교 경전에 나오는 부처님과 관련이 있거나 그 이름을 따서 짓는 것이 일반적이다. 이는 백제시대라고 예외는 아니었을 것이다.

또 대통 원년 정미에는 양제를 위하여 웅천주에 절을 세우고 그 절 이름을 대통사라 했다.[웅천은 곧 공주이다. 그때 신라에 속해 있었기 때문이다. 그러나 아마 정미년은 아닌 것 같다. 곧 중대통 원년 기유에 세운 것이다. 흥륜사를 처음 세우던 정미년에는 아직 다른 군에 절을 세울 겨를이 없었을 것이다.][28]

---

28) "又於大通元年丁未爲梁帝 創寺於熊川州 名大通寺[熊川卽公州也 時屬新羅故地 然恐非丁未也 乃中大通元年 己酉歲新創也 始創興輪之丁未 未暇及於他郡立寺也]"(『三國遺事』 興法3 原宗興法猒觸滅身條).

210

그런데『삼국유사』에 따르면 대통사는 신라 법흥왕이 양나라 무제를 위해 웅진에 세웠다고 한다. 그러나 웅진은 당시 백제의 도읍지였으므로 이 기록은 역사적 사실과 다르다. 따라서 대통사는 신라 법흥왕이 아니라 백제의 성왕 5년(527)에 창건되었다고 보아야 한다. 이렇게 기록이 잘못된 것은『삼국유사』의 저자인 일연이 대통사에 대한 지식이 모자라 '대통'이 양 무제의 연호에서 따온 것으로 속단하여, 대통사가 양나라의 무제를 위해 창건되었다고 생각한 때문인지 모르겠다. 그래서 대통 원년에는 흥륜사가 창건되었기 때문에 여유가 없을 것이므로 중대통 원년(529)에 창건했으리라는 사족을 달고 있다. 기존 연구에서는 이 기록을 그대로 받아들여 대통사가 양 무제의 연호에서 연유했다고 보는 것이 일반적이었다.

그러나 백제가 양나라와 아무리 밀접한 관계를 갖고 있었다 해도 상대국의 연호를 따서 절 이름을 지었다는 것은 어딘가 어색하다.[29] 이러한 문제를 풀기 위해 백제가 왜 대통사를 창건하게 되었는지 그 배경을 살펴볼 필요가 있다. 앞에서 살펴보았듯이 백제는 521년에 양에 사신을 파견하여 백제가 다시 강국이 되었음을 알리고 있었으며, 사신의 귀국을 통해서 양 무제의 불교행위 중심 사찰인 동태사의 창건에 대해 알고 있었다.

한편 성왕은 525년 무령왕의 3년 상을 치른 후 선왕이 착수하였다가

---

29) 양 무제의 연호인 '大通'이 대통사와 이름이 같다고 하여 대통사를 중국의 양 무제를 위해 지었다고 한『三國遺事』의 기록을 재검토해야 한다고 처음 주장한 사람은 조경철이다(趙景徹, 1999,「百濟의 支配勢力과 法華思想」『韓國思想史學』12). 필자는 이 견해에 전적으로 동의하는 바이다.

중국 남경 동태사 | 백제 불교에 많은 영향을 끼친 양나라의 무제가 창건한 사찰이다. 양무제는 동태사에서 많은 숭불행위와 더불어 사신공양(捨身供養)을 행하였다.

그의 사망으로 중단되었던 사비 도성의 조성 작업을 계속 진행하였다. 그렇다면 성왕이 사비 도성 작업을 원만히 해결하기 위해서 먼저 하여야 할 일은 무엇이었을까? 이에 대한 단서는 『삼국사기』 성왕의 즉위년 기사를 통해서 살펴볼 수 있지 않을까 한다.

성왕(聖王)은 이름이 명농이고 무령왕의 아들이다. 지혜와 식견이 빼어나고 일을 잘 결단하였다. 무령왕이 죽자 왕위를 이었는데 나라 사람들이 일컬어 성왕이라 하였다.[30]

---

30) "諱明襛 武寧王之子也 智識英邁 能斷事 武寧薨 繼位 國人稱爲聖王"(『三國史記』百濟本紀 聖王).

212

위의 기록에서 백제의 성왕은 생존시에도 성왕으로 불리었음을 알수 있다. 성왕은 전륜성왕(轉輪聖王)의 줄임이다. 나라 사람들이 왕을 전륜성왕의 줄임인 성왕으로 부른 것은, 왕 자신이 전륜성왕을 자처했기 때문일 것이다.31) 성왕이 전륜성왕을 자처한 것은 『일본서기』에 기록되어 있는 552년 성왕의 왜국(倭國) 불교 전래 기사에서도 확인할수 있다. 즉 성왕은 왜국에 불교를 전해주면서 "부처가 '나의 법이 동쪽으로 흘러갈 것이다'라고 수기한 것을 이루십시오(果佛所記我法東流)."라는 표현을 하고 있다.32) 이것은 왜국의 불교 융성의 배경으로 백제를 중국 동해에 위치한 불국(佛國)으로서, 자신을 호법(護法)의 군주라고 자부하였기 때문이라 할 수 있다.33) 이와 같이 성왕은 사상적으로 불교를 왕실과 국왕의 권위를 수식하는 데 적극적으로 활용하였음을 알 수 있다.

『법화경』에서 대통지승여래(大通智勝如來)의 아버지로 나오는 전륜성왕은, 불교를 통해 세상을 다스린다는 이상적인 전제군주이므로,

---

31) 聖王이 불교의 이상 군주인 轉輪聖王이라는 의미였을 것이라는 점은 조경철에 의해서 제일 먼저 제기되었다(趙景徹, 1999, 앞의 논문, pp.17~37).

32) "冬十月 百濟聖明王[更名聖王]遣西部姬氏達率怒唎斯致契等 獻釋迦佛 金銅像一軀 幡蓋若干 經論若干卷 別表 讚流通禮拜功德云 是法於諸法中 最爲殊勝 難解難入 周公孔子 尙不能知 此法能生 無量無邊福德果報 乃 至成辨無上菩提 譬如人懷隨意寶 逐所須用盡依情 此妙法寶亦復然 祈願 依情 無所乏 且夫遠自天竺 爰泊三韓 依敎奉持 無不尊敬 由是 百濟王臣 明 謹遣陪臣怒唎斯致契 奉傳帝國 流通畿內 果佛所記我法東流"(『日本書 紀』欽明紀 13년).

33) 曾根正人, 2002, 「日本佛敎の黎明」『日本の時代史 3－倭國から日本へ －』, 吉川弘文館, p.175.

성왕 자신이 법화사상을 통해 국가를 통치하려는 이념을 갖고 있었음을 알 수 있다. 그렇다면 왜 성왕은 『법화경』에 주목하였을까?

『법화경』의 '회삼승(會三乘) 귀일승(歸一乘)', 즉 '회삼귀일(會三歸一)'이 왕권 강화와 깊은 관련을 가지고 있기 때문이다. '일승'이란 가르침은 하나라는 의미로서, 그 근저에는 모든 중생이 부처가 될 수 있다는 인식이 깔려 있다. 이 인식에 입각하여 '자신도 부처의 아들'임을 자각하여 수행하라는 것이다. 또 일승은 '모든 사람이 성불할 수 있다'는 가르침이므로, 인간의 본질은 평등하다는 인식을 바탕으로 한다. 따라서 성문(聲聞), 연각(緣覺), 보살(菩薩)이라는 삼승의 차별은 이러한 인식을 강조하기 위한 하나의 수단으로서 결국은 일승으로 통일되어야 할 입장이다. 『법화경』을 통해 표현된 일승사상은 대승과 소승, 또는 삼승으로 상징되는 사회의 분열, 반복, 대립을 해소하여 조화와 평등을 이룬 통일 사회를 실현하는 데 있다. 삼승으로 상징되는 각계각층은 버려야 할 대상이 아니라, 일승이라는 이상을 실현하기 위해 귀일되어야 할 능력과 가치를 지닌 존재인 것이다.

결국 무령왕 사후 성왕의 사비 도성 조성 작업은 왕실과 귀족세력의 이해관계, 곧 국론이 통일되어야만 마무리 할 수 있는 아주 중요한 문제였다.[34] 따라서 성왕은 법화사상을 중심으로 국론 통일을 이루면서 사비 도성 조성 작업을 완결시켜 나가고자 한 것이다.

---

34) 신라가 신문왕 때 達句伐로 천도를 계획하였으나 진골귀족의 반대로 실패하고 있다. 따라서 수도의 이전은 여러 정치세력의 이해관계가 일치해야 하므로 국론의 통일은 대단히 중요하다고 하겠다.

2. 귀족세력의 존재양태

사비로의 천도는 귀족들의 존재양태에도 큰 변화를 가져오게 하였다. 기존의 연구에서는 사비 천도를 계기로 성왕은 실권귀족에 의한 권력 독점을 막고, 왕족의 직계를 제외한 여타 왕족의 정치적 비중을 감소시키고, 사(沙)씨와 목(木)씨 세력을 지지기반으로 삼아 전제화 정책을 추진해 나갔던 것으로 파악하였다.[35] 이러한 견해는 성왕대의 정치체제를 왕권 중심으로만 파악함에 따라 왕권을 뒷받침하면서 실제로 정치운영을 담당하였을 지배세력의 움직임을 놓치게 하였다.[36] 이에 따라 정치운영의 역동적인 측면을 간과하게 되었다. 따라서 사비시대 정치 운영방식을 이해하기 위해서는 귀족세력의 존재양태를 검토하는 것이 선행되어야 한다고 생각된다.

사비시대 귀족들의 면모를 보여주는 자료로는 『일본서기』 긴메이기 4년(543)에 보이는 기사를 들 수 있다.

백제의 성명왕(聖明王)이 다시 앞서의 조서(詔書)를 군신들에게 널리 보이며, "천황의 조칙이 이와 같으니, 어떻게 하여야 하겠는가"라고 말하였다. 상좌평(上佐平) 사택기루(沙宅己婁), 중좌평(中佐平) 목리마나(木刕麻那), 하좌평(下佐平) 목윤귀(木尹貴), 덕솔(德率) 비리막고(鼻利莫古), 덕솔(德率) 동성도천(東城道天), 덕솔(德率) 목리

---

35) 盧重國, 1988, 앞의 책, pp.162~167 ; 梁起錫, 1990, 앞의 논문, pp.150~161 ; 金周成, 1990, 앞의 논문, pp.7~47.

36) 많은 논자들이 이 시기 이후 대성팔족이 등장한다고 보면서도, 그들의 존재양태에 대해서는 설명을 하지 못하고 있는 실정이다.

미순(木刕眯淳), 덕솔(德率) 국수다(國雖多), 나솔(奈率) 연비선나(燕比善那) 등이 함께 의논하여, "신들은 품성이 아둔하고 도무지 지략이 없습니다. 그러나 임나(任那)를 세우라고 명령하셨으니, 빨리 칙언을 받들어야 하겠습니다. 이제 임나의 집사(執事)와 각국의 한기(旱岐)들을 소집하여 계책을 모의하고 표를 올려 뜻을 말하십시오. 또 가와치노 이와이(河內直)·에나시(移那斯)·마쓰(麻都) 등이 여전히 안라(安羅)에 있게 되면 아마도 임나는 세우기 어려울 것입니다. 그러므로 아울러 표를 올려 본처로 옮겨달라고 구하십시오"라고 대답하였다. 성명왕이, "군신이 의논한 바가 심히 과인의 마음에 맞는다"라고 말하였다. 이달 시덕(施德) 고분(高分)을 보내어 임나의 집사와 일본부(日本府)의 집사를 불렀다. 모두 "정월 초하루를 지내고 가서 듣겠다"라고 대답하였다.[37]

위의 사료는 임나 재건을 위한 군신회의에 상좌평 사택기루, 중좌평 목리마나, 하좌평 목윤귀, 덕솔 비리막고, 덕솔 동성도천, 덕솔 목리미순, 덕솔 국수다, 나솔 연비선나 등 당시 대표적인 귀족들이 참여하고 있음을 보여주고 있다. 또한 사씨, 목씨, 국씨, 연씨 등의 기록은 사비시대 귀족사회의 한 단면을 보여주는 대성팔족의 단초를 보여주고

---

37) "十二月 百濟聖明王 復以前詔 普示群臣曰 天皇詔勅如是 當復何如 上佐平沙宅己婁·中佐平木刕麻那·下佐平木尹貴·德率鼻利莫古·德率東城道天·德率木刕眯淳·德率國雖多·奈率燕比善那等 同議曰 臣等稟性愚闇 都無智略 詔建任那 早須奉勅 今宜召任那鏁事·國國旱岐等 俱謀同計 抗表述志 又河內直·移那斯·麻都等 猶住安羅 任那恐難建之 故亦幷表 乞移本處也 聖明王曰 群臣所議 甚稱寡人之心 是月 乃遣施德高分 召任那執事與日本府執事 俱答言 過正旦而往聽焉"(『日本書紀』 欽明紀 4년).

216

있는 것으로 이해되어 왔다.[38] 그러나 이 사료만 가지고는 당시 귀족들의 존재양태를 알기는 어렵다. 이의 해결을 위해 사비시대 귀족들의 존재양태와 관련된 중요한 단서가 담겨 있는『삼국사기』와『일본서기』사이메이기,「당 유인원기공비」에 실려 있는 귀실복신(鬼室福信)을 통해서 문제 해결의 실마리를 마련하여 보고자 한다.

① 8월에 왕의 조카 복신을 당나라에 보내고 조공하였다.[39]
② 무왕의 조카 복신이 일찍이 군사를 거느렸는데 이때 승려 도침과 함께 주류성에 근거하여 반란을 일으켰다.[40]
③ 이에 서부 은솔 귀실복신(鬼室福信)이 매우 화가 나서 임사리산(任射利山)에 웅거하고, 달솔 여자진은 중부 구마노리성(久麻怒利城)에 웅거하여 각각 한 곳에 진을 치고 흩어진 군졸을 불러모았다. 무기가 전의 싸움에서 다 없어졌으므로 막대기를 들고 싸워 신라군을 물리쳤다. 백제군이 그 무기를 빼앗았으므로 얼마 후 백제군사들이 다시 날쌔져 당이 감히 들어오지 못하였다. 복신 등이 드디어 같은 나라 사람들을 모아 함께 왕성을 지켰다. 나라사람들이 그들을 높여 좌평복신, 좌평자진이라고 한다. 오직 복신만이 신기하고 용감한 꾀를 내어 이미 망한 나라를 부흥시켰다고 아뢰었다.[41]

---

38) 盧重國, 1988, 앞의 책, p.185 ; 金周成, 1990, 앞의 논문, p.117.

39) "秋八月 遣王姪福信 入唐朝貢"(『三國史記』百濟本紀 武王 28년).

40) "武王從子福信嘗將兵 乃與浮屠道琛 據周留城叛"(『三國史記』百濟本紀 義慈王 20년).

41) "於是 西部恩率鬼室福信 赫然發憤 據任射岐山 達率餘自進 據中部久麻怒利城 各營一所 誘聚散卒 兵盡前役 故以棓戰 新羅軍破 百濟奪其兵 旣

「흑치상지 묘지명」 | 「흑치상지 묘지명」은 1929년 중국 하남성(河南省) 낙양(洛陽)에서 발견되었으며, 흑치씨(黑齒氏)의 유래 등의 내용이 새겨져 있다.

④ 만맥(蠻貊)의 풍속도 동요시키기는 쉬우나 안정시키기는 어려운 데, 하물며 북방으로 달아난 구적(寇賊)들이야! 원래부터 따르지 않았고, 이미 조과(雕戈)를 보았으며 동쪽으로는 금람(錦纜)으로 순행하고 서쪽으로는 재앙의 조짐을 띄워 강성해지면 이내 반역

而百濟兵翻銳 唐不敢入 福信等遂鳩集同國 共保王城 國人尊曰 佐平福信 佐平自進 唯福信起神武之權 興既亡之國"(『日本書紀』齊明紀 6년).

218

을 도모하니 곧 가짜 승려 도침, 가짜 한솔 귀실복신이 그들이
다.42)

　위의 내용은 왕족에서 갈라져 나온 성(姓)씨의 분지화(分枝化) 현상
을 보여주고 있다. 성씨의 분지화는 모집단에서 갈라져 나온 집단이
모집단과는 다른 성씨를 사용함에서 생겨난 것이다. 백제에서 성씨의
분지화를 보여주는 예로는 귀실복신(鬼室福信)의 가문을 들 수 있다.
『삼국사기』에 복신이 무왕의 조카라고 기록되어 있는 것으로 볼
때 그의 성은 당연히 부여씨(扶餘氏)여야 할 것이다. 그런데 복신은
『일본서기』와 「유인원 기공비」에는 귀실복신(鬼室福信)으로 나오고
있다. 이 귀실은 『신찬성씨록』에 의하면 귀신과의 감화에 의해 생겨난
성씨로 기록되어 있다.43) 따라서 복신의 성씨는 귀실임을 알 수 있다.
그리고 그의 가문은 부여씨에서 분지화(分枝化)되어 귀실(鬼室)씨를
칭하게 되면서 생겨난 것이다.44) 이와 같이 왕족내 성씨의 분지화

---

42)　"蠻貊之俗 易動難安 況北方逋寇 元來未附 旣見雕戈 東邁錦纜 西浮妖
　　　孼 侏張仍圖 反逆卽有僞僧道琛 僞扞率鬼室福信"(韓國古代社會硏究所
　　　編, 1992, 「唐 劉仁願紀功碑」『譯註 韓國古代金石文』Ⅰ).

43)　『新撰姓氏錄』右京 諸蕃 下에도 "百濟公 因鬼神感化 故鬼室爲氏"라 하
　　　여 鬼室氏의 稱姓 배경이 기록되어 있다.

44)　백제에서 성씨의 분지화는 계백 장군의 경우에서도 살펴볼 수 있다.
　　　김정호의『대동지지』에 "계백의 이름은 승이고, 백제와 같은 성이다(階
　　　伯[名昇 百濟同姓])."라고 기록되어 있다. 따라서 계백은 성씨이고 이
　　　름이 승(昇)임을 알 수 있고, 백제동성(百濟同姓)은 백제 왕실의 성과
　　　같다는 것으로, 계백이 본래 백제 왕족 출신이었음을 의미하는 것이다.
　　　이렇게 볼 때 계백도 처음에는 백제 왕족이었지만 분지하여, 계백이라
　　　는 성을 칭하게 된 것이라 하겠다.

현상은 '다수의 귀족세력'을 생성시키는 방향으로 작용하였을 것으로 생각된다.

사비시대에 다수의 귀족세력이 생성되면서 이들의 존재양태는 어떠하였을까? 사비시대 귀족세력들의 존재양태는 「흑치상지 묘지명」을 통해서 일정 부분 추론할 수 있다. 「흑치상지 묘지명」 중 가장 관심을 끄는 것은 흑치(黑齒)씨의 유래였다.45) 그러나 이 '흑치'가 중국의 산동성 일대를 가리키며, 이곳에 분봉의 주체가 당 황제였다는 최근의 연구 성과에 의거할 때 이를 통한 흑치의 성씨 문제, 지방통치 제도를 설명하는 데에는 한계가 있다.46) 이러한 한계에도 불구하고 「흑치상지 묘지명」에서 "그 가문은 대대로 달솔(達率)을 역임하였다." 라고 기술한 부분은 흑치상지 집안이 백제에서 올라갈 수 있는 상한을 보여주고 있다고 생각되므로 참고할 수 있겠다.

「흑치상지 묘지명」에 의하면 이 가문은 대대로 달솔을 계승하고 있고, 흑치상지도 20세가 안되어 가문의 지위에 따라 달솔을 계승하고 있는 점이 주목된다.47) 이러한 부직(父職)의 승습(承襲)은 거의 모든

---

45) "府君諱常之 字恒元 百濟人也 其先出自扶餘氏 封於黑齒 子孫因以爲氏焉"(韓國古代社會硏究所編, 1992, 「黑齒常之 墓誌銘」『譯註韓國古代金石文』I).

46) 문동석, 2006, 「百濟 黑齒常之의 姓氏에 대한 新考察」 2006년 6월 육조 문물연구회 발표문.

47) "其家世相承爲達率 達率之職 猶今兵部尙書 於本國二品官也 曾祖諱文大祖諱德顯 考諱沙次 並官至達率 府君少而雄爽 機神敏絶 所輕者嗜欲 所重者名訓 年甫小學 卽讀春秋左氏傳 及班 馬兩史 歎曰 丘明恥之 丘亦恥之 誠吾師也 過此何足多哉 未弱官 以地籍授達率"(韓國古代社會硏究所編, 1992, 「黑齒常之 墓誌銘」『譯註韓國古代金石文』I).

220

귀족세력에게 적용되었던 일반적 관례였으며, 이는 당시 귀족세력의 보편적인 존재방식이 아닐까 한다. 이러한 부직을 이어받는 관례는 고구려 연개소문의 아들인 천남생(泉男生)의 정치적 성장 과정에서도 살펴볼 수 있다.

개소문(蓋蘇文)은 성은 연(淵)씨인데 스스로 말하기를 물 속에서 태어났다고 하여 대중을 현혹시켰다. 생김새가 씩씩하고 뛰어났으며, 의지와 기개가 커서 작은 것에 얽매이지 않았다. 그 아버지는 동부대인(東部大人) 대대로(大對盧)로 죽으니 개소문이 마땅히 계승하여야 하였으나 나라 사람들이 그의 성격이 잔인하고 포악하다고 하여 미워하였으므로 그 자리에 오를 수 없었다. 소문이 머리를 숙이고 뭇 사람에게 사죄하여 그 직을 임시로 맡기를 청하고 만약 옳지 못함이 생기면 비록 버려져도 후회하지 않을 것이라 하니, 뭇 사람이 불쌍히 여겨 드디어 관직의 계승을 허락하였다.……이어서 궁궐로 달려 들어가 왕을 죽여 여러 토막으로 잘라 도랑에 버리고 왕의 동생의 아들 장(臧)을 왕으로 세우고 스스로 막리지(莫離支)가 되었다. 그 관직은 당나라의 병부상서 겸 중서령의 관직과 같았다.
아들 남생(南生)은 자가 원덕이었다. 아홉 살 때에 아버지의 직임(職任)으로 인하여 선인(先人)이 되었고 중리소형(中裏小兄)으로 옮겼는데 이는 당나라 알자(謁者)와 같은 관직이다. 또 중리대형(中裏大兄)이 되어 국정을 맡았다. 무릇 모든 사령(辭令)을 남생이 맡았다. 중리위두대형(中裏位頭大兄)에 승진하여 오래 있다가 막리지가 되었고 삼군대장군(三軍大將軍)을 겸하여 대막리지(大莫離支)라는 관직이 더하여졌다.[48]

위 기록에 의하면 연개소문은 대대로였던 부친의 사후 그 직을
계승하려고 하였으나 귀족들의 반대로 하지 못하다가, 사람들에게
사죄하고 대대로에 취임하고 있다. 그리고 그의 아들 남생도 9살 때부
터 각각 선인(先人)·중리소형(中裏小兄)·중리대형(中裏大兄)·중리
위두대형(中裏位頭大兄)·막리지(莫離支)로 승진하고 있으며, 최종적
으로는 연개소문 사후에 부직(父職)이었던 대막리지(大莫離支)에 취
임하고 있다.49) 이와 같이 흑치상지와 남생이 각기 달솔과 대막리지에
오를 수 있었던 현실적 기반은 '부직승습(父職承襲)' 즉 혈연관계에

---

48) "蓋蘇文 姓泉氏 自云生水中 以惑衆 儀表雄偉 意氣豪逸 其父東部(或云西
   部)大人大對盧死 蓋蘇文當嗣 而國人以性忍暴 惡之不得立 蘇文頓首謝衆
   請攝職 如有不可 雖廢無悔 衆哀之 遂許嗣位……馳入宮弑王 斷爲數段
   棄之溝中 立王弟之子臧爲王 自爲莫離支 其官如唐兵部尙書兼中書令職
   也".
   "子男生 字元德 九歲以父任爲先人 遷中裏小兄 猶唐謁者也 又爲中裏大
   兄 知國政 凡辭令 皆男生主之 進中裏位頭大兄 久之 爲莫離支 兼三軍大
   將軍 加大莫離支"(『三國史記』列傳 蓋蘇文).

49) 고구려에서 父職承襲을 통한 정치적 지위의 세습은 泉男生과 그의 동생
   인 泉男産의 일생을 기록하고 있는 금석문에서도 마찬가지로 나타나고
   있다.
   ① "年始九歲 卽授先人 父任爲郞 吐入榛之蔚 天工其代 方昇結艾之榮 年
   十五授中裏小兄 十八授中裏大兄 年廿三改任中裏位頭大兄 廿四兼授將軍
   餘官如故 廿八任莫離支 兼授三軍大將軍 卅二加太莫離支 摠錄軍國 阿衡
   元首"(韓國古代社會硏究所編, 1992,「泉男生 墓誌銘」『譯註 韓國古代
   金石文』Ⅰ).
   ② "……本國王 敎小兄位 年十八 敎大兄位 十三等之班次 再擧而昇 二千
   里之城池 未冠能理 至於鳥拙使者翳屬仙人 雖則分掌機權 固以高惟旌騎
   年廿一 加中裏大活 廿三遷位頭大兄 累遷中軍主活 卅爲太大莫離支"(韓國
   古代社會硏究所編, 1992,「泉男産 墓誌銘」『譯註 韓國古代金石文』Ⅰ).

따른 정치적 지위의 세습이라고 할 수 있다.[50] 한편 흑치 가문의 '부직 승습'은 국가권력의 표상인 왕권과의 관계 즉 왕권을 매개로 국가기구에 참여하면서 이루어졌을 것으로 보여진다. 그리하여 사비 초기의 정치체제는 왕권을 중심으로 원활하게 운영될 수 있었을 것이다.

한편 사비 초기에는 왕권을 중심으로 운영되고 있으면서 지배귀족들의 신분을 서열화하고 있었다.

<표 4-2> 『일본서기』에 보이는 좌평명

연 대	6좌평명	기타 좌평명
겐 조 3년(487)	내두(內頭) 막고해(莫古解)	
긴메이 2년(541)		중좌평 마로(麻鹵)
긴메이 4년(543)	내두(內頭)	삼좌평 상좌평 사택기루(沙宅己婁) 중좌평 목협마나(木劦麻奈) 하좌평 목윤귀(木尹貴)
비다쓰 12년(583)		태좌평
고교쿠 1년(642)	내좌평(內佐平) 기미(岐味)	대좌평 지적(智積)
고토쿠 1년(645)		좌평 연복(緣福)
사이메이 6년 (660)		대좌평 사택천복(沙宅千福) 국변성(國辨成) 좌평 귀지(貴智)

위의 표에서 보듯이 『일본서기』 겐조기 이후부터는 내두(內頭)라는 6좌평명과 함께 상·중·하좌평 등이 나타나고 있다. 상·중·하좌평은 행정업무의 세분화에 따른 현상이라기보다는 지배귀족들의 신분

---

50) 余昊奎, 1997, 「1~4세기 고구려 政治體制 연구」, 서울대학교 박사학위논문, pp.147~153.

을 서열화한 것으로 보아야 한다. 왜냐하면『일본서기』에 등장하는 상·중·하좌평의 보유자는 사씨, 목씨 등으로 동성왕대부터 분화되기 시작한 좌평에 임명된 인물의 성향과 일치한다. 이것은 동성왕대부터 '좌평'제의 새로운 전기를 모색하고 있었음을 보여주고 있는 것이다.51) 그리고 좌평을 총괄하는 총재(冢宰)로서의 상좌평도 점차 성격을 변화시켜 지배귀족 신분의 서열화를 위한 '좌평 관등의 계서화(階序化)'의 방향으로 나갔다고 하겠다.

이 날 성명왕(聖明王)이 조칙을 듣기를 마치고 삼좌평(三佐平)과 내두(內頭) 및 여러 신하에게, "조칙이 이와 같으니, 또한 어떻게 하여야 하겠는가" 하고 두루 물었다. 삼좌평 등이, "하한(下韓)에 있는 우리 군령(郡令)과 성주(城主) 등은 나오게 할 수 없습니다. 나라를 세우는 일은 빨리 조칙을 따르는 것이 마땅합니다"라고 대답하였다.52)

위 사료는 임나의 하한(下韓)에 있는 백제의 군령과 성주를 일본부(日本府)에 귀속시키라는 요청에 대하여, 성왕이 '삼좌평과 내두 및 여러 신하(三佐平內頭及諸臣)'에게 의견을 물은 것에 대해 '상좌평 등(上佐平等答曰)'이라는 식으로 표현하고 있는 것으로 보아 성왕대 단계에는 이미 신분서열의 의미가 내포된 상·중·하좌평의 구분이 고유

---

51) 문동석, 2005, 앞의 논문, pp.202~208.

52) "是日 聖明王 聞宣勅已 歷問三佐平內頭及諸臣曰 詔勅如是 當復何如 三佐平等答曰 在下韓之 我郡令城主 不可出之 建國之事 宜早聽聖勅"(『日本書紀』欽明紀 4년 11월).

직무를 가진 6좌평의 구분보다 백제 통치체계상에서 우선시되었음을 알 수 있다. 또한 상·중·하좌평은 관직이 아닌 3단계의 서열로 분화한 것이지만 이에 임명된 인물은 국왕의 자문 기능을 수행하였을 것이다. 즉 성왕대까지는 국왕과 긴밀한 관계에 있던 인물을 상·중·하좌평이라는 명칭으로 특별히 선정하여 원로로서 대우하였으며, 국왕은 이들의 의견을 국정의 운영에 반영하였던 것으로 생각된다.53)

상·중·하좌평 이외에도 좌평 관등의 범주에 드는 것이 태좌평(太佐平)과 대좌평(大佐平)이다. 태좌평은 『일본서기』 민달기 12년조에 구체적인 인명도 거론되지 않고 사신(使臣)의 말 속에 간단히 언급하는 정도여서 정확한 성격을 파악할 수 없다.54) 대좌평은 의자왕 20년 나당연합군에 백제가 항복할 때 지배귀족을 대표하고 있다.55) 따라서

---

53) 양기석도 三佐平은 정무를 분담하여 집행하는 관직이 아니라 좌평 신분 3명이 합의체를 구성하여 주요 정책에 대한 심의 결정을 내리는 역할을 한 것으로 보고 있다. 즉 三佐平이 국가의 주요 정책을 합의체로 심의 결정한 점은 종래의 귀족합의체의 전통을 따르면서도 왕권강화의 측면에서 볼 때 직능의 분화와 권력의 분산에 따른 상호 견제의 의미를 가진 것으로 보았다(梁起錫, 1997, 「百濟 泗沘時代의 佐平制 硏究」 『忠北史學』 9, pp.10~11).

54) "是歲……然後 多造船舶 每津列置 使觀客人 令生恐懼 爾乃以能使使於 百濟 召其國王 若不來者 召其太佐平 王子等來 即自然心生欽伏 後應問 罪……"(『日本書紀』 敏達紀 12년).

55) "義慈子隆與大佐平千福等出降"(『三國史記』 新羅本紀 太宗武烈王 7년 7월).
"伊吉連博德書云……十一月一日 爲將軍蘇定方等所捉百濟王以下 太子 隆等 諸王子十三人 大佐平沙宅千福 國辨成以下卅七人 幷五十許人 奉進 朝堂 急引趍向天子 天子恩勅 見前放着"(『日本書紀』 齊明紀 6년 7월).
"其王扶餘義慈及太子隆 自外王餘孝一十三人 幷大首領 大佐平沙吒千福

대좌평은 좌평 관등의 소유자 중에서 최고의 대우를 받는 자라고 생각
된다.

이와 같이 사비 초기에는 왕권과의 연계성 강화를 통해 지배세력들
이 존재하는 형태, 왕족내의 분지화 등을 통해 다수의 귀족세력이
생성되는 모습을 추론해 볼 수 있겠다. 따라서 사비 초기의 정치체제
가 왕권을 중심으로 비교적 안정될 수 있었던 것은 귀족세력의 이러한
존재양태에서 연유한다. 사비 초기의 귀족세력은 왕권을 매개로 정치
적 지위와 사회경제적 기반 등을 승습하였기 때문에 왕권 아래에 편입
될 수밖에 없었다. 그리하여 사비 초기 정치체제는 왕권을 중심으로
원활하게 운영될 수 있었는데, 특히 성왕대 국가기구 정비에 따른
관계(官階)·관직(官職)의 확충은 정치체제 안정의 주요한 원천이었
을 것이다.

3. 대성팔족의 성격

사비시대의 귀족세력은 대성팔족으로 대표되고 있다. 성(姓)은 명
칭, 족(族)은 집단자체를 뜻하므로, 대성팔족이란 8개의 유력한 혈족
집단을 의미한다고 하겠다.[56] 대성팔족은 중국측 사서인 『수서』,[57]

國辨成以下七百餘人 旣入重闈 竝就擒獲”(「大唐平百濟國碑銘」).

56) 백제의 八大姓의 존재는 전제화된 왕권 확립 하에서 상대적으로 약화된
    귀족세력의 多元化 상태를 나타내주는 결과로 이해하기도 한다(梁起
    錫, 1980, 앞의 논문, p.10).

57) “國中大姓有八族 沙氏·燕氏·荔氏·解氏·貞氏·國氏·木氏·苩氏”
    (『隋書』 권81, 列傳 第46, 東夷 百濟條).

『북사』,58) 『신당서』,59) 『한원』,60) 『통전』61) 등에 나타난 기록을 볼 때, 사(沙)·연(燕)·목(木[劦])·국(國)·진(眞)·해(解)·백(苩)씨 등으로 정리된다. 백제의 성은 원래 부여씨, 사택(沙宅[沙吒·沙白·沙法·沙至])씨, 목협(木劦)씨 등에서 보듯이 대부분이 복성(複姓)이었다. 그러나 중국과의 접촉이 빈번하게 되면서 한 글자 성을 쓰게 된다. 백제의 단성은 중국의 대성(大姓)을 모방한 경우도 있지만 대개 복성 중 하나를 생략하여 만들었다. 두 글자 성이 한 글자로 바뀌는 과정에는 주로 두 가지 방식이 있다. 하나는 복성의 끝 글자를 취하는 것으로 부여(扶餘)씨가 여(餘)씨로 바뀐 것을 들 수 있다. 또 다른 하나는 복성의 앞 글자를 택한 경우로 진모(眞慕)씨가 진(眞)씨로, 사택(沙宅)씨가 사(沙)씨로 바뀌었다. 보통은 앞 글자를 택하였으며, 가문이 나누어지면서 목협(木劦)씨가 목(木)씨와 협(劦)씨로 나누어지기도 하였다.62)

그렇다면 개별적으로 존재하던 다수의 귀족세력들이 어떠한 계기

---

58) "國中大姓有八族 沙氏·燕氏·劦氏·解氏·眞氏·國氏·木氏·苗氏"(『北史』 권94, 列傳 第 82, 百濟條).

59) 大姓有八 沙氏·燕氏·劦氏·解氏·貞氏·國氏·木氏·苩氏(『新唐書』 권220, 列傳 第 145, 東夷 百濟條).

60) "括地志曰……其國有 沙氏·燕氏·劦氏·解氏·眞氏·木氏·首氏 此八族其大姓也"(『翰苑』 邊防 百濟條).

61) "大姓有八族 沙氏·燕氏·劦氏·解氏·眞氏·國氏·木氏·首氏"(『通典』 권185 邊防 1 百濟條).

62) 李弘稙, 1987, 「百濟人名考」(『韓國古代史의 研究』, pp.333~360 재수록) ; 盧重國, 1994, 「百濟의 貴族家門 研究－木劦(木)氏 세력을 중심으로－」 『大丘史學』 48, pp.3~9 ; 문동석, 2003, 앞의 논문, pp.253~254.

를 통해 유력한 8개의 혈족집단을 구성하게 되었을까? 이것은 성왕 31년(553)과 32년(554)에 일어난 일련의 사건들을 처리하는 가운데 그 일단을 찾을 수 있지 않을까 한다. 즉 553년에 백제는 신라·가야의 연합군을 이끌고 한강유역을 차지하였으나,[63] 고구려와 밀약[64]을 맺은 신라의 배반으로 인하여 다시 한강유역을 빼앗기고 말았다.[65] 이에 성왕은 554년에 신라의 관산성을 공격하였으나, 왕을 비롯하여 3만에 가까운 병력이 전사하는 등 참패를 당하고 말았다.[66] 그런데

---

63) ① “(眞興王)十二年辛未 王命居柒夫 及仇珍大角湌·比台角湌·耽知迊湌·非西迊湌·奴夫波珍湌·西力夫波珍湌·比次夫大阿湌·未珍夫阿湌等八將軍 與百濟侵高句麗 百濟人先攻破平壤 居柒夫等乘勝取竹嶺以外高峴以內十郡”(『三國史記』 列傳 第4 居柒夫).

② “是歲 百濟聖明王 親率衆及二國兵[二國謂新羅 任那也]往伐高麗獲漢城之地 又進軍討平壤 凡六郡之地 遂復故地”(『日本書紀』 欽明紀 12년).

64) 盧泰敦, 1976, 「高句麗의 漢水流域 喪失의 原因에 대하여」 『한국사연구』 13, p.54.

65) 신라가 백제로부터 한강유역을 빼앗았음은 이곳에 新州를 설치하고 있는 기사를 통해서 알 수 있다.

① “秋七月 新羅取東北鄙置新州”(『三國史記』 百濟本紀 聖王 31년).

② “秋七月 取百濟東北鄙 置新州 以阿湌武力爲軍主”(『三國史記』 新羅本紀 眞興王 14년).

66) ① “秋七月 王欲襲新羅 親帥步騎五十 夜至狗川 新羅伏兵發與戰 爲亂兵所害薨”(『三國史記』 百濟本紀 聖王 32년).

② “秋七月 修築明活城 百濟王明襛與加良 來攻管山城 軍主角干于德·伊湌耽知等 逆戰失利 新州軍主金武力 以州兵赴之 及交戰 裨將三年山郡高于都刀 急擊殺百濟王 於是 諸軍乘勝大克之 斬佐平四人·士卒二萬九千六百人 匹馬無反者”(『三國史記』 新羅本紀 眞興王 15년).

③ “十二月九日 遣攻斯羅 臣先遣東方領 物部莫奇武連 領其方軍士 攻函山城……餘昌謀伐新羅……其父明王憂慮 餘昌長苦行陣 久廢眠食 父慈

228

이 관산성 전투는 그 준비 과정에서 지배세력 내부의 갈등을 보여주고
있다.

> 여창(餘昌)이 신라를 정벌할 것을 계획하자 기로(耆老)가 "하늘이
> 함께 하지 않으니 화가 미칠까 두렵습니다"라고 간하였다. 여창이
> "늙었구려. 어찌 겁내시오. 우리는 대국(大國)을 섬기고 있으니 어찌
> 겁낼 것이 있겠소"라 하고, 드디어 신라국에 들어가 구타모라(久陀牟
> 羅)에 보루를 쌓았다.[67]

위의 기록에 의하면 신라와의 전쟁은 여창이 주도한 것으로 나타나
고 있다. 이는 태자로서 부왕의 뜻을 받들어 행동한 때문일 것이다.
그런데 성왕 부자의 신라 공격 계획에 기로(耆老)들이 하늘의 뜻이
아니라면서 중단할 것을 요구하고 있다. 기로는 연로하면서 덕이 높은
사람이라는 의미이다. 이같이 일부의 반대를 무릅쓰고 행한 원정이
왕의 전사라는 참패로 끝났음은 이후 백제 지배세력의 재편에 큰 영향
을 미쳤음이 틀림없다고 하겠다. 이는 다음 기사에서도 살펴볼 수
있다.

> 백제 여창(餘昌)이 여러 신하들에게 "소자(少子)는 이제 돌아가신

多闕 子孝希成 乃自往迎慰勞 新羅聞明王親來 悉發國中兵 斷道擊破 是時
新羅謂佐知村飼馬奴苦都……苦都斬首而殺 掘坎而埋 餘昌遂見圍繞 欲出
不得 士卒遑駭 不知所圖……由是 餘昌及諸將等 得從間道逃歸(『日本書
紀』 欽明紀 15년).

67) "餘昌謀伐新羅 耆老諫曰 天未與 懼禍及 餘昌曰 耆老 何怯也 我事大國
有何懼也 遂入新羅國 築久陀牟羅塞"(『日本書紀』 欽明紀 15년).

부왕을 받들기 위하여 출가하여 수도(修道)하고자 한다"라고 말하였다. 여러 신하와 백성들이 "지금 임금께서 출가하여 수도하고자 하신다면 우선 왕명을 받들겠습니다. 슬프도다. 전(前)의 생각이 바르지 못하여 후에 큰 근심을 가지게 되었으니 누구의 잘못입니까? 무릇 백제국은 고려와 신라가 다투어 멸망시키고자 하는 것이 나라를 연 이후부터 지금까지 계속하고 있으니, 지금 이 나라의 종묘 사직을 장차 어느 나라에게 넘겨주려 하십니까? 모름지기 도리(道理)는 왕명을 따르는 것이 분명한데, 만약 능히 기로(耆老)의 말을 들었다면 어찌 거기에 이르렀겠습니까? 바라건대 앞의 잘못을 뉘우치고 속세를 떠나는 수고로움은 하지 마십시오. 원하시는 것을 굳이 하고 싶으시다면 나라 백성들을 출가시키는 것이 마땅합니다"라고 하였다. 여창이 "좋다"고 대답하고는 곧 나아가 신하들에게 꾀하도록 하였다. 신하들은 마침내 상의하여 100명을 출가시키고 번개(幡蓋)를 많이 만들어 여러 가지 공덕을 행하였다고 운운 하였다.[68]

위 기록은 관산성 패전 이후 백제의 정치 상황을 잘 보여주고 있다고 하겠다. 기로(耆老)들의 반대에도 불구하고 신라 공격을 감행하여 참패를 당하였던 위덕왕에 대한 문책이 주 내용을 이루고 있다. "전의 생각이 바르지 못하여 후에 큰 근심을 가지게 되었으니 누구의 잘못입

---

68) "百濟餘昌 謂諸臣等曰 少子今願 奉爲考王 出家修道 諸臣百姓報言 今君王欲得出家修道者 且奉敎也 嗟夫前慮不定 後有大患 誰之過歟 夫百濟國者 高麗新羅之所爭欲滅 自始開國 迄于是歲 今此國宗 將授何國 要須道理分明應敎 縱使能用耆老之言 豈至於此 請悛前過 無勞出俗 如欲果願 須度國民 餘昌對曰 諾 卽就圖於臣下 臣下遂用相議 爲度百人 多造幡蓋 種種功德 云云"(『日本書紀』 欽明紀 16년).

230

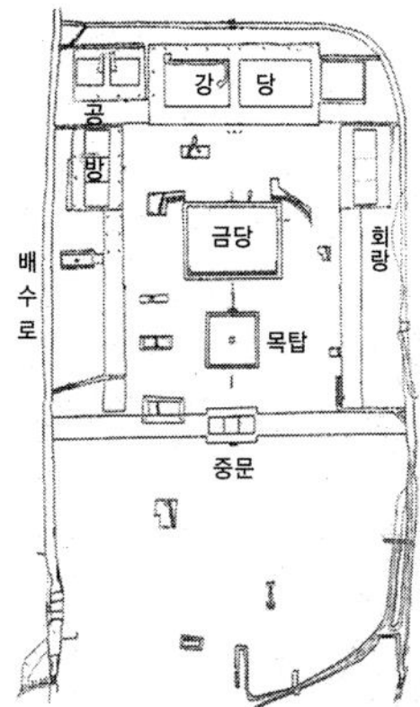

부여 능사 전경과 가람배치도 | 능사(陵寺)는 부여 능산리 고분군과 나성 사이에 있는 백제시대의 절터로, 왕릉을 수호하고 죽은 왕들이 내세에서 편안하도록 기원하는 일을 했던 절이었으리라고 추정된다.

니까", "만약 능히 기로(耆老)의 말을 들었다면 어찌 거기에 이르러겠습니까"라는 표현은 위덕왕이 처한 정치적 어려움을 잘 보여주고 있다고 하겠다.

한편 위덕왕의 입장에서도 관산성 패전으로 왕위 계승 상에 문제점을 노출하고 있었기 때문에 어떠한 정치적 행위가 필요하였을 것이다. 이에 위덕왕은 성왕의 명복을 빈다는 명목 하에 출가수도를 주장하였던 것이다. 그리고 이에 반대한 신하들과의 타협을 통해 출가수도 문제를 해결하고 있다. 이러한 상황들은 위덕왕 초기에 왕권이 상당히 위축되었으며, 귀족중심의 체제로 전환되어 갔을 가능성을 보여준다고 하겠다. 그리고 이를 주도한 것이 바로 중국 사서에 보이는 대성팔족이었다.

이와 같은 정치적 상황의 변화를 염두에 두면서 사비시대 대성팔족의 성격을 살펴보고자 할 때 주목되는 것은 22부사(部司)제와 6좌평제

금동대향로와 창왕명석조사리감 | 백제 금동대향로는 1992년 부여의 능사에서 출토되었으며, 높이 64cm로 위가 크고 아래가 작은 산형(山形)을 이루며, 용이 가느다란 버팀대처럼 뻗어 올라가 받치고 있는 박산향로의 전형적인 구성을 하고 있다. 창왕은 성왕의 아들인 위덕왕의 생전의 이름으로 554년에 즉위하였다.

의 존재이다. 22부사제는 개개 행정을 담당하는 기구, 6좌평제는 정치 기구의 성격을 가지고 있다. 그런데 위덕왕대 이후에 보이는 대성팔족은 계속해서 6좌평의 직을 계승해 가는 모습을 보여주고 있다. 사·목씨 등과 같이 대성팔족에 포함된 가문은 최고의 관등인 6좌평까지 오르고 있음을 살펴볼 수 있다. 그런데 대성팔족보다 한 단계 낮은 가문들은, 귀실복신 등의 가문에서 보듯이 최고로 오를 수 있는 관등은 달솔로 제한되고 있다. 이것은 6좌평과 22부사제로 대표되는 백제의 관료제가 정비되면서 대성팔족의 가문과 일반 귀족의 가문 사이에

232

오를 수 있는 관직의 한계가 정해져 있었음을 의미한다고 하겠다. 따라서 대성팔족은 정치기구인 6좌평, 일반 행정 부서인 22부사는 귀실복신과 같은 일반 귀족들이 주로 맞지 않았을까 한다. 그렇다면 22부사제와 6좌평제의 실상에 접근하기 위해서는 『주서』와 『구당서』의 기사에 주목해야 한다.

① 관직은 16품이 있다. 좌평(左平)은 5명으로 일품(一品), 달솔(達率)은 30명으로 이품(二品), 은솔(恩率)은 삼품(三品), 덕솔(德率)은 사품(四品), 한솔(扞率)은 오품(五品), 나솔(奈率)은 육품(六品)이다. 육품 이상은 관(冠)을 은화(銀華)로 장식하였다. 장덕(將德)은 칠품(七品)으로 자대(紫帶)를 두르고, 시덕(施德)은 팔품(八品)으로 조대(皂帶), 고덕(固德)은 구품(九品)으로 적대(赤帶), 계덕(季德)은 십품(十品)으로 청대(靑帶)를 각각 둘렀다. 십일품(十一品) 대덕(對德)과 십이품(十二品) 문독(文督)은 모두 황대(黃帶)를 두르고, 십삼품(十三品) 무독(武督)과 십사품(十四品) 좌군(佐軍)·십오품(十五品) 진무(振武)·십육품(十六品) 극우(克虞)는 모두 백대(白帶)를 둘렀다. 은솔 이하는 일정한 정원이 없고 각기 부서(部署)가 있어서 여러 가지 사무를 나누어 관장하였다. 내관(內官)으로는 전내부(前內部)·곡부(穀部)·육부(肉部)·내략부(內掠部)·외략부(外掠部)·마부(馬部)·도부(刀部)·공덕부(功德部)·약부(藥部)·목부(木部)·법부(法部)·후관부(後官部)가 있고, 외관(外官)으로는 사군부(司軍部)·사도부(司徒部)·사공부(司空部)·사구부(司寇部)·범구부(點口部)·객부(客部)·외사부(外舍部)·조부(綢部)·일관부(日官部)·도시부(都市部)가

있다.69)

② 설치된 내관(內官)으로 내신좌평(內臣佐平)은 왕명 출납(出納)에 관한 일을 맡아 보고, 내두좌평(內頭佐平)은 고장(庫藏)에 관한 일을 맡아 보고, 내법좌평(內法佐平)은 예의(禮儀)에 관한 일을 맡아 보고, 위사좌평(衛士佐平)은 숙위군(宿衛軍)의 일을 맡아 보고, 조정좌평(朝廷佐平)은 형옥(刑獄)에 관한 일을 맡아 보고, 병관좌평(兵官佐平)은 재외(在外)의 병마(兵馬)에 관한 일을 맡아 본다. 또 외관(外官)으로는 6대방(帶方)을 두어 10군(郡)을 총관(總管)케 하였다.70)

『주서』에 대한 기록은 백제의 좌평이 16관품 중 제1품임을 나타내고 있다.71) 그런데 좌평의 직장(職掌)에 대해 전혀 기록되어 있지 않으면서, 좌평의 인원이 5인이라고 명기되어 있는 점72)과 22부의

---

69) "官有十六品 左平五人 一品 達率三十人 二品 恩率三品 德率四品 扞率五品 奈率六品 六品已上 冠飾銀華 將德七品 紫帶 施德八品 皂帶 固德九品 赤帶 季德十品 靑帶 對德十一品 文督十二品 皆黃帶 武督十三品 佐軍十四品 振武十五品 克虞十六品 皆白帶"(『周書』百濟傳).

70) "所置內官曰內臣佐平 掌宣納事 內頭佐平 掌庫藏事 內法佐平 掌禮儀事 衛士佐平 掌宿衛兵事 朝廷佐平 掌刑獄事 兵官佐平 掌在外兵馬事 又外置六帶方 管十郡"(『舊唐書』百濟傳).

71) 『隋書』에도 백제의 16관품 중의 제1품으로 좌평이 소개되어 있다. "官有十六品 長曰佐平 次大率 次恩率 次德率 次扞率 次奈率 次將德 次紫帶 次施德 皂帶 次固德 赤帶 次季德 靑帶 次對德以下 皆黃帶 次文督 次武督 次佐軍 次振武 次克虞 皆白帶 其冠制竝同 唯奈率以上 飾以銀花 長史三年一交代"(『隋書』百濟傳).

72) 『北史』에도 佐平이 5인이라고 기록되어 있다. "官有十六品 左平五人 一品 達率三十人 二品 恩率三品 德率四品 扞率五品 奈率六品 六品已上

명칭이 수록되어 있는 것이 주목된다.73) 이는『구당서』의 좌평 기록과 약간의 차이가 있다.『구당서』에는 여타의 관품(官品) 및 22부에 관한 기사는 전혀 없고, 내신좌평 이하 병관좌평에 이르기까지 6좌평의 소관 업무가 기록되어 있다.74)

『주서』와『구당서』의 기술상의 이러한 차이는 근거하고 있는 원 사료의 계통상의 차이에 기인한 것이라기 보다는, 좌평에 한해서 본다면 시기적 변화를 반영한 것으로 보여진다. 왜냐하면『주서』와『구당서』가 사비시대의 관등제를 서술하고 있는 것으로 볼 때 상호 보완적인 기록이지 않았을까 한다. 따라서『주서』단계에는 좌평의 직무가 분화되는 과정,『구당서』단계에는 6좌평으로 완전히 확립되는 모습을 보여준다고 하겠다. 이는『주서』에 22부사의 기록이 처음 나타나는 것을 통해서도 알 수 있지 않을까 한다. 22부사는 관직이 분화됨에 따라 개개 행정을 담당하기 위해 만들어진 것으로, 궁중사무와 일반서

冠飾銀華 將德七品 紫帶 施德八品 皂帶 固德九品 赤帶 季德十品 靑帶 對德十一品 文督十二品 皆黃帶 武督十三品 佐軍十四品 振武十五品 克 虞十六品 皆白帶 各有部司 分掌衆務 內官有前內部 穀內部 內掠部 外掠 部 馬部 刀部 功德部 藥部 木部 法部 後官部 外官有司軍部 司徒部 司空 部 司寇部 點口部 客部 外舍部 綢部 日官部 市部 長史三年一交代"(『北 史』百濟傳).

73) 백제 관등제에 대한 기록은『北史』와『隋書』에도 전한다. 그러나『北史』와『隋書』의 내용은『周書』의 내용을 轉載한 것에 불과한 것이다. 즉『周書』의 내용이 가장 원초적이며 자세한 자료라 하겠다(兪元載, 1995,『中國正史百濟傳硏究』, pp.119~120).

74)『新唐書』에도 6좌평의 소관 업무가 기록되어 있다. "官有內臣佐平掌宣納號令 內頭佐平主帑聚 內法佐平主禮 衛士佐平典衛兵 朝廷佐平主獄 兵官佐平掌外"(『新唐書』百濟傳).

정의 분리, 군사·재정·행정 업무의 분화, 3년 임기제 등은 관료제적 성격을 보여주며, 내관이 12부로 외관 10부보다 많고,[75] 북주(北周)의 6관제를 채용하였다는 점은 왕권강화를 반영한다.[76]

따라서 관직 중심의 정치기구인 좌평제의 6좌평보다 행정기구인 22부의 관품은 낮았을 것이다. 이는 22부가 6좌평의 하부 조직이었음을 나타낸 것임으로, 22부 장은 좌평이 되는 것이다.[77] 이것은 6좌평

---

75) 百濟 22部司의 기능

內 官	外 官
前內部 : 國王의 近侍·王命出納	司軍部 : 外交兵馬 관계
穀 部 : 곡물조달	司徒部 : 교육과 의례
肉 部 : 육류조달	司空部 : 토목과 제정
內椋部 : 왕궁내의 창고 관리	司寇部 : 형벌
外椋部 : 왕궁외의 창고 관리	点口部 : 호구파악
馬 部 : 御馬관리	客 部 : 외교 및 사신접대
刀 部 : 무기의 제작과 관리	外舍部 : 관료의 인사담당
功德部 : 불교사원 관장	綢 部 : 직물의 제조·공급
藥 部 : 제약·의료	日官部 : 천문·기상 관계
木 部 : 왕실 토목 공사 담당	都市部 : 시장·교역
法 部 : 왕실 의례 담당	
後宮部 : 후궁과 관련되는 제반업무	

76) 盧重國, 1988, 앞의 책, pp.167~169 ; 梁起錫, 1990, 앞의 논문, pp.155~161.

77) 6佐平과 22部司制의 관계에 대해서는 다양한 견해가 있다. 北周의 六典 조직에 근거한 6좌평제는 7세기에 비로소 성립되었고(盧重國, 1988, 앞의 책, pp.227~230), 6좌평제는 6세기 이전에 성립되었다가 22부 사제의 실시로 관직적 성격을 잃고 신분표시 기능만 지니게 되었다고

의 소관업무가 비교적 포괄적으로 서술된 반해 22부사는 각 부의
명칭을 통해 그 업무를 추리할 수 있을 정도로 세분된 사실에서도
알 수 있지 않을까 한다.

　백제가 하부(下部)의 간솔(杆率) 장군(將軍) 삼귀(三貴)와 상부(上
部)의 나솔(奈率) 물부조(物部鳥) 등을 보내 구원병을 청했다. 그리고
덕솔(德率) 동성자막고(東城子莫古)를 바쳐 전에 번(番)을 섰던 나솔
(奈率) 동성자언(東城子言)을 교대하고, 오경박사(五經博士) 왕유귀
(王柳貴)로 고덕(固德) 마정안(馬丁安)을 대신하고, 승(僧) 담혜(曇
慧) 등 9인으로 승 도심(道深) 등 7인을 교대하였다. 따로 명령을
받들어 역박사(易博士) 시덕(施德) 왕도양(王道良), 역박사(曆博士)
고덕(固德) 왕보손(王保孫), 의박사(醫博士) 나솔(奈率) 왕유능타(王
有㥄陀), 채약사(採藥師) 시덕(施德) 반량풍(潘量豊)·고덕(固德) 정
유타(丁有陀), 악인(樂人) 시덕(施德) 삼근(三斤)·계덕(季德) 진노
(進奴)·대덕(對德) 진타(進陀)를 바쳤는데, 모두 청에 따라 교대하
였다.[78]

보는 견해(梁起錫, 1990, 앞의 논문, pp.155~161), 6세기 전반에는
좌평제라는 합의기구와 22부사제라는 행정기구가 양립하다가 6세기
후반 좌평이 22부사를 장악하였지만, 7세기 전반 왕권강화로 6좌평제
는 행정기구화하여 국왕 통제 아래 22부사를 관장하였다고 보기도 한
다(金周成, 1990, 앞의 논문, pp.48~78).

78) "百濟遣下部杆率將軍三貴 上部奈率物部鳥等 乞救兵 仍貢德率東城子莫
　古 代前番奈率東城子言 五經博士王柳貴 代固德馬丁安 僧曇慧等九人 代
　僧道深等七人 別奉勅 貢易博士施德王道良曆博士固德王保孫醫博士奈率
　王有㥄陀 採藥師施德潘量豊 固德丁有陀 樂人施德三斤 季德己麻次 季德
　進奴 對德進陀 皆依請代之"(『日本書紀』 欽明紀 15년 2월).

위 사료는 위덕왕대에 일본 문화에 많은 영향을 끼쳤던 백제에서 파견된 사신들의 인명과 관등·직책 등을 알려주고 있다. 그 중에서도 오경박사, 역(曆)박사, 역(易)박사, 의박사 등이 주목된다. 오경박사는 사도부(司徒部), 역(易)·역(曆)박사는 일관부(日官部), 의박사·채약사는 약부(藥部)에 소속되는 등 22부의 각기 다른 행정관서에 편입되었으리라 생각된다. 결국 5좌평이 관할하였던 22부사를 효율성을 높이기 위해 6좌평으로 개편하지 않았을까 한다. 따라서 6좌평제는 기본적으로 사비 천도 이후에 완비되었다고 하겠다. 좌평의 원래 두 개의 기능, 즉 귀족들의 세력을 인정하는 것과 왕의 신하로서의 측면을 가지고 있었다. 그러므로 6좌평제가 완비되었다는 것은 두 개의 기능 중 왕의 신하로만 쓰인 것을 의미한다고 하겠다. 즉 좌평의 관직적인 성격이 완비되었음을 나타낸 것이다.

이와 같이 백제의 행정관서는 상위 관직이 먼저 분화 설치된 다음 관서가 정식으로 설치되고, 하위 관직을 차츰 충원하면서 독립적인 행정관서체계를 갖추었다. 관직체계는 5세기 후반부터 사비 천도 전까지는 5단계였다가 사비 천도 이후에는 6단계로 완성되었다. 그리고 22부사는 관직이 분화됨에 따라 개개 행정을 담당하기 위해 만들어진 것으로,[79] 왕실의 제반 업무를 관장하는 내관 12부를 제외하고는

---

79) 22부사제의 실시 시기에 대해서는 '同時設置說'과 '逐次增置說'로 나뉘고 있다. 먼저 동시설치설은 사비 천도 이후 성왕이 펼친 개혁정치를 주목하고 그 일환으로 내관 12부와 외관 10부도 동시에 설치된 것으로 보고 있다(노중국, 1988, 앞의 책 ; 양기석, 1990, 앞의 논문). 이에 비해 축차증치설은 웅진시대 후기부터 소수의 관부가 설치되기 시작하여 점차적으로 증치되어 오다가 사비 천도 이후 성왕에 의해 최종적으로 정비된 것으로 이해하고 있다(이종욱, 1978, 「백제의 좌평」『진단학

외관 10부의 장은 좌평이 맡고 있었을 것이다. 각 좌평이 외관 10부의 장이라고 하였을 경우에 좌평의 숫자가 적어도 10명이어야 한다. 그런데 사비 천도 이후에 좌평은 6명 뿐이다. 백제는 이러한 행정관서 운영의 문제점을 겸직제(兼職制)의 시행을 통해서 해결하였을 것으로 추론된다.[80] 겸직제는 1인의 신료(臣僚)가 둘 이상의 관직을 겸대(兼帶)하는 제도로서 관직제도가 존재하는 어떤 사회에서나 보편적으로 발견될 수 있는 것이다.[81] 이는 때로는 권력집중의 한 방법으로 기능

보』45 ; 김주성, 1995, 「사비천도와 지배체제의 재편」『한국사』6, 국사편찬위원회).

80) 좌평과 22부사를 상호 통속관계로 설정하여 6좌평을 22부사의 특정한 부사의 장으로 보는 견해도 있다. 즉 內臣佐平은 前內部, 內頭佐平은 內掠部, 內法佐平은 法部, 朝廷佐平은 司寇部, 衛士佐平・兵官佐平은 司軍部를 통할하는 것으로 이해하고 있다(武田幸男, 1980, 「六世紀における朝鮮三國の國家體制」 『東アジア世界における日本古代史講座』, 學生社, pp.60~61).

81) 백제에서 겸직제에 대한 구체적인 사례는 찾기 어렵다. 따라서 이에 대한 이해를 위해서는 신라의 겸직제에 대한 연구를 참조할 수밖에 없다. 신라에서는 관직이 분화되기 시작하는 6세기부터 겸직의 흔적이 나타나고 있어 兼職制의 始源이 그 이전의 官職未分化時代와 관련이 있음을 암시하고 있다. 신라에서 6세기 이전은 고유한 職掌의 分化가 없는 관직미분화의 상태였는데, 이 시기의 국가통치업무는 관직을 지니지 못한 臣僚들이 그때 그때 임시적으로 처리하였다. 그런데 이러한 상황에서도 유력귀족들은 대체로 複合的인 업무를 수행하고 있는 경우가 많았다. 이와 같은 현상이 관직이 분화되기 시작하는 시기까지 잔존하고 있어 관직이 설치되자 유력귀족들이 복수의 관직을 겸대하는 겸직이 성립하게 되었다. 그러나 겸직제가 하나의 '制度'로 정착되는 것은 관직제도의 분화 발달이 현저했던 眞平王代였다. 그것은 兵部令이 반드시 私臣을 겸한다는 겸직에서의 法則性이 성립되고 있는데서 알 수 있다. 그 이후 겸직제는 관직제도의 발달과 정비, 소수의 진골귀족에게

할 수 있고, 또는 행정능률의 향상을 위해서 시행될 수도 있기 때문이다. 따라서 겸직제는 관직의 분화·발달이 어느 정도 진행된 연후에 실시될 성질의 것이라 할 수 있다. 백제 사비시대의 정치 구조를 도표화시켜 보면 다음과 같다.

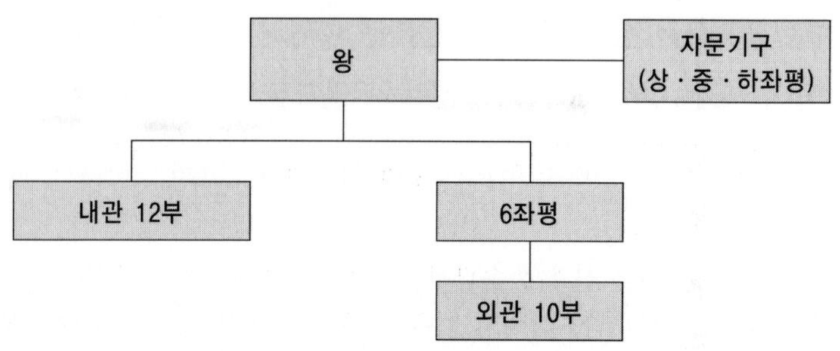

이상에서 살펴본 바와 같이 백제는 사비천도 이후 관직이 분화됨에 따라 개개 행정을 담당하기 위해 22부사제가 생겨나게 되었다. 또한 22부사의 효율성을 높이기 위해 6좌평제로 개편되었다. 그리고 이 22부사는 왕실의 제반 업무를 담당하는 내관 12부, 일반 서정을 담당하는 외관 10부로 나누어지고 있었으며, 내관 12부를 제외한 외관 10부의 장은 좌평이 맡았다. 6좌평이 외관 10부의 장을 맡게 됨에 따라 1인(人)의 신료가 둘 이상의 관직을 겸대하는 겸직제가 발달하게 되었다. 이같이 좌평제가 관직 중심의 정치기구로 변화되고, 6세기 전반에 행정관서체계인 22부사제가 설치되었다는 것은 성왕대 이후

권력이 집중되는 현상과 병행하여 더욱 확대 실시되었고, 中·下代에는 관직제도 운용의 주요한 원리가 되었다(李文基, 1984, 「新羅時代의 兼職制」『大丘史學』26, pp.1~59).

귀족들의 정치적 기반이 관료조직에서 출발할 수밖에 없었음을 의미
한다고 하겠다.[82] 그리고 성왕대에 확립되는 관료제는 하루 아침에
이루어진 것이 아니라 오랜 기간의 과정을 거친 결과였음을 알 수
있겠다. 따라서 대성팔족이란 관료제적 조직이 정비된 이후 사회 신분
적 측면에서 최고의 귀족가문을 가리키는 것이라 할 수 있겠다.

---

82) 무왕과 의자왕대에 이르러 점차 관료제국가로 발돋움하고 있다고 보는
　　견해도 있다(梁起錫, 1997, 앞의 논문, p.22).

이같이 좌평제가 관직 중심의 정치기구로 변화되고,
6세기 전반에 행정관서체계인 22부사제가 설치되었
다는 것은 성왕대 이후 귀족들의 정치적 기반이 관료조
직에서 출발할 수밖에 없었음을 의미한다고 하겠다.
따라서 대성팔족이란 관료제적 조직이 정비된 이후 사
회신분적 측면에서 최고의 귀족가문을 가리키는 것이
라 할 수 있겠다.

결 론

이상에서 4~6세기 백제의 지배세력에 대해 살펴보았다. 그 결과 백제의 지배세력은 집권체제가 확립되는 과정에서 다양한 정치세력이 등장하고 있었으며, 백제사의 전개과정 속에서 계기적으로 발전하였음을 확인하였다. 1장의 내용부터 간략히 요약하면 다음과 같다.

제1장에서는 근초고왕(近肖古王)대의 새로운 세력의 진출에 대해 살펴보았다.

백제의 초기 정치체제의 기본구조를 부(部)체제에서 집권적 지배체제로의 이행이란 측면에서 검토해 보았다. 『삼국사기』 초기 기사에서 하나의 지역 단위정치체제로서의 부(部)를 표현하고 있다고 여겨지는 기사를 통해 부체제의 모습을 상정하였다. 이러한 부체제에서 인명(人名) 위에 부명(部名)을 관(冠)하는 것은 부에 대한 귀속이 갖는 비중이 크다는 것을 의미하는데, 고이왕(古爾王) 이후에 부명이 나타나지 않는 것은 부의 실제적인 정치단위로서의 기능이 약화되고 있음을 의미한다. 부의 기능약화와 더불어 관등·관직의 개편상도 주목을 요하는 부분이었다. 즉 좌보(左輔)·우보(右輔)제 대신에 좌평(佐平)제가 실시되고 있으며, 좌장(左將)의 존재도 주목되고 있다. 이와 같은 몇가지 현상들을 통해 고이왕대를 전후하여 기존의 부체제가 크게 동요하고 있음을 추리할 수 있다.

고이왕대를 전후한 시기에 나타난 부체제의 변화 및 해체는 근초고왕·근구수왕대의 집권체제 정비에 따라 더욱 가속화되었던 것으로 보인다. 그리고 근초고왕·근구수왕대 집권적 지배체제 정비의 배경으로는 정치세력의 재편을 주목할 필요가 있다. 먼저 근초고왕대에는 기존 정치세력들에 대한 재편을 통해서도 왕권강화가 이루어지고 있었다. 또한 근초고왕대에는 대외 정복활동이 크게 확대되었다. 따라서 정복전쟁의 수행과 영역의 확대 과정에서 왕권의 물적 기반이 확대되었음은 의심의 여지가 없다. 그러나 한편으로는 이전과는 달리 전쟁에서의 공훈 등을 기반으로 새로이 등장하고 있는 정치세력들이 새로운 편제원리를 요구하였을 것은 자명하다. 따라서 근초고왕·근구수왕대의 이러한 상황은 새로운 정치세력의 등장을 가능케 하고 있다. 새로운 정치세력의 모습은 『일본서기』 진구기조의 인명(人名) 분석, 그리고 4세기 전반 낙랑(樂浪)·대방군(帶方郡)의 한반도내 소멸이라는 정세의 변화와 그로 인한 백제의 이 지역 진출에 따른 정치세력의 등장을 통해서 살펴볼 수 있었다. 전자는 이후 백제사에서 중요한 역할을 수행하고 있는 목(木)씨·사(沙)씨의 등장을 보여주고 있으며, 후자는 근초고왕·근구수왕대에 나타나고 있는 고흥(高興) 등을 통해 이해할 수 있었다.

제2장에서는 전지왕(腆支王)·개로왕(蓋鹵王)대 왕족(王族)의 대두

에 대해 살펴보았다.

5세기 초엽 백제의 정국운영에 사두(沙豆)가 좌장(左將)에 임명되고 있는 것에서 보듯이, 근초고왕 이후 등장하고 있던 다양한 정치세력이 당시에도 적극적으로 참여하고 있었음을 알 수 있다. 그러나 고구려의 적극적인 공세로 인한 북경(北境)의 요새인 관미성(關彌城) 등의 상실, 그리고 계속된 패전으로 위기 상황이었다. 이와 같은 대외적 환경의 악화는 국내정치에도 영향을 끼쳐 왕위계승을 둘러싼 분쟁을 야기하였다. 그러나 이러한 혼돈 속에서 즉위한 전지왕은 이를 수습하고 왕권을 뒷받침하기 위한 정책을 실시하였는데, 그것은 다름아닌 상좌평의 설치였다. 상좌평은 좌평의 상위의 개념으로 설치되었으며, 국정을 총괄하는 재상적 성격을 지니고 있었다. 또한 상좌평에는 전지왕 때 여신(餘信), 비유왕(毗有王) 때 해수(解須), 그리고 개로왕(蓋鹵王) 대에는 문주(文周) 등이 임명되고 있는데, 이들은 왕과 혈연적으로 연결되었던 인물, 또는 왕의 즉위 때에 큰 활약을 하였던 인물들이다. 따라서 이러한 인물들이 임명되고 있는 상좌평은 왕권 강화를 위한 제도적 장치라 하겠다.

개로왕은 즉위 초의 어떤 정치적 변동을 수습하는 가운데 상좌평을 중심으로 한 체제에 한계를 느꼈으며, 이를 보완하기 위해 문주(文周)를 상좌평(上佐平) 및 우현왕(右賢王), 곤지(昆支)를 좌현왕(左賢王)에 임명하여 병권을 장악케 하고, 여례(餘禮)를 불사후(弗斯侯)에 임용하는 등 왕족을 중용하여, 즉 왕후제를 통해 왕권을 강화시키고 있었다. 그러나 개로왕대 일부 귀족세력의 이탈로 인한 내부분열과 고구려의 대대적인 백제공격으로 인한 개로왕의 전사는 왕후제를 근간으로 한 정치체제를 무너뜨렸으며, 이로 말미암아 백제는 웅진 천도라고 하는 새로운 국면을 맞이하게 되었다.

제3장에서는 동성왕(東城王)·무령왕(武寧王)대 새로운 지배세력의 등장에 대해 살펴보았다.

백제의 웅진 천도가 아무리 준비없는 천도였고, 백제 왕실이 새로운 세력을 필요로 하여 예기치 못한 지방세력이 왕과 연결되었다고 하더라도, 과연 지방세력이 그렇게 갑작스럽게 정권의 전면에 나서서 강력한 힘을 발휘할 수 있었을까에 대하여 문제를 제기하였다.

백제는 동성왕의 즉위를 계기로 천도 직후인 문주왕과 삼근왕대의 정정(政情)의 불안을 수습하며, 새로운 발전의 토대를 마련하게 된다. 동성왕의 즉위로 정국의 안정을 기한 백제는 한성의 함락으로 물적·인적 기반인 한강 유역 상실을 만회하기 위해 남부지방으로 세력을 확장하였다. 마한의 잔존 세력이 남아 있던 영산강 유역으로 세력을 확장하게 되면서 한강 유역의 상실에서 온 경제적 손실을 회복할 수 있게 되었다. 그리고 웅진 천도 이후 백제의 영향력으로부터 이탈을 꾀하면서 독자노선을 추구하던 가야를 견제하기 시작하였다. 이 같은 대외적 환경의 변화는 동성왕이 정국운영의 주도권을 장악할 수 있는 기회를 제공하였다. 특히 가야를 견제하기 시작하면서는 이곳에 일정한 영향력을 행사할 수 있었던 세력들, 즉 사씨 등이 새롭게 힘을 얻어 정국운영에 영향력을 발휘할 수 있는 배경이 되기도 하였다.

그런데 사씨 등은 웅진 천도 이후 갑작스럽게 등장하는 지방정치세력이 아니라, 일찍부터 백제의 왕실세력과 연계를 가지고 있다가 웅진 천도 이후 정치적 환경과 정치세력의 변동에 따라 등장한 것이다.

246

특히 이들은 근초고왕·근구수왕대 정복전쟁의 수행과 영역의 확대 과정에서 왕권의 기반 및 연관성을 갖고 있던 세력들이다. 웅진 천도 이후에 가야지역에 대한 중요성이 커지면서, 이 지역에 대한 영향력을 행사할 수 있었던 세력들을 재등용한 것으로 보았다. 이어 이들이 정국의 핵심으로 등장하게 되면서 동성왕·무령왕대의 정치적 환경 은 어떠한 변화를 겪게 되었는지 살펴보았다.

동성왕은 지배층의 재편성을 완성시키고 왕권을 강화하기 위해서 작제적 성격의 왕후제를 적극 활용하고 있었으며, 또한 좌평의 직능 분화의 과정을 통해 관료제를 진전시키고 있었다. 이러한 동성왕대 좌평제의 분화는 무령왕대에도 지속적으로 추진되고 있었다. 그 결과 무령왕대에는 이러한 정치적 안정을 바탕으로 『양서』 백제전에서 보 듯이 '다시 강국이 되었음(更爲强國)'을 칭할 수 있게 되었던 것이다. 이러한 상황 전개는 성왕대에 새로운 정치를 전개할 수 있는 한 요인으 로 작용하였다.

제4장에서는 성왕(聖王)·위덕왕(威德王)대 대성팔족(大姓八族)의 성립에 대해 살펴보았다. 동성왕·무령왕대 이후 지속적인 정치환경 의 안정과 대외관계의 변화는 백제가 사비로 천도를 할 수 있게 하였 다. 사비로의 천도는 귀족들의 존재양태에도 큰 변화를 가져오게 하였 다.

백제의 사비 천도가 538년 성왕의 정치적 결단에 의해서만 단행된 것이 아니라, 이전 왕들의 관심과 준비를 기반으로 진행되었음은 자명 하다. 백제의 사비지역에 대한 관심은 동성왕대부터 나타나고 있었으 며, 사비 천도를 실천에 옮긴 왕은 무령왕이었다. 무령왕은 521년 백제가 다시 강국이 되었음을 대내외에 선포하면서, 475년 한성 함락으로 어쩔 수 옮겨 온 웅진에서 벗어나 국가중흥을 위해 사비로 천도를 단행한 것이다. 그러나 523년 무령왕의 사망으로 이 사업은 잠시 중단되었다가, 525년 성왕에 의해 다시 시작되었다. 성왕은 사비 천도를 원만히 진행하기 위해 법화사상을 받아들여 여러 정치세력의 이해관계를 조정하였다.

그 결과 사비 초기에는 왕권과의 연계성 강화를 통해 지배세력들이 존재하는 형태, 왕족내의 분지화(分枝化) 등을 통해 다수의 귀족세력이 생성되는 모습을 추론해 볼 수 있었다. 그리고 사비 초기에는 지배귀족들의 신분을 상(上)·중(中)·하좌평(下佐平)으로 서열화하고 있었다. 따라서 사비 초기의 정치체제가 왕권을 중심으로 비교적 안정될 수 있었던 것은 귀족세력의 이러한 존재양태에서 연유하였다. 사비 초기의 귀족세력은 왕권을 매개로 정치적 지위와 사회경제적 기반 등을 승습(承襲)하였기 때문에 왕권 아래에 편입될 수밖에 없었다. 그리하여 사비 초기 정치체제는 왕권을 중심으로 원활하게 운영될 수 있었는데, 특히 성왕대 국가기구 정비에 따른 관계(官階)·관직(官職)의 확충은 정치체제 안정의 주요한 원천이었던 것이다.

그러나 사비시대의 귀족세력은 8개의 유력한 혈족집단인 대성팔족(大姓八族)으로 대표되고 있다. 성왕 32년(554) 관산성 전투를 전후한 일련의 사건 이후, 개별적으로 존재하던 다수의 귀족세력들이 유력한 8개의 혈족집단을 구성하게 되었다. 이 때 유력한 혈족집단들이 정국운영의 주도권을 장악하면서 귀족연합의 정치체제를 형성하였던 것으로 보인다. 대성팔족의 성격을 살펴보고자 할 때 주목되는 것은

22부사제와 6좌평의 존재이다. 22부사제는 개개 행정을 담당하는 기구, 6좌평제는 정치기구의 성격을 가지고 있다.

그런데 위덕왕대 이후에 보이는 대성팔족은 계속해서 6좌평의 직(職)을 계승해 가는 모습을 보여주고 있다. 사(沙)씨·목(木)씨 등과 같이 대성팔족에 포함된 가문은 최고의 관등인 6좌평까지 오르고 있음을 살펴볼 수 있다. 그런데 대성팔족보다 한 단계 낮은 가문, 귀실복신(鬼室福信)의 가문에서 보듯이 최고로 오를 수 있는 관등은 달솔(達率)로 제한되고 있다. 이것은 6좌평과 22부사제로 대표되는 백제의 관료제가 정비되면서 대성팔족의 가문과 일반 귀족의 가문 사이에 오를 수 있는 관직의 한계가 정해져 있었음을 의미한다고 하겠다. 따라서 대성팔족은 정치기구인 6좌평, 일반 행정 부서인 22부사는 흑치 가문과 같은 일반 귀족들이 주로 맡지 않았을까 한다.

백제는 사비 천도 이후 관직이 분화됨에 따라 개개 행정을 담당하기 위해 22부사제가 생겨나게 되었다. 또한 22부사(部司)의 효율성을 높이기 위해 6좌평제로 개편되었다. 그리고 이 22부사는 왕실의 제반 업무를 담당하는 내관 12부, 일반 서정을 담당하는 외관 10부로 나누어 지고 있었으며, 내관 12부를 제외한 외관 10부의 장(長)은 좌평이 맡았다. 6좌평이 외관 10부의 장(長)을 맡게 됨에 따라 1인의 신료가 둘 이상의 관직을 겸대하는 겸직제가 발달하게 되었다. 이같이 좌평제가 관직 중심의 정치기구로 변화되고, 6세기 전반에 행정관서체계인 22부사제가 설치되었다는 것은 성왕대 이후 귀족들의 정치적 기반이 관료조직에서 출발할 수밖에 없었음을 의미한다고 하겠다. 따라서 대성팔족이란 관료제적 조직이 정비된 이후 사회신분적 측면에서 최고의 귀족가문을 가리키는 것이라 할 수 있겠다.

 이상과 같은 검토가 백제 지배세력의 존재양태 뿐만 아니라 왕권의 변화과정을 이해하는 데 조금이나마 보탬이 될 수 있을 것으로 생각한다.

참고문헌

Ⅰ. 기본 사료

『삼국사기』『삼국유사』

『후한서』『삼국지』『진서』『송서』『남제서』『양서』『위서』

『주서』『수서』『남사』『북사』『구당서』『신당서』『한원』

『통전』『자치통감』

『일본서기』『속일본기』『신찬성씨록』

Ⅱ. 단행본

가락국사적개발연구원, 1994, 『역주 일본육국사 한국관계기사』.

곽장근, 1990, 『호남 동부지역의 석곽묘 연구』, 학연문화사.

권오영, 2005, 『고대 동아시아 문명교류사의 빛, 무령왕릉』, 돌베개.

국사편찬위원회, 1987, 『역주 중국정사조선전』 1, 2.

국사편찬위원회, 1995, 『한국사 6-백제-』.

김기섭, 2000, 『백제와 근초고왕』, 학연문화사.

김철준, 1990, 『한국고대사회연구』, 서울대학교출판부.

김태식, 1993, 『가야연맹사』, 일조각.

김현구, 1993, 『임나일본부연구』, 일조각.

김현구·우재병·박현숙·이재석, 2002, 『일본서기 한국관계기사 연구』
Ⅰ·Ⅱ·Ⅲ.

노중국 외, 1995, 『가야사연구』, 경상북도.

노중국, 1988, 『백제정치사연구』, 일조각.

노태돈, 1999, 『고구려사 연구』, 사계절.

동양사학회 편, 1993, 『동아사상의 왕권』, 한울아카테미.

문안식, 2002, 『백제의 영역확장과 지방통치』, 신서원.

문안식·이대석, 2004, 『한국고대의 지방사회』, 혜안.

박성봉, 1986, 『동이전 백제관계 자료』, 경희대학교 전통문화연구소.

박순발, 2001, 『한성백제의 탄생』, 서경.

부여군지편찬위원회, 1987, 『부여군지』.

유교사전편찬위원회, 1990, 『유교대사전』, 박영사.

유원재, 1995, 『중국정사 백제전 연구』, 학연문화사.

유원재 편저, 1996, 『백제의 역사와 문화』, 학연문화사.

이기동, 1998, 『백제사연구』, 일조각.

이기백, 1974, 『신라정치사회사연구』, 일조각.

이기백, 1986, 『신라사상사연구』, 일조각.

이기백·이기동, 1978, 『한국사강좌』I, 일조각.

이남석, 1995, 『백제 석실분 연구』, 학연문화사.

이도학, 1991, 『백제 고대 국가 연구』, 일지사.

이문기, 1997, 『신라병제사연구』, 일조각.

이병도, 1976, 『한국고대사연구』, 박영사.

이병도, 1977, 『국역 삼국사기』, 을유문화사.

이용빈, 2002, 『백제 지방통치제도 연구』, 서경문화사.

이현혜, 1984, 『삼한사회형성과정연구』, 일조각.

이홍직, 1987, 『한국고대사의 연구』, 신구문화사.

이희진, 1998, 『가야정치사연구』, 학연문화사.

장인성, 2001, 『백제의 종교와 사회』, 서경.

전덕재, 1996, 『신라육부체제연구』, 일조각.

전영래, 1976, 『주류성·백강 위치비정에 관한 신연구』, 부안군.

전해종, 1987, 『동아사의 비교연구』, 일조각.

주보돈 외, 1992, 『한국사회발전사론』, 일조각.

천관우, 1989, 『고조선사·삼한사연구』, 일조각.

천관우, 1991, 『가야사연구』, 일조각.

최광식, 1994,『고대한국의 국가와 제사』, 한길사.

최몽룡 외, 1993,『한강유역사』, 민음사.

한국정신문화연구원, 1997,『역주 삼국사기』(1), (2), (3), (4).

末松保和, 1949,『任那興亡史』, 吉川弘文館.

山尾幸久, 1983,『日本古代王權形成史論』, 岩波書店.

三品彰英, 1962,『日本書紀朝鮮關係記事考證』上, 吉川弘文館.

窪田藏郎, 1974,『鐵の考古學』, 熊山閣.

坂元義鍾, 1978,『百濟史の硏究』, 塙書房.

Ⅲ. 발굴조사보고서 및 도록

경기도박물관, 2004,『포천 자작리유적 I』.

경기도박물관, 2006,『한성백제』.

국립공주박물관, 1999,『정지산』.

국립공주박물관, 2006,『한성에서 웅진으로』.

국립문화재연구소, 2001,『풍납토성』I.

국립문화재연구소, 2002,『풍납토성』II.

서성훈·성낙준, 1984,『해남 월송리 조산고분』, 국립광주박물관·백제문화개발연구원.

서성훈·성낙준, 1988,『나주반남면고분군』, 국립광주박물관.

서성훈·성낙준, 1994,「무안사창리옹관묘」『영암 만수리 고분군』, 국립광주박물관.

성낙준, 1993,「함평예덕리 신덕고분 긴급수습조사약보」『제35회 전국역사학대회 발표요지』.

성낙준, 1994,「해남 부길리 옹관유구」『호남고고학보』1.

성낙준·신상효, 1989,「해남 원진리 옹관묘」『영암와우리옹관묘』, 국립광주박물관.

순천대학교박물관, 2004,『순천 검단산성 I』.

순천대학교박물관, 2005,『광양 마로산성 I』.

순천대학교박물관, 2006, 『순천 운평리 고분 발굴조사 자문위원회 자료』.

이영문, 1990, 『장성 영천리 횡혈식석실분』, 전남대학교박물관.

임영진, 1993, 『함평 월계리 석계고분군 I』, 전남대학교박물관.

임영진, 1993, 『함평 월계리 석계고분군 II』, 백제문화개발원·전남대학교
　　박물관.

임영진, 1995, 『장성 학성리 고분군』, 전남대학교박물관·장성군.

임영진, 1996, 「라주 복암리 3호분의 옹관석실」 『신라고고학의 제문제』,
　　제20회 한국고고학대회 발표요지.

임영진·조진선, 1994, 『광주 월계동장고분·쌍암동고분』.

전남대학교박물관, 2006, 『고흥 안동고분 시굴조사 회의자료』.

전영래, 1973, 「전북지방출토옹관2예」 『전북유적조사보고』 I.

전영래, 1974, 「임실 금성리석곽묘군」 『전북유적조사보고』 III.

전영래, 1975, 「고창 송룡리 옹관묘」 『전북유적조사보고』 V.

전영래, 1981, 「남원 초촌리고분 발굴 조사보고서」 『전북유적조사보고』 12.

전영래, 1983, 『남원 월산리고분군 발굴조사보고』, 마한·백제문화연구소.

차용걸, 1990, 『청주 신봉동 백제고분 발굴 조사보고서』, 충북대학교박물관.

최몽룡, 1976, 「담양 제월리 백제고분과 그 출토유물」 『문화재』 10.

충남대학교백제연구소, 2000, 『백제 사비 나성』.

충남대학교백제연구소, 2003, 『사비도성 -능산리 및 군수리지점 발굴조사
　　보고서-』.

충남발전연구원, 2003, 『공주 수촌리 유적 약보고서』.

충북대학교박물관, 2002, 『충북 청원 부강리 남성골 유적』.

한신대학교박물관, 2003, 『풍납토성』 III.

한신대학교박물관, 2004, 『풍납토성』 IV.

한신대학교박물관, 2005, 『풍납토성』 VI.

IV. 연구 논문

강봉룡, 1994, 「신라 지방통치체제 연구」, 서울대학교 박사학위논문.

강봉룡, 1997, 「백제의 마한 병탄에 대한 신고찰」 『한국상고사학보』 26.

강봉룡, 1998, 「영산강유역의 고대사회와 나주」『나주지역 고대사회의 성격』, 나주시·목포대학교 박물관.

강봉룡, 2003, 「영산강유역 '옹관고분사회'의 형성과 전개」『강좌 한국고대사』 10.

강종원, 1997, 「백제 근초고왕의 왕위계승」『백제연구』 23.

강종원, 1997, 「한성시대 정치세력의 존재양태」『충남사학』 9.

강종원, 1998, 「4세기 백제 정치사 연구」, 충남대학교 박사학위논문.

강종원, 1999, 「백제 비류왕의 즉위와 정국운영」『한국상고사학보』 30.

강종원, 1999, 「백제 좌장의 정치적 성격」『백제연구』 29.

강종원, 2003, 「백제 흑치가의 성립과 흑치상지」『백제연구』 38.

강종원, 2005, 「백제 사비도성과의 경영과 왕권」『고대 도시와 왕권』.

강종원, 2005, 「수촌리 백제고분군 조영세력 검토」『백제연구』 42.

강종훈, 1992, 「백제 대륙진출설의 제문제」『한국고대사논총』 4.

강종훈, 1997, 「신라 삼성 족단과 상고기의 정치체제」, 서울대학교 박사학위논문.

강종훈, 2000, 「삼국 초기의 정치구조와 부체제」『한국고대사연구』 17.

강종훈, 2001, 「4세기 백제-왜 관계의 성립과 그 배경」『역사와 현실』 40.

강종훈, 2004, 「백제의 성장과 대중국군현 관계의 추이」『한국고대사연구』 34.

권오영, 1986, 「초기백제의 성장과정에 대한 일고찰」『한국사론』 15.

권오영, 1988, 「4세기 백제의 지방통치방식 일례」『한국사론』 18.

권오영, 1988, 「고고자료를 중심으로 본 백제와 중국의 문물교류-강남지방과의 관계를 중심으로-」『진단학보』 66.

권오영, 1991, 「중서부지방 백제 토광묘에 대한 시론적 검토」『백제연구』 22.

권오영, 1995, 「백제의 성립과 발전」『한국사』 6.

권오영, 1996, 「삼한의 '국'에 관한 연구」, 서울대학교 박사학위논문.

권오영, 2001, 「백제국에서 백제로의 전환」『역사와 현실』 40.

권오영, 2002, 「풍납토성 출토 외래유물에 대한 검토」『백제연구』 36.

권오영, 2004, 「물자·기술·사상의 흐름을 통해 본 백제와 낙랑의 교섭」 『한성기 백제의 물류시스템과 대외교섭』.

권오영, 2004, 「백제의 대중교섭의 진전과 문화변통」『강좌 한국고대사』, 가락사적개발연구원.

권오영, 2005, 「고고학 자료로 본 백제와 왜의 관계-영산강유역의 전방후원 분을 중심으로-」『왜 5왕 문제와 한일관계』.

권오영, 2005, 「백제문화의 이해를 위한 중국 육조문화 탐색」『한국고대사연 구』 37.

길기태, 2006, 「백제 사비시대의 불교신앙 연구」, 충남대학교 박사학위논문.

김기섭, 1993, 「한성시대 백제의 왕계에 대하여」『한국사연구』 83.

김기섭, 1994, 「백제 근초고왕의 북경」『군사』 29.

김기섭, 1995, 「근초고왕대의 남해안 진출설에 대한 재검토」『백제문화』 24.

김기섭, 1997, 「백제 한성시대 통치체제 연구」, 한국정신문화연구원 박사학 위논문.

김기섭, 2002, 「4세기 무렵 백제의 지방지배」『백산학보』 63.

김기섭, 2002, 「백제의 국가성장과 비류계의 역할」『청계사학』.

김기섭, 2002, 「위례성에서 한성으로」『향토서울』 62.

김기섭, 2003, 「백제의 성장과 서부의 경영」『온조와 초기 백제』, 한국고대학 회 2003년 추계 학술회의.

김기섭, 2004, 「백제의 왕위계승과 2자」『경기사학』 1.

김기섭, 2005, 「5세기 무렵 백제 도래인의 활동과 문화 전파」『왜 5왕 문제와 한일관계』.

김기섭, 2005, 「백제 동성왕의 즉위와 정국 변화」『한국상고사학보』 50.

김두진, 1990, 「백제시조 온조신화의 형성과 그 전승」『한국학논집』 13.

김미경, 1996, 「고구려의 낙랑·대방지역 진출과 그 지배형태」『학림』 17.

김성구, 1990, 「부여의 백제요지와 출토유물에 대하여」『백제연구』 21.

김수태, 1997, 「3세기 중후반 백제의 발전과 마한」『마한사의 새로운 인식』.

김수태, 1997, 「백제의 지방통치와 도사」『백제의 중앙과 지방』.

김수태, 1998, 「백제 개로왕대의 대고구려전」『백제사상의 전쟁』.

김수태, 1998, 「백제 의자왕대 왕족의 동향」『백제연구』 28.

김수태, 2000, 「백제 법왕대의 불교」『선사와 고대』 15.

김수태, 2001, 「백제의 대외교섭권 장악과 마한」『백제연구』 33.

김수태, 2004, 「백제의 천도」『한국고대사연구』 36.

김수태, 2004, 「한성백제의 성장과 낙랑·대방군」『백제연구』 39.

김수태, 2005, 「사비시대 백제의 왕경인-신분제도를 중심으로-」『고대 도시와 왕권』.

김영심, 1991, 「5~6세기 백제의 지방통치체제」『한국사론』 22.

김영심, 1997, 「백제 지방통치체제 연구-5~7세기를 중심으로-」, 서울대학교 박사학위논문.

김영심, 1997, 「한성시대 백제 좌평제의 전개」『서울학연구』 8.

김영심, 1998, 「백제 관등의 성립과 운영」『국사관논총』 82.

김영심, 1999, 「백제의 영역변천과 지방지배」『특별전 백제』.

김영심, 2000, 「백제사에서 부와 부체제」『한국고대사연구』 17.

김영심, 2003, 「웅진·사비시기 백제의 영역」『고대 동아세아와 백제』.

김영심, 2005, 「백제 사비시기 체제정비와 사상적 기반」『백제 사비시기 문화의 재조명』.

김영태, 1979, 「백제의 관음사상」『마한백제문화』 8.

김영하, 1988, 「삼국시대 왕의 통치형태 연구」, 고려대학교 박사학위논문.

김유철, 1994, 「남조 국가권력의 지배구조에 관한 연구」, 서울대학교 박사학위논문.

김은숙, 1990, 「『일본서기』의 백제관계기사의 기초적 검토」『백제연구』 21.

김주성, 1990, 「백제 사비시대 정치사 연구」, 전남대학교 박사학위논문.

김주성, 1997, 「영산강유역 대형옹관묘 사회의 성장에 대한 시론」『백제연구』 27.

김주성, 2001, 「백제 법왕과 무왕의 불교정책」『마한백제문화』 15.

김창석, 2004, 「한성기 백제의 국가제사 체계와 변화 양상-풍납토성 경당지구 44호, 9호의 유구의 성격 검토를 중심으로-」『서울학연구』 22.

김창석, 2005, 「한성기 백제의 유교문화와 그 성립과정」『향토서울』 65.

김철준, 1956, 「고구려·신라의 관계조직의 성립과정」『이병도박사화갑기념논총』.

김철준, 1982, 「백제건국고」『백제연구』 특집호.

김철준, 1990, 「백제사회와 그 문화」『한국고대사회연구』.

김현구, 1991, 「『신공기』 가라칠국 평정기사에 관한 일고찰」『사총』 39.

김현구, 1994, 「4세기 가야와 백제·야마토왜의 관계」『한국고대사논총』 6.

김현구, 2000, 「백제의 가야진출에 관한 일고찰」『동양사학연구』 70.

김현구, 2002, 「백제와 일본간의 왕실외교」『백제문화』 31.

김현구, 2003, 「『일본서기』 계체 23년조의 검토」『한국사연구』 123.

김현숙, 2003, 「웅진시기 백제와 고구려의 관계」『고대 동아세아와 백제』.

남형종, 1993, 「백제 동성왕대 지배세력의 동향과 왕권의 안정」『북악사론』 3.

노명호, 1981, 「백제의 동명신화와 동명묘」『역사학연구』 10.

노용필, 1990, 「신라 진흥왕대 대등의 분화와 그 정치적 배경」『역사학보』 127.

노중국, 1978, 「백제왕실의 남천과 지배세력의 변천」『한국사론』 4.

노중국, 1979, 「고구려 국상고」『한국학보』 16·17.

노중국, 1981, 「고구려·백제·신라의 역관계변화에 대한 일고찰」『동방학지』 28.

노중국, 1985, 「한성시대 백제의 지방통치체제」『변태섭박사화갑기념사학논총』.

노중국, 1985, 「해씨와 부여씨의 왕실교체와 초기백제의 성장」『김철준박사화갑기념사학논총』.

노중국, 1991, 「백제 무령왕대의 집권력 강화와 경제기반의 확대」『무령왕릉의 연구현황과 제문제』.

노중국, 1994, 「4~5세기 백제의 정치운영」『한국고대사논총』 6.

노중국, 1994, 「백제의 귀족가문 연구-목협(목)씨 세력을 중심으로-」『대구사학』 48.

노중국, 1995, 「백제부흥군의 부흥전쟁 연구」『역사의 재조명』, 한림과학원.

노중국, 2003, 「마한과 낙랑·대방군과의 군사충돌과 목지국의 쇠퇴-정시 연간(240~248)을 중심으로-」『대구사학』 71.

노중국, 2003, 「삼국의 관등제」『강조 한국고대사』 2.

노중국, 2003, 「웅진·사비시대의 백제사」『고대 동아세아와 백제』.

노중국, 2004, 「백제의 제의체계 정비와 그 변화」『계명사학』 15.

노중국, 2004, 「한성백제의 몰락과 수도 이전」『향토서울』 64.

노중국, 2005, 「5세기 한일관계사의 성격 개관」『왜 5왕 문제와 한일관계』.

노태돈, 1975, 「삼국시대 부에 관한 연구」『한국사론』 2.

노태돈, 1976, 「고구려의 한수유역 상실의 원인에 대하여」『한국사연구』 13.

노태돈, 1981, 「삼국의 정치구조와 사회·경제」『한국사』 2, 국사편찬위원회.

노태돈, 1984, 「5~6세기 동아시아의 국제정세와 고구려의 대외관계」『동방학지』 44.

노태돈, 2000, 「삼국시대의 부와 부체제」『한국고대사논총』 10.

노태돈, 2000, 「초기 고대국가의 국가구조와 정치운영」『한국고대사연구』 17.

노태돈, 2002, 「삼국사기에 등장하는 말갈의 실체」『한반도와 만주의 역사와 문화』, 서울대학교 출판부.

노태돈, 2002, 「삼국시대인의 천하관」『강좌 한국고대사』 8.

문동석, 1996, 「4~5세기 백제 정치체제의 변동」『한국고대사연구』 9.

문동석, 1996, 「한강유역에서 백제의 국가형성」『역사와 현실』 21.

문동석, 1997, 「4세기 백제의 가야 원정에 대하여」『국사관논총』 74.

문동석, 2000, 「4~6세기 백제 지배세력 연구」, 경희대학교 박사학위논문.

문동석, 2001, 「4세기 백제의 지배체제와 좌평」『역사와 현실』 42.

문동석, 2001, 「토사구팽 당하긴 싫어, 백가」『모반의 역사』, 세종서적.

문동석, 2002, 「풍납토성 출토 '대부'명에 대하여」『백제연구』 36.

문동석, 2004, 「백제 노귀족의 불심, 사택지적비」『고대로부터의 통신』, 푸른역사.

문동석, 2005, 「5~6세기 백제 지배세력 연구」『역사와 현실』 55.

문동석, 2006, 「양 무제의 불교정책에 대하여-백제와 연관성을 중심으로-」『동아고고논단』 2.

문동석, 2006, 「백제 전지왕·개로왕대 왕족의 대두와 왕권강화」『경희사학』 24.

문동석, 2006, 「백제 사비시대 귀족세력의 존재양태와 대성팔족」『역사와 현실』 62.

문안식, 2001, 「백제의 영산강유역 진출과 토착세력의 추이」『전남사학』 16.

문안식, 2004, 「백제의 시조 전승에 반영된 왕실교대와 성장과정 추론」『동국사학』 40.

문안식, 2005, 「개로왕의 왕권강화와 국정운영의 변화에 대하여」『사학연구』 78.

박순발, 1997, 「한강유역의 기층문화와 백제의 성장 과정」『한국고고학보』 36.

박순발, 1997, 「한성백제의 중앙과 지방」『백제의 중앙과 지방』.

박순발, 1998, 「4~6세기 영산강유역의 동향」『백제사상의 전쟁』.

박순발, 1998, 「백제 국가의 형성 연구」, 서울대학교 박사학위논문.

박순발, 1999, 「백제의 남천과 영산강유역의 동향」『한국의 전방후원분』.

박순발, 2000, 「사비도성의 구조에 대하여」『백제연구』 21.

박순발, 2001, 「마한 대외교섭의 변천과 백제의 등장」『백제연구』 31.

박순발, 2004, 「한성기 백제 대중교섭 일례-몽촌토성 출토 금동과대금구 추고-」『호서고고학』 11.

박순발, 2005, 「고구려와 백제」『고구려와 동아시아』, 고려대박물관.

박순발, 2005, 「사비도성의 경관에 대하여」『고대 도시와 왕권』.

박찬규, 1991, 「백제 웅진 초기 북경문제」『사학지』 24.

박찬규, 1995, 「백제의 마한정복 과정연구」, 단국대학교 박사학위논문.

박찬규, 2001, 「백제의 마한사회 병합과정 연구」『국사관논총』 95.

박찬규, 2003, 「백제의 시조 전승과 출자」『선사와 고대』 19.

박현숙, 1993, 「백제 담로제의 실시와 그 성격」『송갑호교수정년기념논문집』.

박현숙, 1997, 「백제 지방통치체제 연구」, 고려대학교 박사학위논문.

박현숙, 1998, 「백제 군사조직의 정비와 그 성격」『사총』 47.

박현숙, 1999, 「삼국시대 조상신 관념의 형성과 그 특징」『사학연구』 58.

박현숙, 2001, 「백제의 웅진천도와 웅진성」『백제문화』 30.

박현숙, 2003, 「6세기 백제의 대외관계의 변화와 그 의미」『선사와 고대』 19.

박현숙, 2005, 「백제 건국신화의 형성과정과 그 의미」『한국고대사연구』 39.

백승옥, 1995, 「'탁순'의 위치와 성격」『부대사학』 19.

백승충, 2003, 「임나일본부와 왜계 백제관료」『강조 한국고대사』 4.

서오선, 1997, 「웅진이전의 웅진지역문화」『백제문화』 26.

성정용, 2000, 「중서부 마한지역의 백제 영역화 과정 연구」, 서울대학교 박사학위논문.

성정용, 2001, 「4~5세기 백제의 지방지배」『한국고대사연구』 24.

성정용, 2003, 「백제와 중국의 무역도자」『백제연구』 38.

성주탁, 1982, 「백제 사비도성 연구」『백제연구』 13.

성주탁 · 차용걸, 1981, 「백제의식고」『백제연구』 12.

송만영, 2003, 「중부지방 원삼국 문화의 전개 과정과 정치체의 동향」『강조 한국고대사』 10.

시노하라 히로카타, 2005, 「고구려적 국제질서인식의 성립과 전개-4~5세기를 중심으로-」, 고려대학교 박사학위논문.

신종원, 2003, 「삼국 불교와 중국의 남조문화」『강조 한국고대사』 9.

심정보, 1989, 「백제 왕성에 대하여」『한국상고사학보』 1.

심정보, 2000, 「백제 사비도성의 축조시기에 대하여」『사비도성과 백제의 성곽』.

안계현, 1977, 「백제불교에 관한 제문제」『백제연구』 8.

양기석, 1980, 「웅진시대의 백제 지배층 연구」『사학지』 14.

양기석, 1984, 「5세기 백제의 「왕」·「후」·「태수」제에 대하여」『사학연구』 38.

양기석, 1990, 「백제 전제왕권 성립과정 연구」, 단국대학교 박사학위논문.

양기석, 1991, 「백제 성왕대의 정치개혁과 그 성격」『한국고대사연구』 4.

양기석, 1991, 「백제 웅진시대와 무령왕」『백제무령왕릉』.

양기석, 1997, 「백제 근구수왕의 대외활동과 정치적 지위」『백제논총』 6.

양기석, 1997, 「백제 사비시대의 좌평제 연구」『충북사학』 9.

양기석, 2000, 「백제 초기의 부」『한국고대사연구』 17.

양기석, 2002, 「고구려의 충주지역 진출과 경영」『중원문화연구』 6.

양기석, 2003, 「백제 위덕왕대의 대외관계－대중관계를 중심으로－」『선사와 고대』 19.

양기석, 2005, 「5세기 백제와 왜의 관계」『왜 5왕 문제와 한일관계』.

여호규, 1996, 「한국 고대의 국가형성」『역사와 현실』 19.

여호규, 1997, 「1～4세기 고구려 정치체제 연구」, 서울대학교 박사학위논문.

여호규, 1998, 「고구려 초기의 제가회의와 국상」『한국고대사연구』 13.

여호규, 2000, 「4세기 동아시아 국제질서와 고구려 대외정책의 변화」『역사와 현실』 36.

여호규, 2000, 「고구려 초기 정치체제의 성격과 성립기반」『한국고대사연구』 17.

여호규, 2001, 「백제의 요서진출설 재검토－4세기 후반 부여계 인물의 동향과 관련하여－」『진단학보』 91.

여호규, 2002, 「한성시기 백제의 도성제와 방어체계」『백제연구』 36.

여호규, 2004, 「국가제사를 통해 본 백제 도성제의 전개과정」『고대도시와 왕권』.

여호규, 2005, 「고구려 중기 관등제의 구조와 성립기반」『역사와 문화』.

오영찬, 2003, 「대방군의 군현지배」『강좌 한국고대사』 10.

유원재, 1992, 「백제 탕정성 연구」『백제논총』 3.

유원재, 1995, 「웅진시대의 사비경영」『백제문화』 24.

유원재, 1996, 「백제 가림성 연구」『백제논총』 5.

유원재, 1997, 「웅진시대의 지방통치와 귀족세력」『백제문화』 27.

유원재, 1998, 「백제의 영역변화와 지방통치」『한국상고사학보』 28.

유인춘, 1984, 「백제성씨고」『한국학논총』 5.

윤덕향, 1984, 「옹관묘 수례」『윤무병박사회갑기념논총』.

윤선태, 2001, 「마한의 진왕과 신분고국」『백제연구』 34.

윤선태, 2004, 「부여 능산리 출토 백제목간의 재검토」『동국사학』 40.

윤선태, 2006, 「백제 사비도성과 '우이'-목간으로 본 사비도성의 안과 밖-」
　『동아고고논단』 2.

윤수희, 2001, 「백제 사비천도의 배경과 성격」『삼국시대연구』 1.

이근우, 1994, 「『일본서기』에 인용된 백제삼서에 관한 연구」, 정신문화연구
　원 박사학위논문.

이근우, 1997, 「웅진시대 백제의 남방경역에 대하여」『백제연구』 27.

이근우, 2001, 「일본열도의 백제 유민에 대하여」『한국고대사연구』 23.

이근우, 2002, 「환무천황 모계는 무령왕의 후손인가」『한국고대사연구』 26.

이근우, 2003, 「웅진·사비기의 백제와 대가라」『고대 동아세아와 백제』.

이근우, 2005, 「5세기의 일본열도」『왜 5왕 문제와 한일관계』.

이기동, 1974, 「중국사서에 보이는 백제왕 모도에 대하여」『역사학보』 62,.

이기동, 1979, 「고대국가의 역사인식」『한국사론』 6, 국사편찬위원회.

이기동, 1981, 「백제왕실 교대론에 대하여」『백제연구』 12.

이기동, 1990, 「백제국의 정치이념에 대한 일고찰」『진단학보』 69.

이기동, 1990, 「백제의 발흥과 대왜국관계의 성립-근초고왕대에 있어서
　백제의 왜국과의 교섭-」『고대한일문화교류연구』.

이기동, 1996, 「백제사회의 지역공동체와 국가권력」『백제연구』 26.

이기백, 1959, 「백제 왕위계승고」『역사학보』 11.

이기백, 1982, 「웅진시대 백제의 귀족세력」『백제연구』 특집호.

이기백, 1986, 「고대 한국에서의 왕권과 불교」『신라사상사연구』.

이기백, 1986, 「신라 초기 불교와 귀족세력」『신라사상사연구』.

이남규·권오영·문동석, 2004, 「경기 남부 백제유적의 분포양상과 역사적 의미」『백제연구』 40.

이남석, 1991, 「백제 관제와 관식」『백제문화』 20.

이남석, 1997, 「웅진지역 백제유적의 존재의미」『백제문화』 26.

이도학, 1984, 「한성말 웅진시대 백제왕계의 검토」『한국사연구』 45.

이도학, 1985, 「한성말 웅진시대 백제왕위계승과 왕권의 성격」『한국사연구』 50·51.

이도학, 1990, 「한성 후기의 백제 왕권과 지배체제의 정비」『백제논총』 2.

이도학, 1991, 「백제 흑치상지묘지명의 검토」『향토문화』 6, 영남대학교.

이도학, 1992, 「백제 한성시기의 도성제에 관한 검토」『한국상고사학보』 9.

이동희, 2005, 「전남 동부지역 복합사회 형성과정의 고고학적 연구」, 성균관대학교 박사학위논문.

이문기, 1982, 「신라 진흥왕대 관료조직에 대한 일고찰」『대구사학』 21·22.

이문기, 1983, 「신라 중고의 국왕근시집단」『역사교육논집』 5.

이문기, 1984, 「신라시대의 겸직제」『대구사학』 26.

이문기, 1991, 「백제 흑치상지 부자 묘지명의 검토」『한국학보』 62.

이문기, 2005, 「사비시대 백제 전내부체제의 운영과 변화」『백제연구』 42.

이병도, 1976, 「근초고왕탁경고」『한국고대사연구』.

이병도, 1976, 「백제의 건국문제와 마한중심세력의 변동」『한국고대사연구』.

이병도, 1976, 「서동설화에 대한 신고찰」『한국고대사연구』.

이병호, 2002, 「백제 사비도성의 조영과정」『한국사론』 47.

이병호, 2003, 「백제 사비도성의 구조와 운영」『한국의 도성』, 서울학연구소.

이성규, 1993, 「중국 고대 황제권의 성격」『동아사상의 왕권』.

이영식, 1995, 「백제의 가야진출과정」『한국고대사논총』 7.

이영호, 1992, 「신라 귀족회의와 상대등」『한국고대사연구』 6.

이우태, 1993, 「백제의 부체제-신라와의 비교를 중심으로-」『백제사의

　　비교연구』.

이종욱, 1976, 「백제의 국가형성」『대구사학』 11.

이종욱, 1977, 「백제왕국의 성장」『대구사학』 12·13.

이종욱, 1978, 「백제의 좌평」『진단학보』 45.

이종욱, 1979, 「고구려초기의 좌우보와 국상」『전해종박사화갑기념논총』.

이종욱, 1990, 「백제사비시대 중앙정부조직」『백제연구』 21.

이종태, 1997, 「삼국시대의 「시조」인식과 그 변천」, 국민대학교 박사학위논
　　문.

이종태, 1998, 「백제 시조구태묘의 성립과 계승」『한국고대사연구』 13.

이한상, 1994, 「공주 하봉리유적 발굴조사 개보」『박물관신문』 275.

이한상, 1997, 「5~7세기 백제의 대금구」『고대연구』 5.

이한상, 2006, 「신라와 백제 모관의 비교」『한성에서 웅진으로 특별전 기념
　　국제학술심포지엄』.

이현혜, 1988, 「4세기 가야사회의 교역체계의 변천」『한국고대사연구』 1.

이현혜, 1991, 「마한 백제국의 형성과 지배집단의 출자」『백제연구』 22.

이현혜, 2000, 「4~5세기 영산강유역 토착세력의 성격」『역사학보』 166.

이홍직, 1987, 「백제인명고」『한국고대사의 연구』.

이　훈, 2004, 「묘제를 통해서 본 수촌리유적의 연대와 성격」『백제문화』
　　33.

이　훈, 2006, 「공주 수촌리 백제금동관의 고고학적 성격」『한성에서 웅진으
　　로 특별전기념 국제학술심포지엄』.

이희진, 1994, 「4세기 중엽 백제의 가야정벌」『한국사연구』 86.

이희진, 1994, 「가야의 소멸과정을 통해 본 가야-백제-신라관계」『역사학
　　보』 141.

임기환, 1992, 「6·7세기 고구려 정치세력의 동향」『한국고대사연구』 5.

임기환, 1998, 「백제 시조전승의 형성과 변천에 관한 고찰」『백제연구』 28.

임기환, 2004, 「한성기 백제의 대외교섭-3~5세기를 중심으로-」『한성기
　　백제의 물류시스템과 대외교섭』.

임영진, 1992, 「영산강유역 백제시대 묘제의 변천」『고문화』 40·41.

임영진, 1995, 「백제 한성시대 고분연구」, 서울대학교 박사학위논문.

임영진, 2002, 「영산강유역권의 분구묘와 그 전개」『호남고고학보』 16.

임영진, 2003, 「적석총으로 본 백제 건국 집단의 남하과정」『선사와 고대』 19.

임영진, 2003, 「적석총을 통해 본 백제의 건국과정」『온조와 초기 백제』.

임영진, 2006, 「고흥 안동고분 출토 금동관의 의의」『한성에서 웅진으로 특별전 기념 국제학술심포지엄』.

장세경, 1988, 「『일본서기』에 실린 한국 인명 중 동일인 인명의 이표기에 대한 연구」『한국학논집』 14, 한양대학교 한국학연구소.

전덕재, 1990, 「4~6세기 농업 생산력의 발달과 사회 변동」『역사와 현실』 4.

전덕재, 2000, 「4세기 국제관계의 재편과 신라 대응」『역사와 현실』 36.

전덕재, 2000, 「삼국사기 영산강유역의 농경과 사회변동」『지방사와 지방문화』 3권 1호.

전영래, 1985, 「백제 남방경역의 변천」『천관우선생환력기념한국사학논총』.

전호태, 1997, 「고구려 고분벽화 연구」, 서울대학교 박사학위논문.

정계옥, 1985, 「한국의 옹관묘-백제지역을 중심으로-」『백제문화』 16.

정재윤, 1992, 「웅진·사비시대 백제의 지방통치체제」『한국상고사학보』 10.

정재윤, 1997, 「동성왕 23년 정변과 무령왕의 집권」『한국사연구』 99·100.

정재윤, 1999, 「웅진시대 백제 정치사의 전개와 그 특성」, 서강대학교 박사학위논문.

조경철, 1999, 「백제의 지배세력과 법화사상」『한국사상사학』 12.

조경철, 2002, 「백제 성왕대 대통사 창건의 사상적 배경」『국사관논총』 98.

조경철, 2002, 「백제 한성시대 불교수용과 정치세력의 변화」『한국사상사학』 18.

조경철, 2004, 「백제 사택지적비에 나타난 불교신앙」『역사와 현실』 52.

조경철, 2006, 「백제 불교사의 전개와 정치변동」, 한국학중앙연구원 박사학위논문.

조인성, 1991, 「4·5세기 고구려 왕실의 세계인식 변화」『한국고대사연구』
    4.

주보돈, 1982, 「가야멸망 문제에 대한 일고찰-신라의 팽창과 관련하여-」
    『경북사학』 4.

주보돈, 1984, 「신라시대의 연좌제」『대구사학』 25.

주보돈, 1990, 「6세기초 신라왕권의 위상과 관등제의 성립」『역사교육논집』
    13·14.

주보돈, 1992, 「삼국시대의 귀족과 신분제-신라를 중심으로-」『한국사회
    발전사론』.

주보돈, 1998, 「백제 초기사에서의 전쟁과 귀족의 출현-부제를 중심으로」
    『백제사상의 전쟁』, 충남대학교 백제연구소.

주보돈, 1999, 「백제의 영산강유역 지배방식과 전방후원분 피장자의 성격」
    『한국의 전방후원분』.

주보돈, 2003, 「웅진도읍기 백제와 신라의 관계」『고대 동아세아와 백제』.

주보돈, 2006, 「고구려 남진의 성격과 그 영향」『대구사학』 82.

주유흥, 2003, 「남조문화와 백제」『고대 동아세아와 백제』.

차용걸, 1978, 「백제의 제천사지와 정치체제의 변천」『한국학보』 11.

천관우, 1976, 「삼한의 국가형성」(하)『한국학보』 3.

천관우, 1977, 「복원 가야사」(중)『문학과 지성』 8-3.

최몽룡, 1984, 「영산강유역의 백제문화연구」『백제연구』 15.

최몽룡, 1985, 「한성시대 백제의 도읍지와 영역」『진단학보』 60.

최병현, 1994, 「묘제를 통해서 본 4~5세기 한국 고대사회」『한국고대사논
    총』 6.

최병현, 1997, 「서울 강남지역 석실분의 성격」『숭실사학』 10.

최완규, 1997, 「금강유역 백제고분의 연구」, 숭실대학교 박사학위논문.

최종택, 1990, 「황주출토 백제토기예」『한국상고사학보』 4.

최종택, 1998, 「고고학상으로 본 고구려의 한강유역 진출과 백제」『백제연
    구』 28.

최종택, 2002, 「몽촌토성내 고구려 유적 재고」『한국사학보』 12.

하일식, 1998, 「신라 관등제의 기원과 성격」, 연세대학교 박사학위논문.
홍사준, 1954, 「백제 사택지적비에 대하여」『역사학보』 6.
홍사준, 1968, 「남원출토 백제식관구」『고고미술』 9-1.
홍사준, 1977, 「신찬성씨록의 백제인 성씨고」『마한백제문화』 2.
황수영, 1973, 「백제제석사지의 연구」『백제연구』 4.

鬼頭淸明, 1978, 「日本律令官制の成立と百濟の官制」『日本古代の社會と經濟』
　　上.
武田幸男, 1980, 「六世紀における朝鮮三國の國家體制」『東アシアにおけ日本
　　古代史講座』 4.
門脇禎二, 1971, 「蘇我氏の出自について」『日本のなかの朝鮮文化』 12.
小田富士雄, 1982, 「越州窯靑磁를 伴出한 忠南의 百濟土器－4世紀의 百濟土器
　　其二－」『百濟硏究』 특집호.
小田富士雄, 2003, 「熊津·泗沘期의 都城制와 倭」『古代 東亞細亞와 百濟』.
鈴木靖民, 1995, 「加耶[弁韓]의 鐵과 倭」『加耶諸國의 鐵』, 仁濟大學校 加耶文
　　化硏究所編.
鈴木靖民, 2003, 「倭와 百濟의 府官制」『古代 東亞細亞와 百濟』.
田中俊明, 1990, 「王都로서의 泗沘城에 대한 豫備的 考察」『百濟硏究』 21.
田中俊明, 1996, 「百濟 地方統治에 대한 諸問題－5~6세기를 중심으로－」
　　『百濟의 中央과 地方』.
鮎貝房之進, 1937, 「日本書紀朝鮮地名攷」『雜攷』 7(下).
坂元義種, 1978, 「五世紀の百濟大王とその王·侯」『古代東アジアの日本と朝
　　鮮』.
坂元義種, 1978, 「倭の五王の外交」『古代東アジアの日本と朝鮮』.
黑田達也, 1985, 「百濟中央官制一試論」『社會科學硏究』 10.
曾根正人, 2002, 「日本佛敎の黎明」『日本の時代史 3－倭國から日本へ－』吉川
　　弘文館.

찾아보기

ㄱ

가가와케(鹿我別)　57, 58, 60
가라(加羅)　58, 67
가라국(加羅國)　64, 65, 174
가라국왕　173, 65
가라왕(加羅王)　156
가림성　173
가야　54, 64, 65, 67, 76, 81, 82,
　　156, 157, 159, 163
가야 7국　50, 58, 59, 60, 62, 64,
　　67
가와치 아스카(河內飛鳥)　141
가카라노시마(各羅島)　145
가후로(蓋盧)　58
개로왕　116, 117, 118, 119, 120,
　　121, 122, 123, 124, 125, 126,
　　127, 128, 129, 133, 137, 141,
　　143, 145, 147, 171, 176, 180,
　　195
개루왕(蓋婁王)　126
개배(蓋杯)　205
건방지신(建邦之神)　127
겸직제(兼職制)　239
고국원왕　49
고배(高杯)　205
고부　62

고사(古四)　62
고이(古爾)계　25
고이만년(古爾萬年)　116
고이왕(古爾王)　25, 26, 27, 31, 34,
　　36, 37, 42, 45, 46, 104
고이해(古爾解)　184
고해진(古奚津)　61
고흥(高興)　74, 76
곤지(昆支)　115, 118, 119, 120,
　　130, 138, 141, 145, 147
관미성(關彌城)　83, 86, 101
관산성　230, 231
광개토왕　83, 95, 96, 98
「광개토왕비문」　98, 115
광양(牟婁, 馬老縣)　197
광양 마로산성　197
광양 용강리 고분군　197
『구당서』　26, 27, 182, 233, 235
구원(狗原)　86
구이신왕(久爾辛王)　62, 67, 107,
　　108, 109, 110, 111, 113
구저(久氏)　53, 56
국사리(國沙利)　174
국수다(國雖多)　174, 216
국(國)씨　68, 173, 174, 175, 182,
　　216, 227
군군(軍君)　120

궁준 41
귀실복신(鬼室福信) 217, 219, 233
근개루왕(近蓋婁王) 126
근구수왕(近仇首王) 42, 68, 74, 76,
    83, 90, 96, 174
근초고왕(近肖古王) 28, 42, 44, 45,
    47, 49, 50, 53, 60, 62, 68,
    74, 76, 81, 82, 89, 98, 99,
    101, 163, 164, 174
금은장규두대도(金銀裝圭頭大刀) 154
기노쓰노노 스쿠네(紀角宿禰) 87
기노오히하노 스쿠네(紀生磐宿禰)
    184
기대(器臺) 205
기로(耆老) 229, 230
기리영(崎離營) 36, 37
기문(基汶) 158, 159, 161, 196
기본한기(己本旱岐) 64, 65, 173

_ㄴ

나제동맹 114
낙랑군 68, 69, 73
낙랑·대방계 69, 73, 74, 76
남가라(南加羅) 58
남부여(南扶餘) 192
남원 159, 196
내두(內頭) 184
내두좌평 185
내신좌평 92, 106, 115
녹국(碌國) 58
니하야(爾波移) 54

_ㄷ

다라(多羅) 58

단성(單姓) 227
담로 179
「당 유인원기공비」 217
대가라(大加羅) 64
대가야 161
대대로 222
대두산성(大豆山城) 167
대등(大等) 103, 105
대막리지(大莫離支) 222
대방군 41, 68, 69, 73
대사(帶沙) 159, 196
대성팔족(大姓八族) 73, 163, 226,
    231, 232
대좌평(大佐平) 165, 225
대통사 211
대통지승여래(大通智勝如來) 213
도림(道琳) 129
독산성주(禿山城主) 82
동명(東明) 92, 124, 125, 126, 127
동명묘(東明廟) 91, 101, 124, 127
동명신화 125
동성도천 216
동성왕(東城王) 123, 134, 135, 138,
    141, 143, 148, 150, 157, 161,
    163, 169, 170, 172, 175, 179,
    180, 182, 184, 187, 188, 194,
    196, 202, 203
동태사 211

_ㅁ

마한 40, 41, 47, 59, 81, 161, 167,
    196
막고(莫古) 53
막고해(莫古解) 184
말갈 85

말금한기(末錦旱岐) 53
모루(牟婁) 158, 196
목간나(木干那) 178
목금(沐衿) 121, 123
목라근자(木羅斤資) 58, 60, 62, 65,
　　67, 109, 163
목리마나 216
목리미순 216
목만치(木滿致) 62, 67, 108, 109,
　　111
목(木[劦])씨 65, 67, 68, 76, 110,
　　121, 133, 163, 164, 175, 215,
　　216, 224, 227, 232
목윤귀 216
목지국(目支國) 37, 167
목협만치(木劦滿致) 62, 111
무령왕 142, 143, 145, 147, 157,
　　172, 175, 180, 181, 182, 187,
　　196, 201, 202, 203, 208, 209,
　　211, 214
무령왕릉 155, 203, 204
무왕 209
무진주(武珍州) 150
문주(文周) 117, 118, 119, 121,
　　130
문주왕 115, 138, 141, 149, 166,
　　194
미귀(麋貴) 123
미주류(彌州流) 53

　ㅂ

반남면 152
반파국(伴跛國) 158
발정(發正) 209
방위부(方位部) 28, 31

백가 168, 169, 170, 172, 182
백구지(百久至) 173
백(苩)씨 68, 134, 168, 169, 174,
　　175, 182, 227
백제국(伯濟國) 28, 32, 35, 37, 40,
　　41, 42
『백제기』 62, 108, 185
『백제본기』 184, 185
백제삼서 185
『백제신찬』 147, 185
『법화경』 213, 214
법화사상 208, 209, 214
법흥왕 211
벽비리국(辟卑離國) 61
벽중(辟中) 61
병관좌평 99, 141
보국장군본국왕(輔國將軍本國王) 156
복성(複姓) 227
복암리 3호분 154
부명(部名) 27
부안 62
부여씨(扶餘氏) 25, 26, 219
부직승습(父職承襲) 222
부체제(部體制) 28, 29, 42
북위(北魏) 120, 121, 125, 133
북주(北周) 236
분서왕(汾西王) 45
분지화(分枝化) 219
불미국(不彌國) 61
비류왕(比流王) 45, 46
비리(比利) 61, 62
비리막고 216
비유왕 112, 113, 114, 116, 118,
　　121, 129
비자발(比自㶱) 58
사대등(仕大等) 105

ㅅ

사두(沙豆)　99, 101, 163, 164
사마(斯摩)　54, 145
사마(斯麻)　145
사마(司馬)　72
사반왕(沙伴王)　25
사법명(沙法名)　163, 178
사비(泗沘)　134, 167, 170, 193,
　　199, 202, 203, 212, 215, 247
사비 천도　166, 192, 193
사사노궤(沙沙奴跪)　58, 60, 62, 63,
　　163
사(沙)씨　65, 68, 134, 162, 163,
　　164, 168, 174, 175, 182, 193,
　　215, 216, 224, 227, 232
사약사(沙若思)　163
사이옹　205
사지비궤(沙至比跪)　64, 65
사택기루　216
사택지적　165
사택지적비　166, 193
사하쿠(沙白)　58
삼군(參軍)　72
삼근왕(三斤王)　138, 141, 143, 147,
　　167, 194
삼족기(三足器)　205
상다리(上哆唎)　158, 196
상대등(上大等)　102, 105
상좌평(上佐平)　102, 105, 106, 111,
　　117, 118, 121, 123, 130
상·중·하좌평　223, 224
『서기(書記)』　74
설례(碟禮)　88, 100
섬진강　159, 161, 196
성왕　60, 166, 201, 211, 213, 213,
　　214, 225, 231
세형동검문화　31
소가노 마치(蘇我滿智)　111
소가 씨(蘇我氏)　111
송산리 6호분　203, 205
수곡성(水谷城)　95
순천(婆陀)　197
순천 검단산성　197
시루　205
시마노 스쿠네(斯摩宿禰)　53, 54
시조묘(始祖廟)　91
신계(新溪)　96
신분고국(臣濆沽國)　37, 40, 41
신운신국(臣雲新國)　39
신지　39
『신찬성씨록』　219
쌍현성　99
쓰쿠시(筑紫)　145

ㅇ

아라타와케(鹿我別)　57, 58, 60
아신(阿莘)　43, 45, 74, 85, 87, 88,
　　90, 91, 92, 95, 96, 98, 100,
　　163, 164
안라(安羅)　58
안야　39
야마토(大和) 정권　53, 56, 58, 64,
　　67
양(梁)　208
양 무제　201, 202
양이옹　205
여고(餘古)　178
여고(餘固)　178
여곤(餘昆)　119, 124
여기(餘紀)　124

여도(餘都)　119
여력(餘歷)　178
여례(餘禮)　121, 124, 130
여비(餘毗, 비유왕)　107
여수 고락산성　197
여수 돌산도(下哆唎)　197
여수반도(上哆唎)　197
여신(餘信)　106, 117
여(餘)씨　119, 124, 178
여영(餘映, 전지왕)　107
여창　229
역(易)박사　238
역(曆)박사　238
연개소문　221, 222
연돌　166
연비선나　216
연신　166
연(燕)씨　134, 166, 167, 168, 182,
　　　216
연화문(蓮花紋)　204
영군(領軍)　184
영동대장군(寧東大將軍)　202
영산강　148, 150, 152, 155, 196
오경박사　238
온조(溫祚)　25, 45, 46, 125, 126
왕씨　182
왕인(王仁)　74, 76
왕후제(王侯制)　175, 179, 180, 187,
　　　195
왜(倭)　53, 54, 56, 58, 81, 82, 87,
　　　98, 110
우두성　173
우보(右輔)　31, 33, 36
우서(于西)　124
웅진(熊津)　130, 133, 134, 135,
　　　137, 156, 161, 166, 169, 174,

175, 180, 194, 198, 199, 202,
　　211
웅진 천도　68, 192
위덕왕　209, 231, 238
6관제　236
6좌평제　104, 180, 182, 231, 232,
　　　233, 238
율령　44
은제화형관식(銀製花形冠飾)　160
은화관식(銀花冠飾)　154
의박사　238
의자왕　165
22부사제(部司制)　231, 233, 235,
　　　238
인동연화문(忍冬蓮花紋)　204
『일본서기』　50, 60, 85, 86, 87,
　　　107, 108, 112
임나(任那)　67, 174, 196, 216, 224
임나 4현　158, 159, 196
임나국(任那國)　196
임나부흥회의　200

_ㅈ

자배기　205
장사(長史)　72, 121
장수왕　114, 133
재증실루(冉曾桀婁)　116
저근(姐瑾)　178
전대등(典大等)　105
전륜성왕(轉輪聖王)　213
전연(前燕)　81
전지왕(腆支王)　74, 87, 88, 89, 98,
　　　100, 101, 102, 106, 107, 110,
　　　112, 118, 125
전진(前秦)　82

정동리 요지(窯址) 205
제천사지(祭天祀地) 91, 101
조미걸취(祖彌桀取) 62
좌보(左輔) 31, 33
좌장(左將) 35, 36, 90, 92, 99,
    101, 164
좌평(佐平) 26, 35, 36, 68, 76,
    103, 104, 105, 180, 181, 182,
    185, 186, 187, 234
좌평제(佐平制) 104, 175, 180, 181,
    182, 224
주도(主嶋) 145
주례(周禮) 186
즙석식적석묘 34
지반국(支半國) 61
지쿠마 나가히코(千熊長彦) 56
직구단경호(直口短頸壺) 205
진가모(眞嘉謨) 90
진동대장군(鎭東大將軍) 156
진로(眞老) 141
진무(眞武) 90, 92, 96, 99
진물(眞勿) 36
진사왕 45, 76, 83, 84, 85, 86, 87,
    90
진(眞)씨 35, 42, 44, 46, 47, 89,
    90, 92, 98, 99, 100, 101, 106,
    133, 141, 175, 227
진정(眞淨) 42
진충 36
진회(眞會) 36

ㅊ

차음자법(借音字法) 54
찬수류(贊首流) 178
척문리 횡혈식 석실분 160

천남생(泉男生) 221
천지제사 92
청목령(靑木嶺) 85, 96
초고왕 26, 45
초촌리 159
침류왕 76, 83, 85, 90
침미다례(枕彌多禮) 61

ㅌ

탁순(卓淳) 53, 54, 56, 58, 60, 81
탁순왕 53
탐라(耽羅) 148, 149, 150
탕정성(湯井城) 134, 167, 168
태좌평(太佐平) 225

ㅍ

파타(婆陀) 158, 196
패수(예성강) 96, 100
평양성 49
포미(布彌) 61, 62
표기대장군(驃騎大將軍) 156

ㅎ

하관사마(夏官司馬) 186
하다리(下哆唎) 158, 196
하지(荷知) 156
하한(下韓) 224
한산성 96
한성 133, 137, 147, 148, 161,
    168, 202
해(解)씨 25, 35, 47, 89, 133, 227
해구(解仇) 45, 46, 115, 138, 141,

166

해구(解丘) 89

해례곤(解禮昆) 178

해명 173

해수(解須) 89, 113, 117, 121, 129

해(解)씨 42, 45, 46, 47, 100, 101,
        102, 106, 148, 175

해충(解忠) 88

행정로장군좌현왕(行征虜將軍左賢王)
        119

현광(玄光) 209

혜현(惠現) 209

황룡(黃龍) 115

회(茴)씨 47

횡혈식석실분 153

훈해(訓解) 88

흑룡(黑龍) 115

흑치상지 222

「흑치상지 묘지명」 220

흑치(黑齒)씨 220, 223

흘(屹)씨 47

지은이 | **문동석**

경희대학교에서 백제사 연구로 박사학위를 받았으며,
현재 서울교육대학교 한국학교육연구원 연구교수로 재직하고 있다.
저서로 『삼국시대 사람들은 어떻게 살았을까』(1988 공저), 『모반의 역사』(2001 공저),
『고대로부터의 통신』(2004 공저), 『HISTORICA 한국사』(2007 공저) 등이 있으며,
논문은 「경기 남부 백제 유적의 분포양상과 역사적 의미」(2004), 「5∼6세기 백제의 지배세력
연구」(2005), 「백제 사비시대 귀족세력의 존재양태와 대성팔족」(2006) 등이 있다.

백제 지배세력 연구

문 동 석

2007년 2월 27일 초판 1쇄 발행

펴낸이 | 오일주
펴낸곳 | 도서출판 혜안
등록번호 | 제22−471호
등록일자 | 1993년 7월 30일

주소 | 서울시 마포구 서교동 326−26번지 102호
전화 | 3141−3711∼2 **팩시밀리** | 3141−3710
E메일 | hyeanpub@hanmail.net

ISBN | 978−89−8494−301−8 93910
값 | 20,000 원